民 生 政 策 研 究

民生为大：
中国特殊儿童群体关爱保护体系建构

倪春霞　谈志林　主编
褚晓瑛　和慧卿　闫晓英　副主编

中国出版集团有限公司
研究出版社

图书在版编目（CIP）数据

民生为大：中国特殊儿童群体关爱保护体系建构 / 倪春霞，谈志林主编 . -- 北京：研究出版社，2024. 12. -- ISBN 978-7-5199-1806-4

Ⅰ . D632.1

中国国家版本馆 CIP 数据核字第 2024K4Y643 号

出 品 人：陈建军
出版统筹：丁　波
丛书策划：张立明
责任编辑：赖婷婷

民生为大：中国特殊儿童群体关爱保护体系建构

MINSHENG WEIDA:

ZHONGGUO TESHU ERTONG QUNTI GUAN'AI BAOHU TIXI JIANGOU

倪春霞　谈志林　主编

研究出版社 出版发行

（100006　北京市东城区灯市口大街100号华腾商务楼）

北京建宏印刷有限公司印刷　新华书店经销

2025年1月第1版　2025年1月第1次印刷

开本：710mm × 1000mm　1/16　印张：13.75

字数：230千字

ISBN 978-7-5199-1806-4　　定价：58.00元

电话（010）64217619　64217652（发行部）

《民生为大：中国特殊儿童群体关爱保护体系建构》

编 委 会

主　编　倪春霞　谈志林

副主编　褚晓瑛　和慧卿　闫晓英

目 录

总　论 ………………………………………………………… 1
一、儿童关爱保护体系的内涵及外延 ……………………… 2
（一）儿童关爱保护的概念 ……………………………… 2
（二）儿童关爱保护体系同儿童保护体系的关系 ……… 7
（三）儿童关爱保护体系的构成 ………………………… 9
二、加强我国儿童关爱保护体系建设的重要意义 ………… 13
（一）建立健全儿童关爱保护体系是积极适应我国人口形势变化、增强国家可持续发展动力的迫切需要 ……………… 13
（二）建立健全儿童关爱保护体系是有效应对当前我国儿童成长突出问题的重要举措 …………………………………… 14
（三）建立健全儿童关爱保护体系是进一步推动我国儿童工作高质量发展的关键支撑 …………………………………… 15
（四）建立健全儿童关爱保护体系是全面履行国际国内相关条约法律规定的必然要求 …………………………………… 16
三、我国儿童关爱保护体系构建概况 ……………………… 16
（一）进展与成效 ………………………………………… 17
（二）问题与挑战 ………………………………………… 21
四、体系构建预想和研究目的方法 ………………………… 24

第一章　不同儿童群体关爱保护需求满足情况研究 ………… 27
一、不同特殊儿童群体需求 ………………………………… 27
（一）基础服务类 ………………………………………… 29

（二）帮扶支持类 …… 29
（三）强制干预类 …… 38
二、儿童关爱保护体系建设与特殊儿童群体需求适配度不足情况 …… 41
（一）未成年人保护协调机制架构与儿童关爱保护体系建设尚不匹配 …… 42
（二）对儿童监护人履职要求与为家庭提供的支持力度尚不匹配 …… 42
（三）基层儿童工作者的履职状况与儿童复杂需求尚不匹配 …… 43
（四）公共资源和服务投入与关爱保护工作的推进尚不匹配 …… 44
（五）社会力量参与机制与关爱保护高质量发展要求尚不匹配 …… 45
三、相关域外经验 …… 45
（一）立法实践 …… 47
（二）强制报告 …… 50
（三）监护措施 …… 51
（四）家庭寄养 …… 54
（五）数字服务 …… 56
四、进一步满足不同儿童群体关爱保护需求的建议与展望 …… 57
（一）树立新时代中国特色儿童观 …… 57
（二）进一步拓宽满足不同儿童群体需求的路径 …… 58
（三）将监护作为儿童关爱保护工作的重要切入点 …… 60
（四）完善儿童关爱保护体系的保障措施 …… 66
（五）推动广泛的社会力量参与 …… 71

第二章　民政部门开展儿童关爱保护工作情况研究 …… 75
一、民政部门在推动构建儿童关爱保护体系方面所开展的工作 …… 75
（一）切实强化兜底保障 …… 76
（二）不断加大关爱支持力度 …… 79
（三）依法开展强制性干预 …… 85
（四）强化亲职理念倡导和履职指导 …… 92
二、民政部门在推动我国儿童关爱保护体系建设方面存在的问题 …… 96

（一）制度安排层面：政策统筹性完备性有待增强 …………… 96
（二）推进落实层面：关爱保护针对性精准性不强 …………… 99
（三）人员队伍层面：儿童主任专业素质仍有不足 …………… 101
（四）行政运作层面：特殊儿童群体关爱保护联动协同力度尚有不足 …………… 102
三、民政部门推动我国儿童关爱保护体系建设对策建议 …………… 103
（一）转变更新儿童关爱保护理念 …………… 104
（二）提升关爱保护政策制度的统筹性完备性 …………… 106
（三）建立分级分层分类的民政工作开展模式 …………… 108
（四）探索推动关爱保护队伍建设职业化 …………… 108
（五）秉承协同化思路，加强部门间联动协同 …………… 109
（六）拓宽资金来源渠道，强化关爱保护资金保障 …………… 110

第三章　民政两类机构发挥儿童关爱保护作用具体情况研究 …………… 112
一、儿童福利机构在儿童关爱保护体系中的作用 …………… 112
（一）儿童福利机构的发展情况 …………… 112
（二）儿童福利机构的职责 …………… 117
（三）当前制约儿童福利机构在儿童关爱保护体系中发挥更大作用的挑战 …………… 118
二、未成年人救助保护机构在儿童关爱保护体系中的作用 …………… 122
（一）未成年人救助保护机构的职责 …………… 123
（二）基于调研的未成年人救助保护机构现状分析 …………… 125
（三）未成年人救助保护机构在儿童关爱保护体系中的职能定位 …………… 127
三、协同发力，推动儿童关爱保护体系建设 …………… 131
（一）找准定位，补齐短板 …………… 131
（二）强化协同，形成合力 …………… 134
（三）探索创新，实现高质量发展 …………… 136

第四章　儿童关爱保护体系规范化、专业化、协同化建设的民政实践及完善 …… 139
一、规范化、专业化、协同化建设的内容与特点 …… 139
（一）规范化建设 …… 139
（二）专业化建设 …… 148
（三）协同化建设 …… 155
二、规范化、专业化、协同化建设的困境和问题 …… 160
（一）缺少刚性支持 …… 160
（二）存在执行偏差 …… 161
（三）在队伍建设上需要继续做专做强 …… 162
（四）在资金保障、项目支持上需要继续做好做实 …… 164
三、规范化、专业化、协同化建设的对策与建议 …… 166
（一）创新制度机制建设 …… 166
（二）加强专业能力建设 …… 166
（三）明确政府支出责任 …… 167
（四）加大工作统筹力度 …… 167

第五章　我国儿童关爱保护服务体系建设构想——基于基本公共服务的研究 …… 168
一、相关概念 …… 169
（一）公共服务的概念 …… 169
（二）基本公共服务和非基本公共服务 …… 170
二、近年来我国基本公共服务发展概况 …… 171
三、以基本公共服务为核心健全儿童关爱保护服务体系的相关逻辑分析 …… 175
（一）以基本公共服务为核心健全儿童关爱保护体系的政治考量 …… 175
（二）以基本公共服务为核心健全儿童关爱保护体系的法律依据 …… 175
（三）以基本公共服务为核心健全儿童关爱保护体系的经济

因素 …………………………………………………………………… 176
（四）以基本公共服务为核心健全儿童关爱保护体系的社会需求 …………………………………………………………………… 177
（五）以基本公共服务为核心健全儿童关爱保护体系的实践基础 …………………………………………………………………… 179
四、以基本公共服务为核心健全儿童关爱保护体系的实现路径 …… 179
（一）明确目标导向 ……………………………………………… 179
（二）规划体系架构 ……………………………………………… 182
（三）以基本公共服务为核心健全儿童关爱保护体系需要解决的几个关键问题 ……………………………………………… 185

总 论

王云梅　孙怀凤*

新中国成立以来特别是党的十八大以来，中央和地方将儿童优先、儿童利益最大化作为儿童工作必须遵循的原则不断加强贯彻，将儿童事业同党和国家其他各项事业摆在一起同步规划、同步实施，将儿童发展融入国家经济社会发展全局作为重点工作统筹推进，并通过健全完善儿童权益保护法律法规政策体系、建立巩固全社会参与的儿童工作机制、建设优化对儿童友好的总体环境等路径，实现了对儿童健康成长和全面发展的有力促进。然而，儿童事业在得到经济社会发展带动的同时，也必然会受到其中某些滞后因素的制约，难免会存在不足甚至遇到瓶颈，一方面亟须在经济社会发展水平持续提高的过程中以创新的实践加以解决，另一方面还需理性反思以往难以全面发现并满足特殊儿童群体需求、习惯于政策措施“打补丁”等不足，结合时代发展进一步加强顶层设计，推动形成一个系统集成、协同高效的新时代儿童工作制度体系和工作体系。

做好这个顶层设计，难点之一在于如何把延续历史传统、聚焦特殊儿童群体的儿童福利保障，联合国《儿童权利公约》等国际条约提倡、《中华人民共和国未成年人保护法》（以下简称《未成年人保护法》）等法律明确的儿童保护，以及维护儿童发展权益、跟随国家和社会发展水平的儿童关爱，这三个复杂的概念有机整合到一个完整的体系中去。儿童关爱保护就是以满足上述要求为目标的一个概念凸显，相应体系的建立健全就是达成这个更周延、更科学的儿童工作建构的应然之举。只是当下其理念及实质内容在整体儿童

* 王云梅，中国儿童福利和收养中心政策理论研究室副主任，研究方向为儿童福利与儿童保护政策和制度、儿童发展、循证实践；孙怀凤，中国儿童福利和收养中心政策理论研究室职员，研究方向为儿童福利与儿童保护政策和制度。

工作中还是散见和泛在的，其完整体系还处于若隐若现的状态，部分体系要素还只是隐含于或者说并未独立于儿童保护体系。换句话说，一个具有学术范式和宏观架构的、独立的、实然的儿童关爱保护体系还没有充分形成。沿循以上对“儿童关爱保护”目标和体系的初步分析和探讨，本研究希望为未来新时代具有中国特色的儿童工作提供一种关于理念设计、制度安排和机制构建的新设想。

一、儿童关爱保护体系的内涵及外延

儿童关爱保护体系建立完善的前提和基础是对其内涵及外延作出明晰界定，廓清“儿童关爱保护是什么”“儿童关爱保护体系与现有儿童保护体系是什么关系”“儿童关爱保护体系如何构成”等问题。

（一）儿童关爱保护的概念

1. 对儿童关爱保护的一般理解

要理解儿童“关爱保护”的内涵，需以剖析“关爱”与“保护”二者为前提，再做整体建构。

关爱，在最广泛的意义上，指关心、爱护之意，《国语辞典》将之界定为“关切垂爱”。这是人类共同价值的一种表达，象征着人们对彼此的关心、善意、爱护和包容，具体体现为给予他人、群体和社会的一切关怀、爱意和帮助等行为。儿童关爱，则意指人们通过为儿童提供关怀、照料、救助以及服务等，满足其基本生活需求、提高其生活质量、促进其全面发展。从施与主体看，政府、学校、企业、社会组织、自然人，尤其是儿童的父母或者其他监护人以及亲属皆应参与；从施与对象看，每一名儿童都应该无差别地获得关爱；从施与形式看，关爱是一种倡导性的文化取向和价值理念，以实体或个体的行为为媒介进行传递，包括给予儿童附带情感意味的物质支持或者在认知、心理、社会交往等方面无私的辅助、引导或扶持等，并且与社会发展各领域、各方面、各环节紧密融合、关联，比如儿童友好型城市就是将儿童关爱理念与城市规划建设进行有机结合的产物；从施与内容看，关爱表现为具有正面价值取向的各种行动，主要侧重于保障和优化儿童发展环境，促进儿童身心健康状况的改善和综合素质的全面提升。总体而言，儿童关爱这一概念突出强调的是广泛性、均等性、文化性、理念性、融合性、促进性等特质。

保护，包含保卫、捍卫、使不受伤害等意，具体指人们尽己所能使自身或他人、群体以及社会免受伤害、破坏或不利影响。儿童保护，意指人们采取各种行动，使儿童得到应有的监护、照料、帮扶和服务，以免其受到身体和心理等方面的伤害。在现实世界，“儿童保护”一词更多出现在有关儿童的学术研究和政策话语体系中，在人们的日常生活或社会风俗惯例中较少直接出现。学者们倾向于儿童保护是一个源于现代西方世界的学术概念和制度用语，意指政府和社会为使儿童免于被拐卖、遭受各种形式的暴力、被忽视、被剥削以及被歧视等伤害，而采取的一切政策措施和社会行动的总和。在政策制度中，儿童保护，从施与对象看，是存在特殊保护需求的、具体的儿童群体；从施与主体看，家庭本应占据首要地位，但基于现代国家对“儿童是家庭的，也是国家的”这一理念已经达成共识，以及父母或者其他监护人在全方位保护儿童方面力量有限，甚至有时自身就是加害者等现实情况，国家成为儿童保护的重要主体，并相应引入能够承接、代理国家相关事务的事业单位、社会组织等法人主体；从施与形式看，以包含特定政策、规则和技术的行政或司法行为为主，具有一定的制度性、程序性、规范性；从施与内容看，更多的是负面禁止性要求，主要侧重于防止对儿童身心健康和各种合法权益的侵害。总体而言，儿童保护这一概念突出强调的是行政性或司法性、救助性、强制性等特质。

可见，儿童关爱和儿童保护的内涵既有相同点，也有相异处。相同点体现在二者都强调对儿童的关心、帮助以及相关服务。相异处则在于其一，关爱的内容十分广泛，指向儿童的一切形式的关心、善意，包括物质上、语言上、行动上的都可以被理解为关爱；而保护的意涵多数时候更强调特定的举措和行动，如对家庭监护的干预、司法程序的运用、专业服务的开展等。其二，关爱的思维逻辑是正向促进，目标追求可以是对儿童安全保障的加强、成长环境的改善、发展结局的优化等，也可以是儿童对关心和善意的领会、接收、获益等；保护的思维逻辑是守住底线，目标追求强调使儿童免于受到各种形式的伤害、使其身心安全和相关基本权利得到切实保障。其三，但凡有正常行为能力的人，只要其存在相关主观意愿，皆可在能力范围内开展各种形式和不同程度的儿童关爱行动，但儿童保护（尤其是源自西方世界的儿童保护）的施与主体范围则相对较窄，除了具有相应职责和义务的公权力机关，其他主体往往需要具备一定的儿童保护意识和觉悟、掌握一定知识与方法才能有效实施。

当“关爱”和“保护”一同出现时，从词义上看，既可以是“关爱+保护”，也可以是“关爱性保护”，但无论采取哪种理解方式，“关爱保护”都是在对“关爱”更具文化性、价值性和理念性的表意同“保护”更为理性化、具象化、目标化和动作化的行动进行融合，从而更大程度、更为精准地体现出对儿童的关心和特别对待。

2. 对儿童关爱保护的学术考察

对儿童关爱保护进行学术考察，需要以理解“儿童保护”（child protection）的学术概念为起点。现代儿童保护理念源于西方人权理念及其实践，其核心在于对儿童系独立个体、同成年人一样拥有特定甚至更多权利等观点的认同。儿童保护的目的和意义就在于保障这些权利的实现。根据1989年联合国《儿童权利公约》的规定，儿童拥有生存权、发展权、受保护权和参与权等基本权利。围绕这四项权利，学界形成了对儿童保护的两种理解。其一，狭义的儿童保护，主要指对儿童生存权、受保护权的保障，即对已遭到和可能遭到遗弃、虐待（包括忽视）、暴力或其他形式伤害的儿童提供的一系列保护和服务的措施。[1] 其二，广义的儿童保护，指能够保障儿童实现各项权利的一切保护措施，不只是生存权、受保护权，同时还有发展权和参与权，内容上包括狭义的儿童保护以及儿童和家庭福利（含救助、保险等）各类保障和服务在内，甚至更为宽泛。这就给人们理解儿童保护留下了极大的知识建构与制度选择的空间。

在西方国家的制度体系和社会话语体系中，儿童保护的概念相对明确，尽管还是不免会被反思、被重新诠释，但主要所指始终围绕狭义儿童保护。在中国，对儿童保护的理解则存在一定的争议。一方面，广义和狭义的儿童保护概念共存并生，且不分主要次要，往往需要结合上下语境方可确认。另

---

〔1〕 See Karen, *Combatting Child Abuse: International Perspectives and Trends*, New York: Oxford University Press, 1997.

一方面，儿童保护往往与儿童福利概念相互缠绕，甚至相互竞争。[1] 而对儿童福利也存在广义和狭义的不同理解。狭义的儿童福利是指政府和社会为有特殊需求的儿童（如孤儿、事实无人抚养儿童、留守儿童、困境儿童等）及其家庭提供的各种支持、保障和补充性服务；广义的儿童福利则是指针对全体儿童的，旨在保障和促进儿童生理、心理以及社会潜能得到最优发展的各种安排。[2][3] 因此，儿童保护与儿童福利在广义和狭义的不同层面上会呈现相互交叉、包含以及共存等多种关系，二者只有在解决具体问题时为实现便利性才会被确定为上述关系中的一种，在制定政策和开展实践的多数情况下很难也无必要加以区分。基于此，本研究并不倾向于对儿童保护采用广义解释或者在其与儿童福利的关系上过度纠结，而更乐于将其理解为对已遭到和可能遭到遗弃、虐待（包括忽视）、暴力或其他形式伤害的儿童，以及孤儿、事实无人抚养儿童、留守儿童、困境儿童等特殊儿童的基本权利，主要是生存权和受保护权的保障，以及对上述儿童及其家庭的支持、救助和相关福利提供等。

回溯儿童关爱保护概念，并没有学术机构或相关学者对其作出专门界定。针对儿童关爱保护的相关研究，大部分聚焦于农村留守儿童这一特定群体，这与我国在《国务院关于加强农村留守儿童关爱保护工作的意见》（国发〔2016〕13号）中第一次正式使用“关爱保护”的提法且此后的政策文件再未将其与其他特殊儿童群体在字面上进行关联有关，而即便是在这唯一的文件中，也并未出现对儿童关爱保护的明确定义。少部分以其他儿童群体为对象的研究也会出现“儿童关爱保护”的关键词，但从内容看往往是将其与儿童保护等概念交织混用的结果，这或许是因为大家对二者概念上的趋同普遍存在共识，认为专门对其作出单独界定并与相关概念进行区分并无学术上的必要。结合厘清儿童关爱保护概念的需求和当前相关学术研究所呈现的内容及趋势，本研究倾向于对儿童关爱保护作出“儿童关爱 + 儿童保护”的学术概括，将其理解为政府和社会为各类儿童群体，尤其是特殊儿童群体提供的，以关爱为发端和导向，以提供基本公共服务、支持性服务及必要时进行强制

---

〔1〕 参见刘继同：《中国儿童福利时代的战略构想》，载《学海》2012年第2期，第50－59页。

〔2〕 参见徐月宾：《儿童福利服务的概念与实践》，载《民政论坛》2001年第4期，第17－21页。

〔3〕 参见陆士桢：《建构中国特色的儿童福利体系》，载《社会保障评论》2017年第3期，第70－78页。

性干预为手段，以满足儿童多元需求、促进其身心全面健康发展为目标的各种措施和行动。

3. 儿童关爱保护的政策话语意涵

放眼国外，并不存在“儿童关爱保护”这样一个学术或者政策概念，原因在于儿童监护制度往往已然包含了关爱保护的实质内容、串起了关爱保护的必要环节。尤其是儿童监护制度相对更为完善的发达国家，无论其归属于大陆法系还是英美法系，都在追求将儿童置于紧密且稳定的监护关系中，由父母或者监护人给予儿童关爱和保护。若父母或者监护人提供关爱的能力和条件有限且公共服务也无法给予补足，儿童福利系统会作出识别并提供必要的物质或服务支持，通过对作为整体的家庭或者作为个体的儿童进行辅助性的干预，间接或者直接地向儿童输送关爱。若是儿童遭到监护侵害，儿童保护系统会加以识别并作出反应，在核查确认后视情对侵害人进行帮助或干预，若其在一定时间内无法作出积极调适，则通过行政或司法手段将儿童置入新的、安全的监护关系中，以确保儿童能够获得适格监护人的照料和关爱。也就是说，对儿童而言，儿童福利系统和儿童保护系统通过内在机制的联手、借由监护这条通路和父母或者监护人这个载体，基本能够保障关爱的供给，不存在额外再作强调或添加的需求，因此也就不会出现“关爱保护”的提法。

我国之所以会产生“关爱保护”的提法，是因为存在某些独特的国情。首先，我国正处于并将长期处于社会主义初级阶段，生产力水平仍有待进一步提高，而人民群众美好生活需要却在日益增长，公共服务发展不平衡不充分、基本公共服务均等化实现程度不高等问题由此凸显，核心家庭在独自应对育儿困难时所获支持和保障不足。其次，新中国成立后，法定的儿童监护制度形成较晚（由 1986 年颁布的《中华人民共和国民法通则》正式确立），且对父母或者其他监护人监护儿童不到位甚至失职等行为缺乏足够的制约力，尽管后来在“民法通则—民法总则—民法典”演进过程中不断得到法律意义上的健全，但法律不能有效规制监护行为的难题，在法律同社会文化相互制约和平衡的过程中，尚未得到圆满解决。另外，长期以来，我国社会对儿童权利的观念缺少认同和涵养的土壤，父母或者其他监护人不把儿童视为需要照顾其感受、关注其内心的独立个体、将其物化为附属品等情况仍然存在，在一定程度上和一定范围内造成育儿观念和教养方式的偏狭。当改革开放政策实行、人口流动成为可能，在以上客观和主观因素的交织作用和错综影响下，较大规模的流浪未成年人和更大规模的留守儿童便先后产生了。与父母长期分离、得不到有效监护、缺少父母亲情关爱，使得以上两类儿童在心理、行为等方面更易出现各种问题，或者遭受意外伤害，甚至不法侵害，这对于自古就有“慈幼”“幼吾幼以及人之幼”等朴素儿童保护理念的我国社会而言无疑是会引起高度关注的，国家为此先后出台《国务院办公厅关于加强和改进流浪未成年人救助保护工作的意见》（国办发〔2011〕39号）、《国务院关于加强农村留守儿童关爱保护工作的意见》，以期通过采取各种措施实现对两类特殊儿童群体的关爱和保护。如上文所述，后者顺应农村留守儿童的相关需求创造了“关爱保护”的提法。鉴于农村留守儿童在我国的大量存在，“关爱保护”的提法出现在我国可以说具有一定的必然性，并且会因该群体的长期存在以及其他群体类似需求的产生而持续存在。

针对全体儿童的《未成年人保护法》等法律法规，除《国务院关于加强农村留守儿童关爱保护工作的意见》外，其他针对特殊儿童群体的专项政策文件，都没有完整使用“关爱保护”的字眼，而是分别使用“关心关爱”“关爱教育”“关爱服务”“关爱保障”“关爱帮扶”等表述来传达“关爱保护”的内核，甚至少数文件，比如民政部等15个部门和单位出台的《关于加强孤儿救助工作的意见》等，即便连上述表述也没有使用，仍同样蕴含着“关爱保护”的精神实质。法律法规和政策文件共同将分层分类的救助保障、适度的福利安排以及广泛的社会服务联系在一起，为构筑一个集保障儿童生存、发展和受保护等权利于一体的儿童保护体系提供了重要支持，同时因为其中普遍混合着“关爱”的成分，也为儿童关爱保护的衍生和发展提供了必要前提。换言之，儿童关爱保护既不是对儿童保护概念的同义重构，也非另辟蹊径，而是以儿童保护为基底，在重点挖掘并突出其中所蕴含的人文关怀特质，扩展概念边界、内容范围和功能效果后，形成的旨在对儿童施以更加全面、深入保护的理念及措施集合。

（二）儿童关爱保护体系同儿童保护体系的关系

如前所述，儿童关爱保护和儿童保护在概念上存在紧密的关联，这就意味着儿童关爱保护体系的建设必然无法翩然独立于儿童保护体系之外，但又会有异于后者。因此，要明确儿童关爱保护体系的特质，必须将其与儿童保护体系进行比较性的考察和辨析。

1. 儿童关爱保护体系与儿童保护体系的相似性

其一，从目标看，建设儿童关爱保护体系与儿童保护体系都是为了保障儿童的生存权、发展权、受保护权和参与权等权利。其二，从主体看，各类与儿童相关的制度体系、工作体系的建立都是以国家为主导的，而基于儿童身心成长、受教育、参与社会生活等方面的基本需求，对其无论是关爱保护还是保护，都少不了家庭、学校、社会等主体的共同参与。其三，从对象看，遵循所有儿童都享有生存权、发展权、受保护权、参与权等权利的逻辑，二者在理论上都应面向全体儿童，而在现实中，由于孤儿、事实无人抚养儿童、留守儿童、困境儿童等特殊儿童群体的基本权利往往更难获得家庭的直接保障，其在关爱保护方面的需求更为突出，《未成年人保护法》所确立的家庭保护、学校保护、社会保护、司法保护、政府保护和网络保护六大保护的主要对象又往往同以上群体存在较高的重合度，因此两个体系在制度设计和工作安排上所聚焦的对象也都自然地集中于以上群体。其四，从内容看，二者都包含政府及社会为儿童专门做出的安排，包括为特殊儿童群体提供的各类保障和服务等，通常具有支持、预防、补缺的属性。从以上几点看，二者其实是非常近似的。

2. 儿童关爱保护体系与儿童保护体系的差异性

其一，从属性看，儿童保护体系更具法律强制属性和刚性特质，而儿童关爱保护体系则更具人文属性和柔性特质。二者其实都会强调对缺少家庭关爱的特殊儿童群体给予更多关注，但前者更加侧重于以配套法律体系的完善为前提，通过物化或者货币化的、制度化的、具有较高统一性的做法，实现对儿童的保护、透露对儿童的关爱；后者更加侧重于对儿童投注更多的情感和关怀，在同样为儿童提供分层分类的社会救助、相关福利保障的同时，借由适当的、灵活的、更具针对性和个案特色的，甚至难以量化或者物质化的行动或安排，更加直接地传递对儿童的关爱，同时强化对儿童的保护，另外还会在支持、预防和补缺的基础上，更加侧重于增进儿童福祉、改善儿童发展成长环境等各方面“进阶”需求，由此体现出该体系为儿童赋能和增益的属性。如果用传统意义上的“父爱如山”来形容儿童保护体系的话，那么对儿童关爱保护体系的形容完全可以是“母爱如水”。其二，从格局看，儿童保护体系是依托《未成年人保护法》六大保护的架构布局的，并且确立了跨越部门的统筹协调机制和社会参与机制。儿童关爱保护体系仍处于具象构建阶段，目前能够体现其属性和内容的载体还是泛在的，并且多与儿童福利工作相互融合、嵌套，基于此，其建设应当以普遍的关爱服务为依托、特定的救助保护为重点，并与儿童福利紧密衔接，形成包含民政等重点部门在内的多部门协同配合、社会广泛参与的架构。基于以上，在某种意义上可以说，儿童关爱保护体系是添加了更鲜明且浓重感情色彩、解锁了更人性化和多元化工具、放宽了松紧度、提高了目标尺线的儿童保护体系。

（三）儿童关爱保护体系的构成

所谓体系，泛指一定范围内同类事物按照一定的秩序和内部联系组合而成的整体。具体到儿童关爱保护体系，本研究将其解构为如下两个方面。

1. 关爱保护主体与运行机制

在儿童关爱保护体系中，家庭理所当然是儿童关爱保护的首要责任主体。父母应当依法履行对子女的监护职责和抚养义务，并在家庭中首先考虑儿童利益，尊重儿童的平等性和独立性，确保儿童得到妥善监护照料、亲情关爱和家庭温暖，为儿童的健康成长和全面发展提供必要的物质保障和精神情感支持。但是，在社会转型过程中，人员流动活跃化、价值观念多元化物质化等因素加剧了家庭规模缩小和功能削弱、父母监护缺位和亲情缺失，甚至儿童权益受到严重侵害等情况的发生。与此同时，经济社会发展对于儿童关爱保护提出了更高层次、全方位的目标要求，儿童群体权利意识和平等观念的强化也对关爱保护提出更多个体诉求，使家庭在儿童关爱保护的能力水平、资源禀赋上的局限性更加凸显。国家和社会在资源等方面的天然优势，使其对上述局限进行弥补、对以家庭为基础的儿童关爱保护从外部予以支持、辅助甚至干预成为可能，作为国家意志执行者的政府以及组成社会的各方力量也由此成为儿童关爱保护主体的重要组成部分。

（1）各级政府部门及其责任分工。

作为儿童关爱保护的核心主体，政府无论是在儿童关爱保护体系的结构和内容完善方面还是在运转和成效保障方面都发挥着至关重要的统领和推动作用。其具体作用的发挥主要通过健全政策制度、建构工作机制、加强对各方面和各层次工作的监督和指导及支持、多渠道动员引导各方力量参与来实现，以综合性的、系统性的措施，营造有益于儿童成长发展的良好环境和社会氛围，确保儿童在基本生活、身心发展等方面的权益得到妥善维护。

从纵向看，儿童关爱保护体系是一个自上而下的、以政府为主导的组织体系，县级以上各级人民政府均是对应行政层级及地域范围内儿童关爱保护工作的责任主体，负责整体规划、统筹协调和督促检查，结合本地实际制定切实可行的儿童关爱保护政策措施，组织开展各类关爱保护行动，引领社会形成儿童关爱保护的价值理念、行为准则和道德风尚。乡镇人民政府（街道办事处）带领村（居）民委员会落实县级以上各级人民政府及相关部门的各项关爱保护部署要求，重点负责开展对监护人的法治宣传、监护监督和指导，督促其履行监护责任，提高监护能力，同时依托自身工作力量及村（居）民委员会，及时掌握儿童的家庭情况、监护情况、就学情况等基本信息，通过落实相关政策、链接各方资源，为儿童提供相应的关爱服务、支持保障和救助保护。

从横向看，各级行政部门在本级党委和政府的领导下，通过以民政等重点部门为主导的部门间会商协作机制，基于自身优势、按照分工安排各司其职，对儿童尤其是特殊儿童群体进行关爱保护。其中，民政部门主要制订儿童福利、各类特殊儿童群体保障、儿童收养、儿童救助保护等政策制度并推动相关工作落实，建立健全儿童关爱服务体系；指导、支持儿童福利机构、未成年人救助保护机构开展各类关爱保护工作，依托两类机构履行兜底监护职责；支持、培育和引导社会力量参与儿童关爱保护，提供专业服务，并协调加强专业社工队伍建设。教育部门主要完善本领域儿童关爱保护政策，规范教育教学活动以适应儿童身心健康发展需要；督促监护人送适龄儿童、少年入学并完成义务教育，确保儿童不因贫困而失学；会同有关部门做好特殊儿童群体关爱帮扶，支持与指导学校、幼儿园的儿童关爱保护工作。卫生健康部门主要加强对儿童卫生保健、营养保障、疾病预防及心理健康服务等方面的制度安排和监督指导；履行侵害未成年人案件强制报告相关职责，做好被伤害儿童救治及伤情鉴定等工作；推进托育事业发展。公安部门主要预防和制止侵害儿童合法权益的违法犯罪行为，建立健全性侵违法犯罪信息系统；

对不履行监护责任或侵害儿童合法权益的父母或者其他监护人予以训诫或责令其接受家庭教育指导；帮助流浪未成年人及时回归家庭；做好孤儿、事实无人抚养儿童等重点人群的户籍登记工作；配合有关部门对遭受性侵害或者暴力伤害的未成年被害人及其家庭实施必要的保护措施，并做好各类与儿童相关的安全防范及保障工作。财政部门主要负责将儿童关爱保护及相关服务列入政府购买服务指导目录，引导社会力量为儿童提供专业服务。发展改革部门主要推进将儿童关爱保护纳入国家及各级国民经济和社会发展规划的工作。科技、工信、人社、住建、交通运输、农业农村、文化旅游、市场监管以及医保等部门分别从各自领域出发，为儿童提供专门的保障和救助或专业的关爱服务，以确保儿童能够健康成长并且平等参与各方面、各领域的社会活动。

同时，作为司法机关，人民法院、人民检察院也在积极参与儿童关爱保护，主要开展以下工作：依法严惩侵害未成年人的违法犯罪行为；预防未成年人犯罪，对涉罪未成年人坚持进行教育、感化、挽救；落实特殊、优先保护原则，确定专门机构或者指定专门人员办理涉未成年人案件或业务，做好对涉案未成年人关爱救助帮扶等工作；通过推动落实强制报告制度、对涉未成年人民事案件业务进行专门办理等手段，加强对家庭监护的监督指导及干预。

（2）社会力量及其参与方式。

人是社会动物并且普遍将充分融入社会、成为社会发展的贡献者作为追求的目标。虽然儿童因未成年尚不能全面参与社会生活，但其生存和发展是绝对不能隔绝于社会的，其成长结局也必需在与社会的互动过程中才能实现。正因如此，社会在儿童关爱保护工作中发挥着重要的基底作用，群团组织、社会组织和公众等社会各界的共同参与，能够通过提供物质保障、情感关爱、精神慰藉、教育引导、专业服务等各种方式，为儿童身心健康成长创造更加安全、和谐的环境和更加有利、充足的条件。

其一，群团组织作为党和政府联系群众的重要桥梁和纽带，在儿童关爱保护方面具有独特的组织优势和专业优势，能够及时发现儿童的困难和问题，为儿童提供多样化的服务，引导社会公众关注儿童权益，参与儿童关爱保护。各级工会、共青团、妇联、残联、关工委等群团组织通过为儿童提供假期日间照料、课后辅导、心理疏导、家庭教育指导和互助活动等关爱服务，整合各方资源，促进更广泛的社会参与，为儿童提供更为多元的关爱保护。其二，社会组织、专业社会工作者、志愿者等各方力量，利用其在资源链接、能力建设、心理干预、权益保护、法律援助服务、社会调查、社会观护、教育矫治、社区矫正、收养评估等方面的优势，通过开展各类专业服务，有针对性地解决儿童在生活、成长过程中遇到的困难和问题。其中，公益慈善组织因其能够利用自身资源，通过引导公众参加儿童关爱保护领域的慈善活动，促进形成全社会关爱保护儿童的良好氛围，同时通过对接专业力量，为儿童提供精准化的、有针对性的服务，已成为儿童关爱保护工作重要的活力来源。其三，村（居）民委员会作为基层群众性自治组织，专门安排人员担任“儿童主任”，以一线儿童工作者身份，通过具体履行日常保障、信息排查、监护指导、定期随访、监护问题发现报告和儿童关爱场所管理等工作职责，落实对留守儿童、困境儿童的关爱保护。其四，国有企业在国务院国资委、民营企业在工商联的引导和支持下，积极履行社会责任，尽其所能为务工父母履行监护职责、给未成年子女以亲情关爱创造条件，为留守儿童提供针对性关爱服务，不少企业还专门成立公益部门，在更广的范围内回应儿童群体的关爱保护需求。

2. 关爱保护对象与内容

儿童关爱保护的目的和意义在于通过价值倡导和制度规约，以及确保儿童获得平等可及的基本公共服务、水平较高的儿童福利保障和适度有效的专业化（社会）服务等形式和途径，保障儿童各方面权利的充分实现。由此推演开来，儿童关爱保护的对象可以分为全体儿童和特殊儿童群体两个面向，相应地，关爱保护内容则应包括促进对应儿童群体全面发展的各类政策措施和社会行为，即保障儿童各项权利的所有制度、措施和服务。

其中，在面向全体儿童时，主要立足于包括各类特殊儿童群体在内的所有儿童的普遍性需求，通过对义务教育、公共卫生和基本医疗等基本公共服务的均等化、规范化、专业化递送，对儿童获取关爱不足的问题起到预防作用，通过发放生育生活津贴、建设儿童友好型城市等措施，为儿童营造良好的家庭环境、社会环境，提升儿童生活水平和发展质量。在面向特殊儿童群体时，主要针对孤儿、事实无人抚养儿童、留守儿童、困境儿童等更易面临关爱不足甚至缺失风险的特殊儿童群体及其家庭，给予基本公共服务尚不能提供或者难以普遍性提供的、不同类型和程度的福利保障、救助保护、关爱服务等，比如资金补助、物质帮扶、监护指导、心理疏导、行为矫治、社会融入和家庭关系调适等，以尽量消除风险因素并为儿童补足关爱，同时对儿童遭受忽视和虐待的情况及可能性做到及时发现，一旦锁定已遭到或明显存在极大可能会遭到侵害的儿童，通过强制性干预，比如为处于危机状态的儿童向人民法院申请人身安全保护令、提供临时庇护或照护、提起撤销监护人资格诉讼等，给予儿童兜底性或替代性关爱保护，帮助其尽快摆脱侵害、减轻创伤，尽早回归正常生活。

二、加强我国儿童关爱保护体系建设的重要意义

儿童是国家的未来、民族的希望。以习近平同志为核心的党中央高度重视儿童工作。党的十八大以来，习近平总书记每年“六一”前后都会通过出席活动、参观考察或送出寄语等方式表达对孩子们的关心爱护和殷切期望。习近平总书记还先后作出一系列重要指示批示，深刻指出妇女儿童事业是党和国家事业的重要组成部分，儿童是未来生力军，培养好少年儿童是一项战略任务，事关长远；要坚持儿童优先发展，保障儿童合法权益，形成关爱儿童的社会风气；各级党委和政府、社会各界都要重视培育未来、创造未来的工作，关心爱护少年儿童，让孩子们成长得更好；对损害少年儿童权益、损害少年儿童身心健康的言行，要坚决防止和依法打击。党的二十大在擘画以中国式现代化全面推进中华民族伟大复兴的宏伟蓝图的同时，把儿童工作摆在全面建设社会主义现代化国家、全面推进中华民族伟大复兴的战略全局中进行谋划部署，指出要在幼有所育、学有所教、劳有所得、病有所医、老有所养、住有所居、弱有所扶上持续用力。据此，加强我国儿童关爱保护体系建设，既是深入贯彻落实习近平总书记重要指示批示精神和党中央决策部署的根本要求，也是新时代新征程以更高质量推进儿童工作、更加全面且以更高标准保障儿童各项权利的一项重要举措，具有越来越不容忽视的重要意义和实践价值。

（一）建立健全儿童关爱保护体系是积极适应我国人口形势变化、增强国家可持续发展动力的迫切需要

儿童在维系人口代际更替、促进社会稳定发展和长久进步等方面具有重

要价值。从世界范围看，目前大多数国家少子化和人口老龄化问题日趋严重，我国也面临同样的压力。自 1992 年起，我国总和生育率一直低于世代更替水平（2.1），2019 年以来更是持续低于警戒线（1.5）。[1] 2000 年至 2022 年，我国 60 岁及以上老年人口从 1.26 亿增加到 2.80 亿，占总人口的比重从 10.2%上升至 19.8%，老年抚养比从 9.9%上升至 21.8%。[2] 未来一段时间，老龄化程度将持续加深。关爱儿童成长，增进儿童福祉，促进儿童全面发展，对于应对当前我国面临的少子化和人口老龄化等人口结构问题、提升社会创新力至关重要，是世界各国特别是发达国家在面临同类问题时所采取的通行解决之道，对我国变人口红利为人才红利、实现可持续发展具有重要意义。换言之，加强我国儿童关爱保护体系建设，为儿童营造安全无虞、生活无忧、充满关爱、利于发展的成长环境，增强全社会关爱保护儿童的意识，已经成为我国积极适应人口形势变化、增强国家可持续发展动力的不二选择。

（二）建立健全儿童关爱保护体系是有效应对当前我国儿童成长突出问题的重要举措

随着我国经济社会发展，尤其是经济建设的加强，儿童获得的外在物质保障已经变得相对充足，但所面临的内在矛盾和问题却在不断刷新。比如，城乡、地区间发展的不平衡促使家庭在创造条件和机遇、掌握和运用高质量育儿方法等方面，政府在安排基本公共服务、配给福利救助保障等方面，社会在营造儿童关爱保护氛围、投入专业力量和公益资源等方面差距的形成，并且这些差距在日益加大，造成了儿童在身心成长、潜能开发等方面机会的不均等；社会客观环境和人们主观意识经历巨大改变，儿童留守现象持续规模化存在和离婚、单亲等家庭数量持续攀升等情况，借由家庭结构的劣势导致更多儿童缺少亲情关爱和有效监护，在保持心理健康、开展正常社会交往等方面表现出能力不足，甚至出现心理健康问题，以及不良行为乃至严重不良行为；社会对人才的要求以及家长对子女教育、就业等成果期待的提高，

---

[1] World Bank Group, *Fertility rate, total (births per woman) – China*, https://data.worldbank.org/indicator/SP.DYN.TFRT.IN?locations=CN, accessed September 22, 2023.

[2] 参见国家统计局：《中国统计年鉴 2023》，中国统计出版社 2023 年版。

给儿童带来空前的、几乎是别无选择的学业负担和竞争压力，再加上家庭、学校和社会为儿童提供生命教育、心理疏导、人生目标指导等帮助不足，导致越来越多的儿童做出自伤、自残甚至更为极端的行为；数字化时代到来，儿童对网络产生依赖甚至沉迷，在更多更深地受到负面信息影响的同时，还被挤占了必要的户外运动时间，造成身心健康综合状态的下滑；此外，以儿童为对象的性侵、暴力伤害，包括利用网络对儿童施加性虐待和性剥削等事件反复发生，儿童作为弱势群体整体面临更为严峻的潜在危险。简言之，儿童的内在世界面临比以往更加错综复杂的风险因素的影响甚至威胁。为此，加强我国儿童关爱保护体系建设，有效、有力地回应经济社会高速发展背景下儿童对于关爱保护更加多样化的需求，保障每一名儿童身心健康成长、安全参与社会生活、全面发展成才，显得愈发重要。

（三）建立健全儿童关爱保护体系是进一步推动我国儿童工作高质量发展的关键支撑

党的儿童工作，无论是在瑞金等红色革命根据地时期、新中国成立初期，还是在改革开放新时期，直至中国特色社会主义新时代，皆可理解成为保障儿童的某项或某几项权利而做的努力，皆是在为儿童保护体系建设添砖加瓦。当然，该体系的正规化建设必然是以《未成年人保护法》的出台和修订为重要时间节点的，与儿童关爱保护密切相关的未成年人监护体系的建设也是以民法通则颁布、未成年人监护制度确立为正式起点的，二者都具有天然的法律属性。然而，法律是人们最低的行为规范，新修订的《未成年人保护法》亦是如此，尽管在立法理念、基本原则、框架逻辑、条文表述等方面实现了优化，在体系性、引领性、本土性、可操作性等方面实现了升级，[1] 但整体而言，其中围绕儿童保护所作的具体规定显然处于基本且必要的层面，在相关要求的深度、精细度等方面存在必然的留白，其中涉及关爱的内容更是相对有限，依此建立健全的儿童保护体系在安排更高标准、更大范围、更强保障的儿童关爱措施方面无疑是存在不足的。另外，法律的变通性有限，比如，儿

---

〔1〕 参见宋英辉、苑宁宁：《中华人民共和国未成年人保护法释义》，中国法制出版社2020年版，第11－14页。

童一旦年满18周岁，便不再是法律所认定的未成年人了，相应地也就不再是儿童保护体系的服务对象了，而法律为儿童的成年所做的类似于进入社会前的心理调适、职业和人生规划等预备性和过渡性安排并不算丰富。这些缺陷亟须儿童关爱保护体系来加以弥补，并借此为儿童工作未来发展指出新的方向。

（四）建立健全儿童关爱保护体系是全面履行国际国内相关条约法律规定的必然要求

联合国《儿童权利公约》是广泛涉及并保护儿童权利的国际条约，儿童的生存权，受欺凌、虐待及其他形式剥削禁止权，教育权，健康权，社会保障与福利权，爱护与保育权，参与权，宗教自由，身份认同权等均在其涵盖范围之内。公约明确："关于儿童的一切行动，……均应以儿童的最大利益为一种首要考虑……缔约国承担确保儿童享有其幸福所必需的保护和照料。"作为缔约国之一，我国对公约的理念与要求回应积极，近期的措施主要包括修订《未成年人保护法》，等等。该法明确规定，"国家保障未成年人的生存权、发展权、受保护权、参与权等权利。未成年人依法平等地享有各项权利"，并且强调要坚持以最有利于未成年人的原则保护未成年人。而保障儿童权利不仅限于生存权、受保护权，尤其还包括发展权和参与权。其中，发展权如公约第二十七条所规定是指儿童对"足以促进其生理、心理、精神、道德和社会发展的生活水平"的享有权；参与权如公约第十二条所规定是指"有主见能力的儿童有权对影响到其本人的一切事项自由发表自己的意见"。只有加强儿童关爱保护体系建设，突出中国特色儿童工作关爱与保护并重的鲜明特点，才能让儿童，尤其是特殊儿童群体获得更加无微不至的关爱、更加深厚的人文关怀和更加全面的权利保障，并由此达成更加优异的发展结局。

三、我国儿童关爱保护体系构建概况

如前所述，各级政府和社会各界对流浪未成年人、农村留守儿童的关注将着重建设我国儿童关爱保护体系提上了日程。此后，儿童工作在顶层设计、法律制度制定修订、政策出台、机构机制设置、社会参与、国际合作等方面都强化了儿童关爱保护的内容，受益对象范围实现扩展，具体措施逐渐丰富，全社会关爱保护儿童的意识得到加强，儿童全面发展所需的社会人文环境持续改善，尽管仍面临问题和挑战，儿童关爱保护体系的具象化建设还是得到了实质性的推进。

（一）进展与成效

1. 加强顶层规划

党的十八大以来，党中央将儿童事业放在“五位一体”总体布局和“四个全面”战略布局中科学谋划、统筹推进，将“坚持男女平等基本国策，保障妇女儿童合法权益”作为党治国理政的重要内容写入党的十八大、十九大报告，并在党的十九届四中、五中、六中全会上，明确提出要完善农村留守儿童关爱服务体系、健全学校家庭社会协同育人机制、注重家庭家教家风建设、保障妇女儿童权益。“十三五”规划纲要首次将“保障妇女未成年人和残疾人基本权益”写进章的标题，并分专节对关爱未成年人健康成长作出部署，“十四五”规划纲要同样设置专门章节对如何提升未成年人关爱服务水平作出规划，儿童发展被逐步纳入国民经济和社会发展总体规划，融入国家经济社会发展全局，国务院对此明确部署相关目标任务，督促检查任务落实情况。此外，国务院连续颁布实施中国儿童发展纲要及专项计划，《中国儿童发展纲要（2021－2030年）》制定了儿童发展各领域的主要目标和策略措施以促进儿童全面发展，《国家贫困地区儿童发展规划（2014－2020年）》提出了基本生活、教育、医疗、福利等方面的保障措施以提升贫困地区儿童发展整体水平，《中国反对拐卖人口行动计划（2013－2020年）》明确了严格落实侦办拐卖儿童案件责任制、严格执行儿童失踪快速查找机制等工作要求以切实维护受害儿童合法权益。党和国家在宏观谋篇布局中对儿童事业的高度重视，在编制国民经济和社会发展规划以及各类专项发展纲要和行动计划中对儿童事业的持续关注，为儿童关爱保护体系建设全方位打开局面奠定了坚实的政治基础，提供了强力的顶层支撑。

2. 完善法律法规

2021年1月1日，《中华人民共和国民法典》（以下简称《民法典》）开始施行，其中对未成年人监护及收养等作出明确、细致的规定，强调相关工作应当遵循最有利于被监护人、被收养人原则。2021年3月1日，《中华人民共和国刑法修正案（十一）》开始施行，其中明确对依法追究刑事责任的未成年人应区分情况从轻或减轻处罚、不予刑事处罚或进行专门矫治教育，并修改猥亵儿童罪的有关规定、加重对性侵害未成年人的处罚。2021 年 6 月 1 日，新修订的《未成年人保护法》、《中华人民共和国预防未成年人犯罪法》（以下简称《预防未成年人犯罪法》）同时开始施行，前者强调保护未成年人合法权益、为其正常发展提供条件，规定未成年人的父母或者其他监护人、学校、村（居）民委员会应当给予未成年人亲情关爱以及具体关爱帮扶，同时明确部分主体在关爱保护儿童方面的法定责任；后者重在对未成年人不良行为和严重不良行为进行预防、干预和矫治，以保障未成年人身心健康成长。2022 年 1 月 1 日，《中华人民共和国家庭教育促进法》（以下简称《家庭教育促进法》）开始施行，旨在培养德智体美劳全面发展的社会主义建设者和接班人，其中明确规定父母或者其他监护人承担对未成年人实施家庭教育的主体责任，国家和社会为家庭教育提供指导、支持和服务，并分“家庭责任”“国家支持”“社会协同”“法律责任”四个专章对家庭教育提出要求。此外，《中华人民共和国反家庭暴力法》（以下简称《反家庭暴力法》）、《中华人民共和国义务教育法》（以下简称《义务教育法》）等法律，《校车安全管理条例》《未成年人网络保护条例》等行政法规在出台和修订过程中，同样围绕保护儿童权益，从不同角度、不同方面确立专门条款。上述法律法规即便没有突出“关爱保护”的文字表述，仍能深刻体现出国家对儿童的重视和爱护，为构筑我国儿童关爱保护体系提供了重要的法律框架和依据。

3. 出台政策文件

国务院印发《关于加强农村留守儿童关爱保护工作的意见》（国发〔2016〕13 号）后，民政部迅速印发通知，在充分认识《意见》出台重大意义的基础上，准确把握民政部门在农村留守儿童关爱保护工作中的职责要求，作出重点部署，统筹推进农村留守儿童关爱保护工作。此后，国务院又相继印发《关于加强困境儿童保障工作的意见》（国发〔2016〕36 号）、《关于建立残疾儿童康复救助制度的意见》（国发〔2018〕20 号）等文件，民政部、最高检、中国残疾人联合会为此分别牵头，联合最高法、国家发展改革委、教育部、公安部、司法部、财政部、国家卫生健康委、共青团中央、全国妇联等部门和单位，先后出台多个文件，在基本生活保障、教育和医疗救助、监护或照护监督和干预、法律援助、残疾儿童康复救助、心理健康关爱服务等方面着力，加强对事实无人抚养儿童、受监护侵害未成年人、因突发事件影响造成监护缺失未成年人、残疾儿童等困境儿童的保障和救助保护。此外，为了扎实推动国务院《关于加强农村留守儿童关爱保护工作的意见》《关于加强困境儿童保障工作的意见》落到实处，民政部还联合教育部、公安部等 9 个部门和单位出台文件，通过提升未成年人救助保护机构和儿童福利机构服务能力、加强基层儿童工作队伍建设、鼓励和引导社会力量广泛参与、强化工作保障等措施，进一步健全农村留守儿童和困境儿童关爱服务体系；为了增强全社会关爱保护儿童的意识、营造整体社会氛围，国家发展改革委联合国务院妇儿工委办、住房城乡建设部等 22 个部门和单位发布指导意见，针对城市发展与儿童身心发展需求不适应等问题，聚焦社会政策友好、公共服务友好、权利保障友好、成长空间友好、发展环境友好等方面，提出 20 余项重点任务举措，对儿童友好型城市建设进行全面系统部署。文件的渐次出台体现出政策视野的不断拓宽和内容的不断丰富，对象范围除孤儿外增加了农村留守儿童、困境儿童等儿童群体，措施手段除保障外增加了救助、帮扶、关爱并且越发强调关爱，为儿童关爱保护体系的建设打下了扎实的基础。

4. 健全机构机制

2017 年 5 月，全国妇联设立家庭和儿童工作部，负责指导推进家庭教育工作，同时参与家庭和儿童相关法律法规、政策措施制定落实和校外教育推进等工作，配合有关部门开展农村留守儿童关爱保护和困境儿童保障等工作。2018 年底，民政部单独设立儿童福利司，负责拟订儿童福利、孤弃儿童保障、儿童收养、儿童救助保护政策和标准，健全农村留守儿童关爱服务体系和困境儿童保障制度，统筹各方面资源和力量系统推进儿童福利工作。此外，自 1993 年 8 月 4 日由国务院妇女儿童工作协调委员会更名而来后，国务院妇女儿童工作委员会，作为由 35 个成员单位组成的议事协调机构，一直负责协调和推动政府有关部门执行关于妇女儿童的各项法律法规和政策措施，发展妇女儿童事业，维护妇女儿童权益。2016 年 3 月 25 日，国务院建立农村留守儿童关爱保护工作部际联席会议制度，由民政部牵头，在国务院的领导下，统筹协调全国农村留守儿童关爱保护工作。2018 年 8 月 12 日，国务院对农村留守儿童关爱保护工作部际联席会议制度职能进行扩充，对其名称和成员单位作出调整，建立农村留守儿童关爱保护和困境儿童保障工作部际联席会议制度。2021 年 4 月 21 日，国务院未成年人保护工作领导小组成立，明确、细化 36 家成员单位关于儿童保护的职责分工，并对其中 10 家成员单位额外强调并提出儿童关爱具体任务要求。以上部门、机构、制度等的设立和调整对实体性儿童关爱保护主体的工作职责作出了明确和优化，有力推动了具体工作的开展和落实。

5. 调动社会力量

民政部自 2016 年起联合中央综治办等 7 个部门和单位在全国范围内持续开展农村留守儿童“合力监护、相伴成长”关爱保护专项行动；自 2018 年以来每年会同国务院国资委指导中国建筑集团组织开展关爱农村留守儿童“百场宣讲进工地”活动；2019 年 11 月，联合国务院国资委等 5 家单位印发《关于劳动密集型企业进一步加强农村留守儿童和困境儿童关爱服务工作的指导意见》（民发〔2019〕116 号）；2020 年，启动全国农村留守儿童和困境儿童关爱保护“政策宣讲进村（居）”活动，持续不断调动劳动密集型企业、专家学者、社会工作者、志愿者、“五老”队伍等社会力量的主动性和积极性，充分发挥其优势作用，教育引导务工父母依法履行对其未成年子女的监护职责和抚养义务，加强对有农村留守子女和残疾子女的困难职工家庭的帮扶救助和人文关怀，不断加强农村留守儿童和困境儿童关爱服务工作。2022 年 2 月，中共中央办公厅、国务院办公厅印发《关于加强新时代关心下一代工作委员会工作的意见》，明确了实施“五老”关爱下一代工程这一重点任务，对困境青少年的帮扶从物质层面更多更深地转向精神层面，在生活上关爱的同时更加注重从思想上关心、情感上关怀、心理上疏导，帮助他们健康成长、全面发展。2023 年 1 月，共青团中央、全国少工委印发《关于加强共青团新时代未成年人保护工作的意见》的通知，进一步明确工作着力点，强调通过集中力量开展生命健康守护、心理健康守护、网络素养提升、法治意识提升、困境群体关爱等重点行动，加强机制保障、协同保障和资源保障等方式，高质量保护儿童身心健康，促进儿童全面发展。此外，随着《关于加强农村留守儿童关爱保护工作的意见》《关于进一步健全农村留守儿童和困境儿童关爱服务体系的意见》的印发，以及民政部、教育部、财政部、共青团中央、全国妇联《关于在农村留守儿童关爱保护中发挥社会工作专业人才作用的指导意见》（民发〔2017〕126 号）的出台，儿童关爱保护类社会工作专业服务机构迅速发展，尤其是在县级层面，促进了儿童关爱保护服务可及性的有效提升。

6. 深化国际合作

改革开放在我国同国际社会之间搭起了更为通畅的桥梁，我国政府开始与多个国际组织开展合作，如联合国人口基金会、联合国教科文组织、联合国儿童基金会等，多以项目形式为我国弱势儿童群体提供医疗救治、教育援助、新生儿保健、儿童早期发展服务、儿童减贫、基本公共服务发展等方面的关爱服务，为我国的儿童事业提供了有力辅助。[1] 其中，民政部与联合国儿童基金会驻华办事处自2020年起在江西、山东、广西、宁夏4个省（自治区）12个县区合作开展“护童成长”儿童关爱服务体系建设试点项目，聚焦农村留守儿童及困境儿童监护状况改善，探索制定儿童关爱保护服务的内容及标准，提升儿童关爱保护服务工作队伍的服务能力和专业化水平，推动建立有效运转的儿童关爱保护服务机制和网络，提高儿童关爱保护服务质量。中国儿童福利和收养中心受民政部委托设立项目管理办公室，负责项目统筹管理工作，自项目开展以来，在机制建设、课题研究、宣传倡导等方面均取得突出成果，切实推动了儿童关爱保护服务水平的提升和更为浓郁的关爱保护儿童社会氛围的营造。此外，教育部、国家卫生健康委、共青团中央、全国妇联等部门和单位也同国际组织广泛开展儿童关爱保护相关项目合作，比如教育部同联合国儿童基金会驻华办事处合作开展的“中国融合教育推进：教师专业能力提升”项目、国家卫生健康委和共青团中央同该办事处合作开展的“青少年心理健康发展”项目、全国妇联同该办事处合作开展的“爱在开端：0－6岁科学育儿社区家庭支持推广”项目等，在项目中积极引入有益的国际经验，必要时还邀请外国学者参与科学严谨的课题研究，为项目质量和效果的提升提供有益支持。

（二）问题与挑战

1. 未成年人监护体系对儿童关爱保护体系的支撑力度尚显不足

[1] 参见联合国儿童基金会：《中国经验　全球视角　联合国儿童基金会在华合作项目概览》，载联合国儿童基金会官网 https：//www. unicef. cn/reports/unicef－china－and－beyond，2022年2月14日。

伴随当代中国社会的快速发展，一方面，家庭结构小型化和去完整化、家族内部关系松散化、养育奢侈化，以及公共服务供给不足等现实情况，使父母或者其他监护人在对儿童履行监护职责时面临更大的压力和更多的难题；另一方面，儿童的发展需求变得更为多元、高阶，发生精神、心理、社交、行为等方面问题的普遍性和严重性也呈现上升趋势，给父母或者其他监护人提出了更多、更复杂的要求。如此一来，双方或者说儿童和原生监护环境之间越来越频繁地陷入互动不良乃至关系紧张的境地。而本应作为儿童关爱保护动力主源的未成年人监护体系，因为目前仍处于健全完善过程中，还存在法律对监护能力判定等相关工作制度设计留有空白，相关法律之间在监护侵害等问题上互相衔接和呼应不充分以及重要处罚性条款执行乏力，《中国公民收养子女登记办法》《家庭寄养管理办法》等法规规章或滞后于法律或无法切实解决现实中难点堵点问题，监护评估、监护监督等标准流程机制欠缺，监护支持措施不足等问题，难以通过对监护关系作出必要的、良性的调整来确保儿童获得关爱保护，尚无法形成对儿童关爱保护体系足够有力的支撑。

2. 现有儿童关爱保护政策制度的群体覆盖还不全面

20 世纪 80 年代末，我国开始出现人口城乡大迁移，流动儿童随之产生，之后数量持续增加，2010 年达到 3581 万人，2020 年达到 7109 万人，[1] 然而直至今日，该群体无法平等获取妇幼保健、教育、医疗、社会保障等基本公共服务和相关支持性关爱保护服务的情况仍然存在。仅以教育为例，目前流动儿童在流入地接受义务教育的主要依据是“两为主”“两纳入”政策，即以流入地政府为主、以公办学校为主，同时将常住人口纳入区域教育发展规划、将随迁子女教育纳入财政保障范围，但这一政策在实际落实过程中受到了各种因素的制约，其中最主要的就是现行户籍制度以及以户籍为标准和依据的教育经费拨款等制度，加上城市教育资源有限等原因，流动儿童在流入地平等接受义务教育受到一定阻碍，在如此境况下使其获得并体认政府和社会给予的关爱保护恐怕会变得更加困难。同样令人担忧的是，在城镇化率快速提升、较大规模城市落户仍然困难、城镇户籍人员在大城市的虹吸效应下也更加频繁地参与流动这一现实背景下，城镇留守儿童的数量出现增长，然

---

〔1〕 参见李伯聪：《中国流动儿童教育发展报告（2021－2022）》，社会科学文献出版社 2023 年版。

而，留守儿童关爱服务通常以农村留守儿童为对象，对于城镇留守儿童的关注明显不足。此外，一些潜在的特殊儿童群体，比如精神障碍患者的子女、单亲子女、目睹暴力或死亡的儿童等，在未达已有特殊儿童群体认定标准的前提下，至今仍无法被纳入关爱保护政策范围，即便因处复合情境能够被纳入某一特殊儿童群体，其关键需求，比如对精神疾病、社会心理和行为问题的预防和早期介入等，也往往缺少具体的政策措施予以对应。

3. 各地儿童关爱保护工作的开展水平仍不均衡

各地在经济社会发展水平和对儿童关爱保护工作的重视程度等方面存在差距，因此儿童关爱保护体系建设水平也参差不齐。一些地方已经突破政策文件对困境儿童的定义范围，将重病儿童也纳入福利保障范围并按照孤儿基本生活保障标准一定比例给予保障时，另一些地方还需付出较大努力才能做到事实无人抚养儿童应保尽保、按时足额发放补贴。一些地方已经在思考如何采取更多元的方式开展政府购买服务工作时，另一些地方对于如何开展政府购买服务还没有厘清头绪。一些地方已经开始采用智能化、数字化手段管理和开展儿童关爱保护工作时，另一些地方还在疲于手动统计相关工作数据。一些地方已经开始要求儿童主任100%持有社工、教育或心理等专业资质时，另一些地方还在为确定儿童主任人选、保证人员稳定等问题绞尽脑汁。一些地方已经在加强儿童保护个案分级管理时，另一些地方还没有规范设置未成年人保护热线。类似以上儿童关爱保护体系地区间建设水平不均衡的表现还有许多，其背后都透露着不同地区掌握儿童关爱保护资源、开展儿童关爱保护工作认识和能力的不均衡，如此局面对于儿童，尤其是特殊儿童群体平等获得关爱保护十分不利。

4. 社会力量开展儿童关爱保护工作的效果未达最佳

其一，尽管来自社会的儿童关爱保护一线工作队伍已经基本建立，但队伍内部的人力资源尚未实现有机统合，比如民政部门打造的儿童主任队伍、卫健部门打造的育婴辅导员队伍等都是在一线为特殊儿童群体服务的队伍，在工作的理念、原则和服务的区域、对象甚至内容等方面存在许多交集，但相互之间却鲜有交流，也就无法促进分享资源、相互借力、共促工作等更优局面的形成。其二，尽管儿童关爱保护类社会组织发展迅速，但在服务递送方面同巨量的儿童关爱保护需求仍然无法等量齐观，尤其是在政社合作及联动机制活力欠缺、社会组织自身建设和资质不足的情况下，在以专业化、精细化、精准化标准满足多元化儿童关爱保护需求方面仍然存在不小的困难。其三，尽管政府通过建立和壮大工作队伍、孵化培育社会组织等措施，使社会力量参与儿童关爱保护工作的程度不断加深，但在儿童关爱保护经费方面仍然缺少专门的、常态化的保障机制，某种程度上导致社会力量在人员结构稳定和素质提升、服务递送可持续且质量有保证等方面时常面临困难。

四、体系构建预想和研究目的方法

综上可见，我国的儿童关爱保护体系是一个既时新又古早的体系。说它时新是因为它是应各级政府和社会各界对较大规模特殊儿童群体关爱需求的发觉和聚焦而凸显和具象起来的，至今也才经历了 40 余年的时间。说它古早是因为我国的儿童保护工作自新中国成立以来甚至可以说自中国共产党成立以来就隐含着对儿童朴素的、深厚的关爱精神，在儿童保护体系建立健全的过程中，儿童关爱保护体系其实一直处于被包含、被孕育的状态。如前所述，本研究选择对儿童保护作出非广义概念的解释，并以之为基础明确儿童关爱保护的含义，这在浅层次上是出于对当前学界开展研究和政府出台政策表象情况的考量，在深层次上是考虑到我国儿童保护体系建设目前在实现广义概念儿童保护目标进程中已经路途过半但还未达终点的现实，在宏观层次上也是为了同国家在保障和改善民生工作中坚持“尽力而为、量力而行”的总基调保持契合。

据此，本研究从发展的视角出发对儿童关爱保护体系有以下两个阶段的预想。在第一阶段，儿童保护体系尚未实现广义概念目标的建构，而其中已然包含的碎片化的、散在的关爱措施还不足以系统性地、充分地表达各级政府和社会各界对儿童，尤其是特殊儿童群体深切的关爱，因此需要对儿童关爱保护体系加以实然的建设，以便对其中关爱的部分进行集中的强化。此阶段的儿童关爱保护相当于儿童关爱和儿童保护的合集，强调在区分范围、层次及迫切程度的同时密切结合儿童的各种需求，从面向包括各类特殊儿童群体在内的所有儿童的基础性层面和面向特殊儿童群体的支持性和干预性层面，也就是“基础性—支持性—干预性” 3 个层面的服务或行动入手搭建执行框架，以更加以人为本的、丰富的、柔性的措施安排，实现对尽可能广泛的特殊儿童群体的关爱保护。在第二阶段，儿童保护体系将实现广义概念目标的建构，能够面向全体儿童，使其生存权、发展权、受保护权和参与权等各项权利得到广泛而深入的实现，其中也将包含经由第一阶段发展壮大起来的关爱的部分，“儿童关爱＋儿童保护”的范围将更加广阔、内容将更为丰富、结构将更趋于一体，此时的儿童关爱保护相当于关爱性儿童保护，将实现向儿童保护的回归并成为其有机的组成部分，能够在广义儿童保护的维度内，实现对所有儿童个性化关爱保护需求的恰当满足。其中，“基础性—支持性—干预性”3个层面在第一阶段是边界清晰的，服务对象的范围和内容均呈倒金字塔形缩减，而到了第二阶段，伴随关爱和保护的紧密融合以及基本公共服务事项的高度扩大化、均等化调整，原来支持性和干预性层面的内容将由基础性层面吸纳并执行。

本研究暂时不能为上述两个阶段列出时间框架，但希望通过结合当前经济社会发展状况，聚焦孤儿、事实无人抚养儿童、留守儿童、困境儿童等儿童关爱保护体系重点服务对象，对我国儿童关爱保护体系建设提出整体构想，推动该体系在第一阶段加速健全，同时也为将来实现其在第二阶段的跃升奠定基础。为此，本研究课题组查阅研究了近230篇文献资料，并于2023年6、7月间设计发出且回收分析了870份儿童福利机构问卷、1976份未成年人救助保护机构问卷、2271份社会组织问卷、51676份儿童主任问卷，于5月至8月派员赴16个省（自治区）24个市开展了29次实地调研。结合相关研究情况，下文将分5章对儿童关爱保护体系建设问题进行分解和论述。首先，考虑到满足儿童的需求，特别是切实地、有效地满足各类特殊儿童群体突出的需求，是体系构建的关键目标所在，本研究将在首章对不同儿童群体作出分类界定，对群体形成原因、主要需求及需求满足情况加以明晰，对儿童关爱保护体系建设与不同儿童群体需求适配不足的情况进行探查，以期为健全体系找准着力点、明确努力方向，也为后段研究奠定立论基础。其次，鉴于民政部门重点围绕各类特殊儿童群体长期开展福利保障和救助保护等工作，并且在健全儿童关爱保护体系方面承担着至关重要的职责任务，本研究将用3章的篇幅概述民政部门开展儿童关爱保护工作的情况，并重点对民政领域儿童工作两大重要阵地，即儿童福利机构和未成年人救助保护机构发挥儿童关爱保护作用的情况，以及民政部门在规范化、专业化、协同化建设儿童关爱保护体系方面开展实践的情况进行梳理和解析，从实体部门机构的工作开展和内在制度规则秩序的确立及完善入手，客观呈现儿童关爱保护体系建设和运转的现状，同时立足问题与困境，力争准确定位儿童现实需求同儿童关爱保护体系当前服务之间的缺口所在，通过提出相应措施建议，促进形成健全儿童关爱保护体系的具体方案。最后，基于儿童关爱保护体系以服务儿童为内核且其“基础性—支持性—干预性”3层执行架构已初步建立等实际情况，本研究将在末章结合基本公共服务的发展现状及其与儿童关爱保护体系的关联情况，探索以基本公共服务为核心健全儿童关爱保护体系的实现路径。

第一章 不同儿童群体关爱保护需求满足情况研究

董猛孟 王晓峰*

我国政府和社会各界十分重视儿童关爱保护事业的发展。儿童关爱保护政策的实施经历了配套政策逐渐完善、地区试点等不同发展阶段。近年来，我国出台或修订了许多儿童关爱保护领域的法律法规、政策文件，不断强化对不同儿童群体各项权益的确认和保障，认真回应不同儿童群体各项需求和建议，全面落实各项儿童关爱保护措施，不断尝试探索建立新时代儿童关爱保护工作协调机制，完善儿童关爱保护体系。民政视角下需要关爱保护的儿童群体主要包括孤儿、事实无人抚养儿童、困境儿童、留守儿童、流动儿童等特殊儿童群体。立足上述各类特殊儿童群体需求特点，则可归纳为对于基础服务的需求、对于帮扶支持的需求和对于强制干预的需求，由此形成层次清晰又包含、递进的动态关联系统。本章作为课题报告首章，围绕不同特殊儿童群体主要需求，对各类特殊儿童群体的界定、成因、主要需求及需求满足情况进行阐述，在此基础上，结合国内外已有经验做法，对下一步民政部门实施儿童关爱保护工作和完善基础、支持、干预三级儿童关爱保护体系进行初步展望。

一、不同特殊儿童群体需求

对于特殊儿童群体关爱保护需求的研究，主要集中于不同特殊儿童群体

* 董猛孟，中国儿童福利和收养中心儿童保护部管理岗七级职员，研究方向为未成年人保护；王晓峰，中国儿童福利和收养中心儿童保护部主任，研究方向为未成年人保护。

的界定和需求特点、需求满足情况、域外经验、未来展望等方面。其中，特殊儿童群体界定及其主要需求归纳，是本章首先要解决的问题。

在群体界定上，结合现有文件规定，民政视角下的儿童群体主要包括孤儿、事实无人抚养儿童、困境儿童、留守儿童、流动儿童等，其中对于困境儿童，还根据不同的困境情形，存在自身困境、家庭困境、监护困境三类细分群体。随着社会发展变化，我国儿童关爱保护需求将更加多元、多样。可以预见，未来还会有其他儿童群体被纳入民政的服务范围。类型的增加导致儿童群体间的需求交叉重叠或特征相近的可能性加大，也为政策制定和服务开展带来挑战。因此，如何对日益增多的特殊儿童群体进行梳理、划分以便识别不断丰富的儿童群体需求，是实务界与理论界共同面对的问题。

目前，对于特殊儿童群体的划分存在多种方法，例如以儿童家庭经济状况（低收入家庭儿童等）为标准，以儿童身体状况（重残儿童、重病儿童等）为标准，以儿童面临即时风险（临时监护儿童等）为标准，以外部因素导致风险（留守儿童、流动儿童、流浪儿童等）为标准等。在研究过程中，也尝试从儿童是否在福利机构内接受照护（集中供养、社会散居）的角度、儿童监护瑕疵（监护侵害、监护缺失等）的角度、儿童困境成因（个人生理因素、家庭监护因素、社会因素）的角度、儿童关爱保护层级（基础型、支持型、干预型）的角度进行分析探讨。

在民政视角下，从体现特殊儿童群体特征和需求特点的角度进行分析，以儿童家庭经济状况、身体状况、面临风险状况以及所处机构内外为划分标准，都存在划分结果过于聚焦某一部分特殊儿童群体，而另外一部分特殊儿童群体与其他儿童混同的情况。从监护瑕疵角度，则难以识别已由国家长期监护的弃婴、孤儿所属群体。相比较而言，从困境成因角度和关爱保护层级角度则更为聚焦特殊儿童群体。其中，从关爱保护层级的角度进行划分，体现了更强的制度前瞻性和适用灵活性，能够满足未来儿童群体范围的增加或变动，也更加强调、聚焦民政部门为回应特殊儿童群体需求所提供的服务和采取的措施，因此，本章选择以关爱保护层级作为以下特殊儿童群体及其需求的划分归纳依据，尝试将特殊儿童群体按其主要需求进一步归纳为基础服务类、帮扶支持类和强制干预类，并分别对应儿童关爱保护三级体系（包含基础性层级、支持性层级、干预性层级）。

必须指出的是，上文的三个类型之间并非平行关系，而是呈现出一种“层递且包含”的状态。一方面，对于儿童群体的划分并非完全静止不变，而是随着自身情况及个体需求的变化在不同层级间动态调整。另一方面，在实务中，一些儿童很可能同时存在基本需求和特殊需求（甚至是多项特殊需求），这就需要实施多重层级的关爱保护服务或措施。举例来说，一个自身患有残疾的儿童，除了应享受基础性层级给予的、惠及每个儿童的基本服务，结合其特殊帮扶支持需求，也会接受来自支持性层级所提供的针对性康复服务和监护支持。如若还存在遭受监护人侵害的情况，那么该儿童还可能同时处于干预性层级的调整范围之中，需要强制干预。通过民政等部门提供的康复支持服务和监护干预措施，该儿童的健康状况和监护状况如果出现明显好转，那么该儿童很可能就不再需要特殊的帮扶支持和强制干预，从而不再属于支持性层级和干预性层级的调整范围。

（一）基础服务类

基础服务类涉及对象包括孤儿、事实无人抚养儿童、困境儿童、留守儿童、流动儿童等特殊儿童群体在内的所有儿童。基础服务类对应儿童关爱保护三级体系中的基础性层级，需要回应每个儿童都会涉及的各项基础需求，如基本生活需求、基础医疗需求、义务教育需求，受保护的需求、不断成长和发展的需求等。这些基础需求某种程度上正是儿童各项基本法律权利在现实生活中的体现。因此，政府各部门应依照《中华人民共和国宪法》（以下简称《宪法》)、《民法典》、《未成年人保护法》等法律规定，依职权充分提供基础服务，回应上述基础需求，实现儿童基本权利，如为儿童办理户籍、为适龄儿童提供义务教育、为遭受侵害的儿童提供救助保护，以及引导儿童树立正确的人生观、价值观等。其中，民政部门所提供的服务主要包括面向所有儿童及其家庭的强制报告、监护风险预防，以及儿童关爱保护宣传倡导等。

（二）帮扶支持类

帮扶支持类涉及儿童群体主要包括孤儿、事实无人抚养儿童、留守儿童、流动儿童、自身困境儿童和家庭困境儿童，其群体主要特征为儿童因自身、监护或家庭状况等原因，难以维持基本生活或有潜在风险，监护人在回应儿童需求上一般表现为“有心无力”。帮扶支持类对应儿童关爱保护三级体系中的支持性层级，现阶段民政部门主要根据儿童具体需求，采用给付资金补贴、链接慈善资源、进行替代性养护等方式，满足其生存生活需求。

需要明确的是，在现实生活中，有相当比例的留守儿童、流动儿童生活在正常家庭之中，与其他儿童无明显差异，且从法律意义上看，其监护人也具备监护资格和能力，但由于监护人务工、流动等原因，儿童的抚养、保护、教育等需求难以得到充分满足，需要进一步采用加强监护指导、落实监护监督、开展公益活动等服务方式，对家庭监护能力进行补强，进而更好地回应儿童需求。

1. 孤儿、事实无人抚养儿童

根据国务院办公厅《关于加强孤儿保障工作的意见》（国办发〔2010〕54号）规定，孤儿是指失去父母、查找不到生父母的未满18周岁的未成年人。截至2022年底，全国共有孤儿15.8万人，其中社会散居孤儿11.1万人，福利机构集中养育孤儿4.7万人，[1] 2023年前三季度为14.6万人。[2] 孤儿数量连年下降，其主要原因是随着经济的快速发展，家庭的经济条件改善和生活水平提高，更多家庭有能力承担照护儿童的责任，因家庭经济因素导致的弃婴、弃童现象减少，儿童得以留在家庭。

与孤儿数量逐年递减相反，我国事实无人抚养儿童数量则呈现增加趋势。我国事实无人抚养儿童数据从2020年开始统计，2020年为25.4万人，2021年为31.4万人，2022年为36.5万人，2023年前三季度为38.8万人。[3] 广东、湖南、河南事实无人抚养儿童数量较多，截至2022年底，分别达到2.9

---

〔1〕参见张文峰：《全国共有孤儿15.8万人，支出儿童福利资金99.5亿元……民政部发布〈2022年民政事业发展统计公报〉》，载中国儿童福利微信公众号 https://mp.weixin.qq.com/s?__biz=MzU2MzkzODQyOA==&mid=2247528177&idx=1&sn=ffd5c6d8d2882d79d370ac443653fdff&chksm=fc50bbe2cb2732f42cb4ceb1572c76ba7579aaf7177e677f50687cef8c0f203f2ae7570349cc&scene=27，2023年12月29日。

〔2〕参见《以习近平新时代中国特色社会主义思想为指导　努力开创民政事业高质量发展新局面——2024年全国民政工作会议在京召开》，载民政部网站 https://www.mca.gov.cn/n152/n164/c1662004999979997204/content.html，2024年1月18日。

〔3〕参见《以习近平新时代中国特色社会主义思想为指导　努力开创民政事业高质量发展新局面——2024年全国民政工作会议在京召开》，载民政部网站 https://www.mca.gov.cn/n152/n164/c1662004999979997204/content.html，2024年1月18日。

万人、2.8 万人、2.8 万人。[1] 近年数量的显著增多并不意味着事实无人抚养儿童的状况在恶化，而是体现了在国家针对性保障政策的指导下，各地逐渐理顺事实无人抚养儿童的摸排、认定和救助工作，让越来越多符合条件的儿童被纳入事实无人抚养儿童的范围之内。根据有关规定，事实无人抚养儿童包括父母双方均符合重残、重病、服刑在押、强制隔离戒毒、被执行其他限制人身自由的措施、失联、被撤销监护资格、被遣送（驱逐）出境情形之一的儿童；或者父母一方死亡或失踪，另一方符合重残、重病、服刑在押、强制隔离戒毒、被执行其他限制人身自由的措施、失联、被撤销监护资格、被遣送（驱逐）出境情形之一的儿童。其中被撤销监护资格、被遣送（驱逐）出境是2020年12月民政部等3部门印发的《关于进一步做好事实无人抚养儿童保障有关工作的通知》（民发〔2020〕125号）中补充增加的两种情形。在类型占比方面，通过全国儿童福利信息系统分析，从父母角度看，其中父母一方死亡，另一方符合失联、重残、失踪等情形的儿童占45.1%；父母双方均重残的儿童占27.4%；服刑人员子女占8.3%。[2] 此外，还有很多其他组合情形，如父母一方重残、一方失联的儿童0.77万人等。[3]

基本生活保障是我国孤儿、事实无人抚养儿童关爱保护工作的核心内容，其主要目的是通过给予补贴的形式，保证孤儿、事实无人抚养儿童的基本生活。在此基础之上，相关儿童社会保障还应该延伸至孤残者的一生，[4] 关注其生存、生活、发展乃至自立的完整生命历程。未来，民政部门在继续保证基本生活保障的基础上，应重点关注孤儿、事实无人抚养儿童在成长发展方面的需求，一方面，受监护缺位或监护人服刑等负面条件影响，孤儿、事实无人抚养儿童在社会中易被“标签化”，对周遭事物的看法更为敏感，需要通过心理疏导或心理干预，帮助他们建立更为积极自信的心态。另一方面，应

---

〔1〕 参见吉翔：《民政部：已有25.3万名事实无人抚养儿童被纳入保障范围》，载人民资讯 https://baijiahao.baidu.com/s?id=1689824814247830012&wfr=spider&for=pc，2023年12月5日。

〔2〕 参见吉翔：《民政部：已有25.3万名事实无人抚养儿童被纳入保障范围》，载人民资讯 https://baijiahao.baidu.com/s?id=1689824814247830012&wfr=spider&for=pc，2023年12月5日。

〔3〕 参见吉翔：《民政部：已有25.3万名事实无人抚养儿童被纳入保障范围》，载人民资讯 https://baijiahao.baidu.com/s?id=1689824814247830012&wfr=spider&for=pc，2023年12月5日。

〔4〕 参见陈静：《孤残儿童社会保障现状及发展路径研究》，载《残疾人研究》2012年第2期，第22页。

对适龄孤儿、事实无人抚养儿童进行社会化教育，指导他们进入社会后，能够正确看待和处置工作生活中遇到的问题。对于在福利机构内集中供养的弃婴、孤儿，还应重点关注他们的医疗康复、寄养收养、就业培训等需求，尽最大努力帮助他们回归家庭、融入社会。

2. 留守儿童

留守儿童包括户籍所在地为农村和城镇的留守儿童。其中，根据国务院《关于加强农村留守儿童关爱保护工作的意见》（国发〔2016〕13 号）规定，农村留守儿童是指父母双方外出务工或一方外出务工另一方无监护能力、不满 16 周岁的未成年人。本章认为，之所以规定为“不满 16 周岁”，而非“不满 18 周岁”，主要是考虑到政策与法律的衔接。《民法典》第十八条规定：“成年人为完全民事行为能力人，可以独立实施民事法律行为。十六周岁以上的未成年人，以自己的劳动收入为主要生活来源的，视为完全民事行为能力人。”〔1〕同时，《中华人民共和国劳动法》对于最低就业年龄的规定也为 16 周岁。〔2〕

“留守”状态的存续与监护人外出务工时长紧密相关。对于监护人外出务工时长问题，联合国儿童基金会在其统计文件中以“父母双方或一方跨乡镇街道外出流动半年及以上”作为确认儿童处于留守状态的标准。〔3〕国家统计局则将纳入统计范围的务工农民在外从业时间界定为至少达到 6 个月。本章认为，确定监护人外出务工时长是否会造成儿童留守，既要考虑监护人单次外出务工的持续时间，也需对监护人各次外出的时间进行累计加总。此外，儿童的留守状态也不能单纯依靠监护人外出时间长度来确定，还应结合外出时长对留守儿童生活质量和照护程度的影响进行多角度判断。

留守儿童问题，特别是农村留守儿童问题的产生主要是以下因素共同作

〔1〕参见《中华人民共和国民法典》第十八条：“成年人为完全民事行为能力人，可以独立实施民事法律行为。十六周岁以上的未成年人，以自己的劳动收入为主要生活来源的，视为完全民事行为能力人。”第十九条：“八周岁以上的未成年人为限制民事行为能力人，实施民事法律行为由其法定代理人代理或者经其法定代理人同意、追认；但是，可以独立实施纯获利益的民事法律行为或者与其年龄、智力相适应的民事法律行为。”

〔2〕参见《中华人民共和国劳动法》第十五条：“禁止用人单位招用未满十六周岁的未成年人。”

〔3〕参见联合国儿童基金会、国家统计局、联合国人口基金：《2020 年中国儿童人口状况事实与数据》，第 1 页。

用的结果。一是 20 世纪 80 年代以来，随着改革开放的全面推行，以及社会主义市场经济体制的建立和完善，我国工业化和城市化进程加快，大量农业人口来到城镇从事非农业工作。二是户籍管理制度、社会保险管理制度以及城乡之间、地区之间不同的治理方式，导致进城务工的农村劳动力带领未成年子女共同在城镇生活存在障碍，只得将其留在农村。三是在农村，相应的儿童关爱保护工作基础还较为薄弱，无法充分满足当地留守儿童需求。以国务院《关于加强农村留守儿童关爱保护工作的意见》中的定义为统计口径，民政部数据显示，截至“十三五”末，全国共有农村留守儿童 643.6 万人。[1] 从受人口迁移影响的角度进行统计，2020 年全国留守儿童 6693 万人，流动儿童 7109 万人，受人口流动影响的儿童合计 1.38 亿人，占我国儿童总人口的 46.4%。也就是说，我国近一半儿童直接受到人口流动的影响。[2] 农村留守儿童超过 200 万人的省份有 8 个，分别是河南、四川、广西、安徽、广东、湖南、贵州、江西，8 省合计 2570 万人，占全国的 61.5%。[3] 河南省的农村留守儿童规模最大，超过 600 万人。在重庆、广西、河南和贵州等地，农村留守儿童的比例很高，超过当地农村儿童数量的一半或接近一半。[4]

因为亲人离别且沟通不便，留守儿童在家庭照护、家庭教育方面存在欠缺和不足，身心发展受到影响，情况严重的，可能造成学习与社交层面的障碍。由此体现出留守儿童在早期发育、生活照护、人身安全、教育及社会化、心理健康、社会支持等方面的需求。由于留守儿童的诸多问题和需求与儿童监护人外出紧密相关，所以对留守儿童的生活照护需求应首先得到关注。目前留守儿童的监护形式主要包括其他亲属监护，如祖父母、外祖父母，叔叔婶婶或成年兄姐等。其中，由祖父母、外祖父母实施的祖辈隔代监护最为普遍。但是，老年人的行动能力、认知水平和教育观念往往不能与现代儿童的

---

〔1〕 参见代睿：《民政部：“十三五”末全国农村留守儿童 643.6 万名较“十三五”初降近三成》，载腾讯网 https://new.qq.com/rain/a/20210223A09KKO00，2023 年 12 月 5 日。

〔2〕 参见联合国儿童基金会、国家统计局、联合国人口基金：《2020 年中国儿童人口状况事实与数据》，第 9 页。

〔3〕 参见联合国儿童基金会、国家统计局、联合国人口基金：《2020 年中国儿童人口状况事实与数据》，第 11 页。

〔4〕 参见联合国儿童基金会、国家统计局、联合国人口基金：《2020 年中国儿童人口状况事实与数据》，第 11 页。

需求相匹配，所以对留守儿童的照护、教育会呈现出力不从心的状态。而且很多农村父母、长辈都存在子女教育方面的偏见，认为儿童教育主要由学校老师负责即可。在缺乏正确指引和管束的情形下，留守儿童也更易出现心理问题或安全风险，例如夏季游玩溺水的隐患等。

3. 流动儿童

我国的人口流动在2010－2020年更为活跃，十年间流动人口规模大幅增长69.7%，从2010年的2.21亿人增至2020年的3.76亿人，占总人口的比例高达26.6%。[1] 有些有未成年子女的流动人口将子女一起带到流入地，有些则选择让子女留守在老家，还有一些大龄儿童先是在流入地求学，后因义务教育阶段学业完成或其他原因独自回到农村老家。由此可见，儿童的流动和留守状态并不总是固定的，可能随着流入地政策、家庭状况、个人所处的年龄和受教育阶段在流动与留守之间转换。

流动儿童是指，随父母或其他监护人双方或一方离开户籍地，跨县域异地居住或生活6个月以上、不满16周岁的未成年人。[2] 联合国儿童基金会、国家统计局、联合国人口基金发布的《2020年中国儿童人口状况事实与数据》显示，在全国7109万名流动儿童中，河北、河南、山东、江苏、安徽、浙江、湖南、广东、四川9个省的流动儿童规模在300万人以上，合计流动儿童3969万人，占全国的55.8%。[3]

受户籍政策、社保政策和地区差异影响，享有与本地儿童同等的受教育权和医疗保障权是流动儿童家庭最为迫切的需求。此外，流动儿童随父母进城生活，到了上学年龄一般会选择公立学校就读，在班集体中，“人生地不熟”的他们因来自农村或来自“小地方”，可能会受到排斥孤立，被边缘化，造成心理压力增加，性格更易变得自卑、怯懦或孤僻，如不进行正确疏导，有些儿童会形成偏激的人格特征，长大后甚至会产生对抗社会的情绪。此外，

---

〔1〕参见联合国儿童基金会、国家统计局、联合国人口基金：《2020年中国儿童人口状况事实与数据》，第9页。

〔2〕参见民政部等21个部门《关于印发〈加强流动儿童关爱保护行动方案〉的通知》（民发〔2024〕35号）。

〔3〕参见联合国儿童基金会、国家统计局、联合国人口基金：《2020年中国儿童人口状况事实与数据》，第11页。

流动儿童的家庭照护和家庭教育需求也同样不容忽视。流动人口要适应流入地的社会生活环境和生活水平，势必要承受比当地人更大的生活、工作压力，加之受到监护人自身职业、收入、劳动时长、文化素质和管束方式等因素影响，很难较好地兼顾未成年子女的照护和教育需要，也间接增加流动儿童融入当地环境的难度，久而久之还可能引发其他社会风险。

4. 自身困境、家庭困境儿童

困境儿童的概念部分源自国际组织。从1923年《儿童权利宪章》被救助儿童国际联盟认可，到1959年联合国大会通过《儿童权利宣言》，再到1989年11月20日联合国大会通过《儿童权利公约》，西方社会在涉及儿童社会福利的政策中多次用不同词语表述困境儿童以及类似的概念。[1] 例如在《儿童权利公约》序言中阐明："确认世界各国都有生活在极端困难情况下的儿童，对这些儿童需要给予特别的照顾。"此外，国际组织还根据时代变化对困境儿童的处境使用不同词语进行描述，例如"特殊需要""最需要帮助""最为脆弱""特别困难处境""不利社会处境""风险之中"等。理论上，困境儿童是个广义概念，泛指一切因贫困、疾病、意外事件或遭受家庭虐待与忽视而失去家庭依靠、生存与发展陷入困境的儿童。[2]

经查，自1998年起，"困境儿童"这一概念开始在我国期刊、论文中被提及，如《中国处境困难儿童状况报告》等。2006年，民政部联合14部门印发了《关于加强孤儿救助工作的意见》，突破以往只保障救助福利机构内儿童的限制，首次将服刑人员子女、流浪儿童一并纳入救助范围。2010年，随着国务院办公厅《关于加强孤儿保障工作的意见》（国办发〔2010〕54号）下发，对孤儿的保障工作开始制度化。但是，在上述孤儿等群体之外，还有大量处于困境、需要救助的儿童。他们有些生活在低收入家庭之中，有些受到重大疾病、严重残疾折磨，有些遭遇了家庭暴力或被长期忽视，有些父母长期在外或服刑在押。2013年11月，党的十八届三中全会要求"健全困境儿童分类保障制度"。同年，民政部印发的《关于开展适度普惠型儿童福利制度

---

〔1〕 参见汪玲萍、刘庆新：《困境儿童概念、政策发展及社会支持网络建构》，载《价值工程》2017年第36期，第221页。

〔2〕 Pecora. P. J, *The Child Welfare Challenge: Policy, Practice, and Research*, Livingston: Transaction Publisher, 2000: 234 - 235.

建设试点工作的通知》（民函〔2013〕206号）首次从政府层面将儿童群体划分为孤儿、困境儿童、困境家庭儿童和普通儿童，其中，困境儿童包括残疾儿童、重病儿童、流浪儿童，困境家庭儿童包括父母重病重残儿童、父母长期服刑在押或强制戒毒儿童、父母一方死亡另一方因其他情况无法履行抚养义务和监护职责的儿童、低收入[1]家庭儿童。困境儿童的遭遇逐渐受到社会更广泛的关注，2014年的政府工作报告中，进一步提出“加强未成年人保护和困境家庭保障”。2016年6月，国务院印发《关于加强困境儿童保障工作的意见》（国发〔2016〕36号），对困境儿童群体给予权威界定：“困境儿童包括因家庭贫困导致生活、就医、就学等困难的儿童，因自身残疾导致康复、照料、护理和社会融入等困难的儿童，以及因家庭监护缺失或监护不当遭受虐待、遗弃、意外伤害、不法侵害等导致人身安全受到威胁或侵害的儿童。”国务院意见的印发标志着纳入我国儿童关爱保护体系的儿童群体从孤儿弃婴向各类困境儿童延伸，对原本分散在各部门、各领域的政策进行了整合梳理，保障重点和保障措施也更为明确。

（1）自身困境儿童。

自身困境儿童主要是指因为自身患有重大疾病、残疾导致康复、照料、护理和社会融入等困难的儿童。对于重大疾病，除商业保险产品中的说明外，目前并没有更为明确的界定。但是一些地方已经尝试对自身困境儿童类型进行细分。如浙江省规定自身困境儿童是本身有残疾或者疾病等困难、急需保障的儿童，具体可分为两类：一类是残疾儿童，包括重度残疾（一、二级残疾）、患重病和罕见病，且家庭困难的儿童；另一类是患重病儿童，包括患艾滋病、白血病、孤独症、先天性心脏病等各种重大疾病的儿童。重病分类参考各地重特大疾病医疗救治办法之规定。[2] 广东省将自身困境儿童列为困境儿童的一类，规定自身困境儿童是因为自身残疾、疾病等原因导致康复、照

---

〔1〕2020年我国已全面建成小康社会，绝对贫困的消灭，为开启相对贫困治理奠定了坚实基础。对于相对贫困的儿童家庭，本章中采用“低收入家庭儿童”的表述。

〔2〕参见《浙江省：先行先试　力推适度普惠型儿童福利制度建设》，载《社会福利》2015年第12期，第29页。

料、教育、护理和社会融入等产生困难的儿童。[1] 深圳市将重残儿童、重大疾病儿童作为困境儿童其中一类，规定这一类群体是指因为身体残疾或者患有重病导致康复、照料、护理和社会融入等出现困难的儿童，主要包括残疾儿童、重病儿童、受艾滋病影响儿童等。

生理健康状况受病残较大影响是自身困境儿童面临的最大困境，而获得相应的康复与救治则是他们最主要的需求。良好的身体素质是人类生存发展最需具备的基础条件，完备的生理机能也是儿童抵御疾病侵害的天然屏障。对于身体素质和生理机能正处于成长期的儿童来说，病残，特别是一些重大病残，对儿童的生长发育具有严重的抑制作用，使他们身体各器官和组织以及生理机能的发育明显滞后于健康儿童。还有一部分遗传性或神经系统病残，甚至会给儿童的生长发育带来毁灭性打击，导致这些儿童身体发育十分迟缓，甚至出现生长发育停滞的情况，更突出的表现为生理机能的退化和消失。遗憾的是，碍于现阶段医疗科技水平的限制，一些病残没有特效治疗方法或康复方式。

以孤独症儿童这一困境群体为例，孤独症作为一种严重的精神残疾，使患者缺乏正常运用自身感觉器官认知世界的能力，进而失去人所应具有的社会性，影响人在社会中的正常交往与生存。患有孤独症的儿童其症状主要表现为语言能力严重落后、认知理解困难、行为简单刻板、环境适应性差等特点。中国儿童福利和收养中心曾对孤独症儿童及其家庭的需求情况进行专项调研，研究结果表明，高昂的康复费用和终身难愈的事实，让孤独症儿童家庭承担着沉重的康复、照护负担。进一步获得经济、精神的支持，得到专业人员的权威康复干预以及更加明确的康复指引，是孤独症儿童家庭最急需的支持。

自身困境儿童在生长发育、健康状况和身心机能上是落后于健康儿童的，不过，接受教育、学习知识仍是他们现阶段及未来获取生存资源的最有效途径。对于那些有可能参与学习和劳动、融入社会的自身困境儿童来说，能否分配到公平的教育资源就成为其能否强化生存能力和增强抗风险能力的重要

---

〔1〕 参见广东省民政厅、财政厅《关于加强困境儿童基本生活保障的通知》（粤民发〔2018〕141号）。

前提。但是能否接受教育受到儿童身心发育和健康条件的限制，所以会导致自身困境儿童在入学接受教育方面受到影响。一些特殊教育学校，受自身经费、教育成本和场地设施限制，专业程度较低，教学服务过于注重知识的灌输，而缺乏与社会需求相贯通的技能培训。长远来看，教育需求无法得到满足，会制约自身困境儿童未来的就业与发展。在外界支持力度有限的情况下，自身困境儿童高昂、持续的医疗康复投入也使儿童及其家庭面临更大的致贫、返贫风险。反复且漫长的疗程和康复周期，占用了家长过多的时间与精力，进一步削弱了他们获取经济资源的能力，也对他们施以沉重的心理负担和精神压力。此外，获得更多社区支持、接受高性价比的医疗康复服务、去“标签化”也是自身困境儿童的重要需求。

（2）家庭困境儿童。

低收入是导致儿童家庭困境，特别是家庭经济困难的一项重要原因。经济因素给家庭带来的负面影响是综合性的，不仅导致儿童生活质量较低、发展机会缺乏，还会影响到整个社会体系。我国低收入家庭儿童的普遍需求主要包括基本物质、教育机会、平等机会、心理健康等方面。低收入家庭的儿童监护人迫于生活压力，工作普遍繁忙，欠缺对儿童的照护，在儿童的日常体检、疾病医疗方面的投入也相对有限，更易导致儿童面临饮食结构单一、营养摄入不足、健康被忽视等情况，甚至在一些环境恶劣的地方，儿童无法得到干净卫生的饮用水。长此以往会对儿童的身体发育和健康成长产生威胁、留下隐患。此外，相比正常家庭儿童，低收入家庭的儿童合理需求更有可能得不到满足，由此累积产生的失落感和挫败感更加强烈，儿童易产生嫉妒、焦虑心态，形成心理或性格上的缺陷。这种消极心态体现在校园中，则表现为儿童更易自卑、敏感，甚至无法适应学校的选拔性竞争压力，最终走入物质层面和精神层面双向困难的迷途。在教育择校方面，欠发达地区的优质教育资源匮乏，当地的低收入家庭也没有能力为儿童跨区择校。

（三）强制干预类

强制干预类涉及对象主要包括因家庭监护缺失或监护不当遭受虐待、遗弃、意外伤害、不法侵害等导致人身安全受到威胁或侵害的儿童，例如流浪儿童、遭遇监护侵害的儿童。在回应儿童需求方面，一些监护人呈现出“有力无心”或“无力无心”的态度。强制干预类对应儿童关爱保护三级体系中的干预性层级。现阶段民政部门主要采取临时救助、临时监护措施、申请撤销监护人资格、长期监护等干预措施，纠正监护失职行为，帮助儿童尽快摆脱侵害、减轻创伤，尽早回归正常生活。

监护是保障无民事行为能力人和限制民事行为能力人的权益，弥补其民事行为能力的不足的法律制度。儿童的生理、心理、认知尚处于成长过程中，通常不具备完全民事行为能力，需要通过监护制度对儿童的人身、财产以及其他合法权益加以监督与保护。监护职责主要包括对儿童的抚养、教育及保护。当监护职责履行不到位或没有履行时，就会产生监护失职行为，[1] 进而形成监护困境儿童群体。

中国儿童福利和收养中心在《中国未成年人监护体系研究》中，基于履行监护职责过程中存在的瑕疵和导致的结果，将父母或者其他监护人未履行或未完全履行监护职责的行为（监护失职行为）归纳为监护无力、监护缺失、监护不当和监护侵害四类。其中，监护缺失是指父母或者其他监护人因客观条件和不可抗力所致不能正常履行监护职责的监护情况，[2] 会导致儿童完全失去监护人的照护，陷入危险境地，包括在新冠疫情等突发事件中，因监护人被紧急隔离或失去联系导致儿童面临临时性风险的情况。监护侵害是指父母或者其他监护人严重侵害未成年人身心健康的监护状态。[3] 监护侵害对儿童的负面影响或伤害较监护不当更为严重，更易使儿童陷入监护困境。

1. 流浪儿童

流浪儿童指的是因居无定所而四处游走，没有受到法定监护人的监护、处于自立与被监护之间中空状态的儿童。[4] 结合联合国《儿童权利公约》和我国有关法律规定，我国一些学者将流浪儿童界定为年龄在18周岁以下，脱

---

〔1〕 参见董猛孟、王晓峰：《中国未成年人监护工作机制》，载倪春霞、谈志林主编：《中国未成年人监护体系研究》，研究出版社2024年版，第99－100页。

〔2〕 参见李超群、刘根盈：《未成年人监护体系的整体性认知：形势、现状与研究》，载倪春霞、谈志林主编：《中国未成年人监护体系研究》，研究出版社2024年版，第4页。

〔3〕 参见李超群、刘根盈：《未成年人监护体系的整体性认知：形势、现状与研究》，载倪春霞、谈志林主编：《中国未成年人监护体系研究》，研究出版社2024年版，第4页。

〔4〕 参见严海波、隋树霞、徐成：《关注中国城市流浪儿童——徐州市流浪儿童状况调查》，载《青年研究》2005年第2期，第8页。

离家庭和离开监护人，流落社会连续超过24小时，并且失去基本生存条件和可靠保障的那些陷入困境的儿童。[1] 流浪儿童产生的原因是多方面的。从监护角度看，流浪儿童普遍来自经济欠发达地区或困境家庭，监护人忙于务工，对儿童的家庭教育过严或沟通较少，使得儿童无法感受到家庭的温暖与关心，对其性格塑造和价值观养成产生不利影响，进而使其产生出走流浪的极端想法。有些流浪儿童被不法分子或者犯罪团伙利用，乞讨卖艺，甚至误入违法犯罪的歧途。

流浪儿童的需求主要体现在流浪动机和流浪过程上。在流浪动机上，一是儿童渴望家庭关爱。家庭如果发生离婚等结构变化，或家庭成员存在酗酒、赌博、家庭暴力等不良嗜好或行为，都会导致儿童得不到应有的关爱与照护，或处于恶劣的家庭环境之中，最终选择离家出走。二是儿童应得到家庭教育。一些儿童因为家庭疏于照护、教育缺位，出现辍学流浪情况。因为儿童辨识能力有限，在流浪途中更易沾染不良习气，甚至参与违法犯罪活动。而且，如果家庭教育和适当管束不及时跟进，这些儿童很可能会重复流浪或再次实施错误行为。同时，监护人亦有必要接受家庭教育指导，从而纠正自身监护失职行为，更好地满足儿童需求。在流浪过程上，一是临时救助需求。确保流浪儿童能够在政府设立的安全设施内获得临时照护。对于实施违法犯罪行为的流浪儿童，根据程序法要求，予以法律援助。二是安全返乡需求。民政部门应协助机构内流浪儿童返回家乡，回归家庭。课题组成员在某城市未成年人救助保护机构调研时了解到，截至2023年9月，该市共收留儿童117人次。不计与父母共同前来的儿童，有54名儿童独自前来求助，占比46.15%。求助的主要原因就是儿童辍学后务工或者离家出走来到本市后，没钱返乡。

2. 遭遇监护侵害的儿童

监护侵害是指监护人实施的，导致儿童人身安全受到威胁或侵害的行为，包括虐待、遗弃、意外伤害、不法侵害等。在最高人民法院等4部门《关于依法处理监护人侵害未成年人权益行为若干问题的意见》（法发〔2014〕24号）的规定中，监护侵害行为是指父母或者其他监护人性侵害、出卖、遗弃、

---

〔1〕 参见王凤清、马迎华：《中国城市流浪儿童研究进展》，载《中国学校卫生》2008年第1期，第92页。

虐待、暴力伤害未成年人，教唆、利用未成年人实施违法犯罪行为，胁迫、诱骗、利用未成年人乞讨，以及不履行监护职责严重危害未成年人身心健康等行为。[1] 侵害行为的表现形式分为积极作为的侵害和消极不作为的侵害。积极作为的侵害是指监护人通过积极实施暴力、虐待等行为，直接对儿童身体造成损害。消极不作为的侵害则表现为监护人对于儿童的生存、健康需求的忽视和怠于履行监护职责。其中，针对儿童的家庭暴力是最典型、最常见的表现形式，直接危害到儿童的生命权和健康权。《反家庭暴力法》第二条规定："本法所称家庭暴力，是指家庭成员之间以殴打、捆绑、残害、限制人身自由以及经常性谩骂、恐吓等方式实施的身体、精神等侵害行为。"[2]

针对监护侵害的特点，遭遇监护侵害的儿童存在如下需求。一是临时安置需求。临时安置需求主要是指儿童在家庭中遭受家庭暴力等对其人身安全产生危害的行为后，被紧急带离并得到临时监护的需求。二是权益保障需求。遭受侵害的儿童需要专业机构或人员帮助其维护合法权益，侵害程度达到法定情形时，民政部门应适时向法院提出撤销监护人资格的申请。三是专业服务需求。目睹侵害行为或遭受监护侵害的儿童，其心理、精神也会受到不同程度的刺激、冲击，需要专业力量进行干预。四是长期安置需求。未成年人救助保护机构、儿童福利机构应通过监护权转移、收养等方式积极帮助遭遇监护侵害儿童回归家庭，必要时依法承担国家监护职责。

二、儿童关爱保护体系建设与特殊儿童群体需求适配度不足情况

受制于诸多主客观条件和因素，就高质量长远发展而言，我国儿童关爱保护体系的现实运行还存在一些不足之处，无法与不同儿童群体的需求完全匹配，需要通过发展与创新逐步加以改善。

---

〔1〕 最高人民法院等4部门《关于依法处理监护人侵害未成年人权益行为若干问题的意见》（法发〔2014〕24号）第一条："本意见所称监护侵害行为，是指父母或者其他监护人（以下简称监护人）性侵害、出卖、遗弃、虐待、暴力伤害未成年人，教唆、利用未成年人实施违法犯罪行为，胁迫、诱骗、利用未成年人乞讨，以及不履行监护职责严重危害未成年人身心健康等行为。"

〔2〕 参见《中华人民共和国反家庭暴力法》第二条："本法所称家庭暴力，是指家庭成员之间以殴打、捆绑、残害、限制人身自由以及经常性谩骂、恐吓等方式实施的身体、精神等侵害行为。"

（一）未成年人保护协调机制架构与儿童关爱保护体系建设尚不匹配

我国儿童关爱保护工作由民政、妇联、教育、公安、司法、卫健、残联、共青团、社会工作等众多部门承担。其中，民政部门作为农村留守儿童、困境儿童权益保障工作的协调部门，与其他相关政府部门及妇联、残联等群团组织同为体系中具体开展关爱保护工作的主要力量，承担着包括监督、支持、干预、救助在内的一系列工作的规划、计划、管理乃至服务任务。在政策制定过程中，不同部门根据自身职能和政策目标，对于儿童需求的关注角度和儿童政策的内容规定各有侧重。在开展工作时，各部门的职责定位、工作方法与开展形式也是复杂多样的。因此，如若缺乏相应的整合、衔接机制，各部门恐难以发挥协同效应，形成合力。更何况在同一系统内部也存在分工不明的情况。这些情况需要相应协调机制进一步发挥统筹协调之作用，促使各个部门、组织形成相互衔接、相互协调、条线清晰的儿童关爱保护网络。

（二）对儿童监护人履职要求与为家庭提供的支持力度尚不匹配

目前与儿童关爱保护体系相关的现行法律法规、政策文件，对家庭的监护责任和国家的关爱保护工作都有较为全面翔实的规定。《民法典》《未成年人保护法》《家庭教育促进法》《反家庭暴力法》从抚养、教育、保护等方面对监护人的家庭教育责任进行了相应的规定。对于国家层面儿童关爱保护工作的规定则因涉及内容较为广泛，散布于国家法律法规、各部门规章和政策文件之中，各类规定内容相对独立。在关爱保护对象选择方面，现行规定对特殊儿童群体有了更多更细致的分类，并分别提供相应的关爱保护方案，能够覆盖更多的儿童群体。但是，目前的分类思路依旧侧重补缺，群体特征较为明显，不同规定之间还存在群体交叉重复或漏洞空白的风险。再者，现行法律对关爱和保护儿童身心权益、确认和保障儿童财产权益重视程度有限，特别是对于那些需要长期服药用药或接受康复服务的病残儿童来说，其个人财产的管理和使用，与自身生命健康权益密切相关。另外，儿童一旦被归为某一类群体后，如果之前出台的政策并未覆盖至这一群体，那么在针对性政策或规定出台前，这类儿童将处于“政策空白”的尴尬境地，直接削弱了政府对于该类儿童的支持。

支持政策的缺位或不足会导致一个家庭即便尽了最大努力去履行监护职责，可能依旧无法满足子女相应的医疗或教育等的需求，且该儿童又不属于法律政策规定中任何一类特殊儿童群体，那么这个家庭从国家、社会层面获得支持的可能性和可行性就会更小。以一个城市的儿童重病医疗救助为例：本市流动儿童很可能因为户籍问题无法享受当地的医疗保障或救助政策。返回户籍所在地申请或向公益慈善机构申请，一方面可能需要更长的时间，另一方面，公益慈善机构可能会要求提供更多证明等支持性材料。即使申请成功，家庭获得支持力度也较为有限，而且公益慈善机构受救助项目期限限制也无法提供长期稳定的支持。如果本地没有相关的公益慈善项目，单纯依靠医院减免高昂的治疗费用，亦非长久之计。即使是本市户籍的儿童，如果家庭没有“达到”一定的困难程度，也难以享受到本地的救济支持政策。

因此，现阶段许多特殊儿童群体遇到的困难并非由于监护人不尽职，而是因为儿童关爱保护政策从救济型向支持型发展的过程较慢，不能帮助更多家庭恢复正常的监护能力。

（三）基层儿童工作者的履职状况与儿童复杂需求尚不匹配

儿童主任是实施儿童关爱保护工作的重要一线力量，但在一些地区，儿童主任工作政策在落实过程中，还存在若干“堵点”。一是儿童主任与村（居）委员会工作人员的工作内容、工作对象有重合之处，在短期内难以实现专人专岗的前提下，每位儿童主任通常要兼任至少两个工作职位，繁重的基层工作和频繁岗位流动很容易导致职能不清、责任不明的情况。而工作开展不畅反过来又给儿童主任带来额外的压力和焦虑。二是儿童主任对于儿童工作的理念、法律规定的熟悉程度和对专业技能的掌握程度有限，导致儿童主任虽然熟悉当地儿童情况，但面对一些复杂儿童个案仍缺乏专业的处置手段，能力有限。据统计，儿童主任中社会工作、心理咨询等专业证书持有率较低，约70%的儿童主任无相关专业背景。[1] 三是儿童主任政策起步较晚，相应的

[1] 参见李娟、康娟：《专业社会工作参与儿童主任工作的可行性探析——以B市、N省两地为例》，载《社会福利》2023年第2期，第36页。

考核监督和晋升选拔的机制不健全，91.8%的儿童主任没有任何津贴。[1] 在这种没有发展空间和资金支持的情况下，儿童主任非常容易产生消极怠工的心理，从而限制了该岗位职能作用的发挥。

我国儿童福利机构内的人员配置和队伍建设也存在发展滞后进而难以有效满足儿童照护康复客观需求的情况。相对于机构外特殊儿童群体，机构内养育的儿童重病重残占比畸高，一线护理人员抚育、康复、医疗工作任务十分繁重，而目前机构普遍存在正式人员编制较少的情况，无法吸引专业康复护理人才。很大比例的护理人员属于聘用制人员，工资待遇偏低，也难以留住业务水平较高的人员。在人才缺乏和人员流失的“双重夹击”下，机构现有的一线工作人员工作量进一步加大。如果缺乏有效的激励机制，优秀人才流失会更加严重，存在形成恶性循环的风险。这种现象增大了机构对有特殊需求的儿童实施精细化养育、特殊教育的难度，也对机构面向社会提供服务的转型进程产生负面影响。

（四）公共资源和服务投入与关爱保护工作的推进尚不匹配

公共资源和服务的投入，是政府构建儿童关爱保护体系的必要条件，也是儿童关爱保护事业发展的有力支撑。中国特色社会主义已进入新时代，社会主义现代化进程不断向前推进，随着综合国力的不断增强和物质条件的不断改善，应逐步加大对儿童关爱保护工作的资金、设施和服务的投入力度。

相对于发达国家，我国儿童关爱保护实践的开展时间较短，存在经验积累不足的短板，这也导致在公共资源投入层面，存在一定的欠缺。从纵向来看，一国儿童关爱保护体系的构建程度和发展水平与该国经济社会发展所处的阶段和已达到的发展水平呈正相关。相较于我国世界第二的经济总量和已经具备的经济实力而言，政府用于儿童社会福利服务保障方面的财政投入和财政占比，仍然存在进一步提升的空间。从横向来看，我国在儿童关爱保护事业发展中的资源配置，存在明显的区域性和非均衡性特征。由于我国幅员辽阔、人口众多，东、中、西部的资源禀赋、发展条件和发展阶段各不相同，

---

〔1〕参见赵芳：《未成年人保护法的实施以及儿童保护三级工作网络建议》，载《中国社会工作》2021年第16期，第20页。

不同的省级行政区域在儿童关爱保护上的支出，也有较大的地区差异。即使在一个省级行政区内部，也会因城乡差异等因素存在资源分配不均衡的问题。

（五）社会力量参与机制与关爱保护高质量发展要求尚不匹配

近年来，政府部门已经通过立法与实践不断发挥自身作用，但是引导、动员社会力量的工作仍然需要进一步深化，具体表现为没有形成畅通、成熟的儿童关爱保护工作参与渠道。对于国内外有从事儿童关爱保护工作的意愿的社会力量，没有对应的鼓励性、支持性政策和跨国合作模式。对社会爱心人士也缺乏专门的引导和支持。例如，儿童家庭寄养作为值得推广的儿童安置措施，目前尚无更明晰的指引来指导爱心家庭如何申请成为寄养家庭、告知爱心家庭需要达到哪些要求、接受哪些培训。此外，儿童关爱保护项目也需要相对稳定、持续的实施环境和较长的实施周期，以与儿童的成长需求相适应。但儿童关爱保护项目购买服务周期较短，一旦后续采购失败、竞标失利，势必导致项目实施机构的变更，会对项目的连续性产生负面影响，之前取得的项目实效也会大打折扣。例如重残儿童康复服务和社会工作者承接的个案服务，都需要按部就班持续开展，如果之前一直提供服务或跟进个案的机构及其工作人员被撤换，那么接受服务的儿童和家庭就需要与继任者重新认识并构建专业关系，其中的时间成本和服务质量的不确定性，最终还是要由儿童及其家庭来承担。

三、相关域外经验

在发达国家，对儿童的关爱和保护是和儿童福利制度相互嵌套或者衔接的，因此这些国家在儿童福利领域的工作模式和发展历程，对于我国儿童关爱保护体系接下来的设计规划具有重要参考价值。在使用英语的国家中，“welfare”（福利）、“social services”（社会服务）、“public affairs”（公共事务）、“care”（照顾）、“protect”（保护）、“right”（权利）等词语经常被用来表述本国儿童福利相关工作。“abuse”（虐待）、“neglect”（忽视）常被用来表述对儿童作为和不作为的侵害。“incident”“case”则分别代表（通常为经强制报告等措施发现的）“儿童事件”和（由事件转化的）“儿童个案”。

发达国家对于特殊儿童群体需求的回应和相关福利保障制度的建构，通常是包含在整体社会福利保障制度框架之中一体考量设计的。在这一发展过程中，国家的角色主要经历了三个阶段的演变。第一阶段为对儿童的救济，即只有当儿童处于家庭无法处置之危困状态时，国家才提供救济；第二阶段为对儿童监护的全面监督和干预；第三阶段为对儿童及其家庭的支持，即国家本着以预防为主的原则，适时对儿童本身及其所在家庭、家庭成员提供支持，帮助儿童规避成为困境群体的风险。经本章总结梳理，目前发达国家儿童福利体系大体分为三种模式：自由主义儿童福利模式、保守主义儿童福利模式和国家主义儿童福利模式。每种模式都是各国基于本国的社会、经济、文化等因素所作出的最符合本国国情的选择。

自由主义儿童福利模式尊重家庭的权利与角色，将主要的儿童关爱保护工作视为家庭事务，国家不应过多干预。除非儿童所在家庭的婚姻关系存在问题、家庭监护失去作用或家庭监护缺失，国家与社会才会介入。英美等国家便是采用了这种模式。

保守主义儿童福利模式从维护社会公平角度出发，特别强调国家要对儿童福利问题加以适度干预，倡导一种把市场自由竞争与社会平衡起来的经济社会政策的总体设计，主张国家对社会公正与社会效率进行综合调节。在这种模式中，国家对于儿童的抚养照护、家庭支持、医疗救助等方面所发挥的作用比补缺型模式更为积极。例如免费的机构照护、产假资助、抚育津贴、对新生儿及病残儿童的补贴、对单亲家庭的补贴、在住房和税收方面的补贴和豁免、医疗保险制度等。除北欧地区之外的欧洲大陆国家，如德国、法国皆采用此类模式。

国家主义儿童福利模式在儿童福利领域的服务群体、服务内容、服务水平上，均可被视为一种质量很高的模式，对各类儿童群体都能够产生积极的影响——当然，这种模式是依托于高福利的国家主义福利体制所产生的，相关观点主张要借助于宏观经济手段来调节经济周期的波动，要努力通过收入再分配政策实现收入的平等。这种模式在父母津贴、带薪假期、各项儿童津贴上都有体现，此外还有儿童免费午餐、免费文具、免费医疗、公共托育服务等福利作为补充。实施该种模式的国家主要有瑞典、挪威、丹麦等北欧国家。

（一）立法实践

发达国家普遍遵循“立法先行”的原则，将满足儿童多种需要、促进儿童发展和儿童参与放在政策议题的重要位置，用法律为儿童保护政策的出台奠定基础，并由法律来保障实施，在儿童福利的制度安排和行动选择上体现儿童优先的价值判断，对于儿童关爱保护体系的构建与完善也具有非常重要的意义。通过立法，其一，可以规定儿童关爱保护机构和相关人员的服务宗旨和工作职责，明确回应儿童需求，确保儿童享有基本的生存、发展、受保护和参与的权利；其二，可以在中央设置明确的专门机构负责统筹管理全国儿童保护工作，建立起国家统筹下的政府、社会、市场与家庭的责任共担机制；其三，可以形成整合性的制度框架和联动性的政策体系，建立起儿童福利和劳动福利、妇女福利、家庭福利相互兼容的福利制度体系，采取投资儿童和支持家庭并重的制度取向，确保儿童福利内容的高质量供给和效用的最大化实现。[1]

1. 大陆法系

日本政府对儿童福利的相关立法十分重视。1947 年，日本颁布的第一部儿童福利基本法——《儿童福利法》标志着日本的儿童福利保障事业正式开始。[2] 该法规定了儿童遭受虐待的情形以及国家介入调查和对儿童“临时保护”的权利。1951 年，日本政府颁布了《儿童宪章》，首次将对儿童基本权利的保护上升到国家高度。该宪章虽然不具有法律强制力，但详细阐述了儿童的基本权利，并对儿童监护人及社会应承担的义务、职责作了明确的规定，为日本之后的儿童福利工作打下坚实的基础。[3] 此后，从《儿童抚养津贴法》到《母子福利法》和《高度精神薄弱儿童抚养津贴法》，再到《母子保健法》《儿童津贴法》，以及《关于支付特殊儿童抚养津贴等的法律文件》《母子和寡妇福利法》，日本的儿童保护法律体系不断完善，儿童福利体系的内容和范围不断拓展，构建起以“家庭、近邻、亲属、企业扶助”为核心，

---

〔1〕 参见廉婷婷、乔东平：《儿童早期福利的国外政策实践与中国路径选择》，载《社会政策研究》2023 年第 4 期，第 23 页。

〔2〕 参见裘晓兰：《日本儿童福利政策的发展变迁》，载《当代青年研究》2011 年第 7 期，第 31 页。

〔3〕 参见郅玉玲：《发达国家困境儿童保障经验阐释》，载《青年学报》2017 年第 1 期，第 82 页。

以地方政府、公共团体、民间团体为辅助的多元化儿童福利制度。1997年对《儿童福利法》的重大修订，将法律的调整对象从原来的“需要帮助的儿童”扩大为“所有儿童及其家庭”；将服务内容从原来的“儿童福利与保护”扩大为“儿童、家庭福利及支持”。[1]

德国在本国《民法典》中将亲权与监护明确区分，并以“父母照护”的概念取代了传统的亲权概念。在此基础上，将“监护”特指为代替父母对未成年人的照护（对成年人的监护则用“照管”一词），在自然人监护之外还规定了社团监护和官方的兜底监护。此外，德国《民法典》设立了监护监督制度，由家庭法院和监护监督人承担监护监督职责。[2]

瑞典为保障受虐待儿童的合法权益以及多子女家庭最低生活水平，颁布了《儿童及少年福利法》及《家庭津贴》。瑞典每年将税收的15%用于向单亲儿童和残疾儿童提供津贴、补助。地方保险署每月向单亲家庭的儿童监护人提供1173克朗的补贴费，抚养残疾儿童的父母亦能收到和儿童生活需要相适应的补贴费用。[3] 除发放津贴补助外，瑞典政府还通过加大监护支持力度的方式满足特殊儿童群体以及相关家庭的需要。根据修订后的《社会服务法》，地方政府下设的社会福利委员会应派遣社工向父母无法照护孩子的家庭提供帮扶。对未成年的未婚妈妈及其子女设立“母亲之家”“母子之家”，对未成年妈妈进行教育引导，并在生产前后提供照护与保障，以降低弃婴率。对身心障碍儿童设立“特别之家”，提供康复治疗服务。[4]

芬兰政府2007年出台的《儿童福利法》，对芬兰困境儿童的类型进行了细分，包括父母或监护人因离异、服刑、吸毒、酗酒、患有重大疾病等所致的监护困境情况，以及儿童因病残导致的自身困境和因贫困引起的家庭困境，对于不同类型的儿童群体，法律规定了发放补贴、社工介入、家庭寄养、重

[1] 参见裘晓兰：《日本儿童福利政策的发展变迁》，载《当代青年研究》2011年第7期，第32－33页。

[2] 参见朱广新：《监护监督制度的立法构建》，载《苏州大学学报》（法学版）2020年第1期，第3－4页。

[3] 参见郅玉玲：《发达国家困境儿童保障经验阐释》，载《青年学报》2017年第1期，第82页。

[4] 参见郅玉玲：《发达国家困境儿童保障经验阐释》，载《青年学报》2017年第1期，第83页。

新指定监护人等具有针对性、兼具多样性的支持和干预措施。[1] 在此基础上，该法对儿童救助方面承担义务的主体和儿童保障服务质量作出了尽可能详细的规定，以防止出现相关主体推诿塞责的情况。

2. 英美法系

英国的《大宪章》是第一部规定儿童权利保护的法律，1889 年出台的《儿童法》则是首部保护儿童权益的特殊法。秉承“每一个儿童都很重要”的理念，2000 年和2004 年英国又对《儿童法》实施了两次修订。儿童权益方面立法工作的发展与完善，帮助英国在儿童权益方面构建起由 40 多部法律法规组成的立体全面的法律体系，涵盖了对儿童生存权、发展权等各项权益的保护。[2] 同年出台的《预防虐待和忽视儿童法》将父母虐待、忽视儿童认定为犯罪，并对儿童遭受的伤害进行分门别类的规定。在立法程序方面，英国立法机构在制定法律时，要通过民间组织来听取专业人员和公众的意见，及时制定和修改有关儿童福利的法律。政府部门还专门聘请专业人员为咨询委员，以保证决策的合理性。[3]

在美国，无论是在国家政策方面，还是在法律监管方面，都尊重父母作为子女的天然保护者的地位。父母应该对子女负有全部的责任，政府尽可能地不干预家庭监护事务。但是，当父母确实无法照护儿童或实施监护侵害行为时，政府为确保儿童合法权益不受侵害，有权力对儿童进行强制性保护。[4] 早在 1935 年的《社会保障法》中，美国就已对儿童的收养、看护、残疾儿童保障以及单亲家庭服务等进行了规定，正式以成文法的形式明确儿童权利应受国家保护。为保护遭受侵害儿童的权益，美国国会于 1974 年通过并出台了《儿童虐待预防与处理法案》，这是美国处置儿童虐待案件的标准法案。儿童保护服务局下设的儿童虐待与疏忽咨询委员会会对儿童侵害案件进

---

〔1〕 参见郅玉玲：《发达国家困境儿童保障经验阐释》，载《青年学报》2017 年第 1 期，第 81－82 页。

〔2〕 参见李贤华：《英国儿童家庭寄养福利制度》，载《人民法院报》2013 年 10 月 18 日。

〔3〕 参见卢亦鲁：《他山之石——赴英国儿童福利工作考察报告》，载《民政论坛》2011 年第 4 期，第 61 页。

〔4〕 参见满小欧、李月娥：《美国儿童福利政策变革与儿童保护制度——从“自由放”到“回归家庭”》，载《国家行政学院学报》2014 年第 5 期，第 94 页。

行跟踪，分析案件各项因素，形成报告，作为法律修改的重要参考。[1] 考虑到儿童在自身权益遭受侵害案件中，不具备诉讼资格，该法案还明确了儿童代理人的角色与定位，以弥补儿童的劣势地位，而且在诉讼中，儿童代理人的意见优于律师意见。为了防止政府过度干预而造成的负面效应，促使家庭亲子关系以及儿童生长环境得到改善，美国于1980年颁布了《收养救助与儿童福利法案》，强调关注家庭的完整与和谐是保护儿童的重要举措。政府在必要的时候，应使用专项资金保障儿童的家庭环境不受外力破坏，并及时向陷入困境的儿童及家庭提供救助。

（二）强制报告

强制报告制度是开展儿童保护工作的大众发现机制，是一国开展儿童关爱保护工作的重要环节。建立强制报告制度有利于在第一时间发现儿童遭受侵害的线索，使权益遭受侵害或处于无人照护状态的儿童能够得到来自国家的及时、有效的干预和救助，能够对虐童现象起到防治作用、对儿童保护工作起到正向效用。很多国家都已建立强制报告制度，其关于责任主体、报告流程、执行规则等细节的设立保证了制度适用的有效性。一是就报告启动条件而言，预留了空间，允许“疑罪即报”，报告者只要有合理理由怀疑儿童遭受侵害或面临侵害风险即可报告。二是就报告内容而言，拓展细化了要素规定，并对应了责任主体范围。三是就报告奖惩机制而言，对“不报惩戒”与“举报豁免”进行了衔接，[2] 在加大对善意报告者保护力度的同时，用完善的责任机制甚至刑罚手段倒逼强制报告主体积极履行义务。

1. 大陆法系

监护监督人是德国家庭法院在监护人之外为监督监护人履行职责而专门选任的主体，体现了监护职责的公共性。德国《民法典》规定，监护监督人的职责主要包括，必须注意监护人是否合乎义务地执行监护，必须不迟延地向家庭法院报告监护人存在的违反监护职责的情形。在德国《联邦儿童保护

[1] 参见孙云晓、张美英：《当代未成年人法律译丛（美国卷）》，中国检察出版社2006年版，第20－24页。

[2] 参见刘凡：《未成年人保护强制报告制度研究》，天津师范大学2022年硕士论文，第22－23页。

法》中，规定从事公共事务的专门人员是强制报告的义务主体。报告的内容、事项涉及儿童最大利益被威胁或被侵害的情形。

日本在《儿童虐待防止法》中对儿童虐待事件“举报义务”进行了规定，强调解决虐待儿童问题应该通力合作，国家、地方政府、民间机构都应该参与其中，儿童咨询所作为解决儿童问题的专业机构，应该对从事儿童虐待行为防治的公职人员进行培训，这其中包括教师、医生等密切接触儿童的从业人员，使得他们可以做到儿童虐待早期发现。修订后的《儿童虐待防止法》对于“举报义务”的规定更加严格，将法条表述由“若发现必举报”升级为“若认为必举报”，还将“语言暴力”也列入虐待情形。

2. 英美法系

美国法律最初仅将虐待儿童作为“强制报告”之情形，因此医生的报告义务就成为案件的关键性因素。之后随着法律规定的不断完善，报告主体的范围也在不断扩大，包括医生、教师、警察、儿童照护机构工作人员在内的主体，都成为强制报告的义务主体。其报告的内容也扩张至监护不当、疏于管教、情绪管理失当等方面。在加拿大，强制报告的内容涵盖儿童遭受精神虐待、身体伤害、性侵害、色情内容侵害、疏忽等事项，[1] 其中，若儿童遭受色情内容侵害，报告义务人的范围将突破专业人士的边界，扩展至每一名公民。对于报告人未报告的情形，加拿大会进行罚款，而美国和澳大利亚则会罚款或监禁甚至两者并罚；对于善意报告，澳大利亚设有豁免条款。

（三）监护措施

家庭是儿童最大的福祉。发达国家普遍将监护支持、监护干预作为儿童福利政策与服务体系的工作重点，将准确划分界定国家、社会、家庭三个层面的职责，以及从预防角度对家庭监护的支持、对特殊儿童群体的投入作为构建本国儿童监护体系、开展儿童监护服务的主要着眼点和发力点。在执行相关政策、递送相关服务过程中，除提供事后救济外，更加强调从预防的角度对儿童原生家庭进行公力援助，通过发放儿童津贴补助、普及育儿机构等政策措施，发展完善儿童福利制度，使政府成为重要的“补充者”，同时通过

---

[1] 参见郭小芳：《侵害未成年人强制报告制度研究》，山东科技大学2022年硕士论文。

构建政府部门主导、志愿部门和商业部门及其他非正式部门共同参与的儿童福利服务网络，使社会力量成为关键的“参与者”。

1. 监护支持

贫困儿童是美国在儿童福利体系建设中重点关注的群体。美国政府通过提供儿童照护与发展、医疗保障、收入补贴等方式，对贫困儿童及其家庭进行资助。在儿童照护与发展方面，美国政府针对儿童的教育投入了大量补贴。除公立幼儿园外，政府资助专为贫困儿童设立的幼儿园，采取教育券的方式帮助贫困学生购买他们所选择的学校教育，并为残疾儿童提供随班就读等特殊教育或融合服务。在医疗保障方面，美国政府向依靠福利生存的贫困家庭及其儿童提供医疗服务，相关费用由联邦政府与各州分担。除了对儿童个体提供各项服务，美国政府还为困难家庭及儿童监护人提供相应的福利，间接为儿童营造较好的监护环境。例如，建设旨在帮助“父母一方丧失劳动能力、死亡、长期离家出走或失业家庭”的儿童的家庭收入补贴项目，以及面向难以负担儿童抚养费用的家庭发放的食品券、住房补贴、工作技巧补贴等项目。[1]

在英国政府的宏观管理下，残疾人协会、慈善组织、社会服务机构、各类学校以及社区等组织和团体，在各自领域内开展儿童福利服务，形成多层次、立体式、全方位的儿童福利服务网络。儿童福利的大部分经费由政府承担，其余来自教会、慈善机构以及个人捐款。政府不但向儿童福利服务机构和民间组织提供经费，而且向家庭提供津贴。[2] 其中，民间组织在儿童福利服务中发挥重要的作用，政府把具体的事务性工作交给民间组织去办，使民间组织成为联系政府与公众的桥梁和纽带。[3] 为了照顾不同群体的需求，民间组织在不同的领域中工作，有的着重于儿童福利政策的研究，为政府提供决策依据；有的从事具体事务性管理工作，如寄养家庭的选择、培训、指导

---

〔1〕 参见陈彦：《中美两国儿童福利制度的比较分析》，载《湘潮》（下半月）（理论）2008 年第 5 期，第 19 页。

〔2〕 参见卢亦鲁：《他山之石——赴英国儿童福利工作考察报告》，载《民政论坛》2011 年第 4 期，第 61 页。

〔3〕 参见卢亦鲁：《他山之石——赴英国儿童福利工作考察报告》，载《民政论坛》2011 年第 4 期，第 61 页。

和检查；有的为儿童和家庭提供热线咨询服务，帮助解决问题，培训家长等。[1]

2. 监护干预

根据德国的家庭法院干预制度，德国家庭法院通过对“父母照护”的监督和干预实现对未成年人权益的保护，并批准监护关系的成立和断绝。德国《民法典》规定，发生子女在身体、精神或心灵上的最佳利益（生存权、发展权等）受到危害且父母无意或不能避开危害的情形时，无论父母是否存在过错，法院皆可立即进行干预。[2] 法院首先要通过声明要求父母采取符合子女利益的行为。危害严重的，法院也可命令设立监护人。

3. 设施建设

作为东亚国家的日本，虽然存在家庭抚养的传统，但是随着社会经济发展的变化和传统趋于弱化，儿童福利制度朝着普惠型的方向发展。为此，日本建立了儿童家庭支援中心、社区儿童养育中心等机构。对孤残儿童的养育主要采用乳儿院、儿童福利院等方式。乳儿院主要收养 1 岁左右的孤儿。儿童福利院主要收养除“乳儿”以外的失去监护人或照护人的孤儿和受到虐待的儿童。对受到虐待、需要治疗的儿童，儿童福利机构通过签订合同的方式，由院外固定专业人员，定期为上述儿童提供生活帮助，进行单独谈话。另外，日本针对盲聋哑、肢体不健全等残障儿童亦设置了专门的医疗教育设施。[3]

英国的儿童福利制度是在历史发展的过程中建立起来的，最大的影响来自教会。虽然现在的儿童福利机构已经和教会分离，但教会的影响仍然存在。[4] 英国政府鼓励发展各类儿童福利机构，政府的职能是出钱购买服务，并对机构的设施标准、服务内容、人员职业资格等均作出明确规定，只有符

---

〔1〕 参见卢亦鲁：《他山之石——赴英国儿童福利工作考察报告》，载《民政论坛》2011 年第 4 期，第 61 页。

〔2〕 参见朱广新：《监护监督制度的立法构建》，载《苏州大学学报》（法学版）2020 年第 1 期，第 5 页。

〔3〕 参见吕学静：《日本孤残儿童的养育方式及对中国的启示》，载《社会福利》2006 年第 11 期，第 14 页。

〔4〕 参见卢亦鲁：《他山之石——赴英国儿童福利工作考察报告》，载《民政论坛》2011 年第 4 期，第 60 页。

合规定的要求，才有资格注册登记。[1] 通过这种措施的实施，来确保儿童福利服务的软硬件质量。

（四）家庭寄养

家庭是儿童最好的归宿，也是促进儿童健康成长最好的场所。家庭寄养是一种替代性养护形式，[2] 可以为孤儿、事实无人抚养儿童、监护侵害儿童等特殊儿童群体提供较为稳定的安置场所，相比机构养育，在寄养家庭中儿童还可受到更加个性化的照护，并与所在学校、社区保持更为紧密的联系。从世界范围看，家庭寄养已经超过机构养育，成为孤儿、受侵害儿童主要的社会化安置模式。在实行家庭寄养制度的国家中，一般都注重对寄养家庭的认证和培训，政府也通过提高儿童社会工作专业化程度、建立科学合理的评估机制、强化对寄养工作全程监管等形式，确保儿童能够在适宜的家庭环境中得到关爱和保护。

日本的家庭寄养具有分类细致、能够满足不同儿童需求的特点。对于监护不当、没有监护人或监护人因失踪、死亡、生病或拘捕等原因，无法照护儿童的情况，可采用亲属寄养、养育家庭寄养等方式。如果是遭受过虐待的儿童，还可通过专门家庭寄养帮助儿童进行专业治疗。实施此类寄养的家庭都要经过相关培训，并在寄养儿童人数和寄养时长方面有所限制。此外，日本还针对一些儿童群体的特殊需求设计了短期家庭寄养模式，为希望体验家庭生活的机构内儿童或父母临时住院、无人照护的机构外儿童提供寄养服务。

瑞典政府面向受虐待儿童和弃婴等困境儿童推行家庭寄养制度。政府和社区按照程序对申请寄养的家庭进行全方位审核，定期追访核实儿童的成长情况。1982 年瑞典颁布的新《社会服务法》，规定将寄养家庭更名为“家庭之家”。[3] 旨在在最大程度上弱化寄养子女的概念，这保护了寄养家庭和儿

---

〔1〕 参见卢亦鲁：《他山之石——赴英国儿童福利工作考察报告》，载《民政论坛》2011 年第 4 期，第 61 页。

〔2〕 替代性养护是一种重要的儿童关爱保护措施。可以发挥补充作用临时帮助父母照护儿童，或发挥替代作用长期照护儿童。替代性养护主要分为四种形式：家庭领养、家庭寄养、机构供养、家庭式照料。

〔3〕 参见郅玉玲：《发达国家困境儿童保障经验阐释》，载《青年学报》2017 年第 1 期，第 83 页。

童的隐私，利于儿童身心发展。对于不适宜安排家庭寄养的儿童，瑞典政府亦为其设立儿童收容机构，开展集中康复保护工作。

美国的家庭寄养制度十分发达，美国儿童福利联盟将家庭寄养定义为一项儿童福利服务，“当儿童的原生家庭暂时或在一段时间内无法照顾儿童，且儿童不愿意或不可能被收养时，应提供给儿童一个计划时间内的替代家庭照顾”。因此，家庭寄养成为美国针对孤儿、弃婴等困境儿童所采取的最为普遍的方式。家庭申请寄养需要进行评估，美国政府为此设计了一套严格的评估标准，其内容包含了家庭财产、家庭成员的健康状况、受教育程度等指标。以美国加州为例，在对儿童和家庭进行资格审核后，儿童在进入家庭寄养系统前、改变寄养家庭时、改变寄养服务方式时和结束寄养照顾时都以“照顾水平确定方案”为统一标准，具体涉及寄养儿童的生活需求、精神健康、医疗保健、教育和家庭支持五个方面。[1] 方案测定后，儿童、监护人、社工和相关人员就会召开儿童和家庭会议来相互协商，为其制订一个长期寄养方案并确定对应的寄养家庭和服务，促进儿童永久性回归家庭。[2] 美国围绕家庭寄养还设计了以被寄养儿童为对象的医疗保险政策、为有需要的被寄养儿童提供的特殊住房政策、为鼓励寄养父母而实施的个人所得税抵免政策、为离开寄养体系的大龄儿童提供的独立生活计划政策等，形成了较为完善的家庭寄养配套体系和支持网络。美国的家庭寄养主要分为普通家庭寄养和亲属家庭寄养两种方式。在关于这两种寄养方式的比较研究中，普遍认为亲属家庭寄养具有较好的安置稳定性，儿童表现出不良问题的比例较低，更有利于儿童成长。尽管各州标准不一，但政府每月都会为寄养儿童支付寄养费用，特殊儿童的寄养费用高于普通儿童。[3]

同样作为英美法系国家的英国在安置孤儿或监护人无力抚养儿童时，也优先考虑家庭寄养。申请寄养的家庭必须接受专业社工的实地审核，以确认该家庭符合儿童的需要，之后经专家、社工和儿童等各方同意之后才可进行

---

〔1〕 参见樊丹迪：《美国加州儿童家庭寄养政策改革及启示》，载《社会政策研究》2022 年第 1 期，第 95 页。

〔2〕 参见樊丹迪：《美国加州儿童家庭寄养政策改革及启示》，载《社会政策研究》2022 年第 1 期，第 95 页。

〔3〕 参见满小欧：《美国儿童家庭寄养制度研究》，东北大学 2013 年博士论文，第 44 页。

寄养。寄养过程中，政府会对寄养家庭提供家庭津贴，并会定期派专人探访。[1]

（五）数字服务

联合国开发计划署（UNDP）在2023年的报告中称：“数字公共产品能够成为各国建立安全、可信和包容的数字公共基础设施的关键基石，并日益成为帮助各国实现可持续发展目标的关键杠杆。”

在儿童保护领域，为消除社会、疾病、气候等对儿童安全及其家庭监护的负面影响，联合国儿童基金会（UNICEF）自2013年起，启动开源技术平台Primero的开发工作。“Primero”意为“把儿童放在第一位”，体现了社会福利、儿童保护等相关机构合作的成果。Primero包含CPIMS +（儿童保护个案管理信息系统）和GBVIMS +（性别暴力管理信息系统）两个模块，其中CPIMS +是专门为包括社会工作者在内的一线儿童工作者设计的数字公共产品，旨在更有效地识别儿童面临的个案风险，收集、报告、监测、处置关于儿童遭受的虐待、剥削、暴力等个案信息，并评估干预措施的有效性，通过提供可访问、可持续且安全的技术工具，帮助各国和相关组织建设用户社区和技术支持网络。

Primero为使用者提供了一种灵活的、模块化、基于“云”的个案管理解决方案，可以根据使用国儿童福利体系及工作模式做出有针对性的调整，并利用最新的移动和云计算技术，链接多个部门，收集、验证、存储和传输儿童保护个案信息。在疫情发生期间，Primero持续为印度尼西亚和柬埔寨的儿童工作者提供支持，确保在儿童需要时提供持续的个案服务，满足儿童需求。此外，Primero还致力于确保其符合使用国的信息安全规定和数据保护标准，以强化个人信息或隐私数据在系统内的安全性、合规性。

目前，Primero已在全球拥有11186名用户，记录、存储个案达到150万例，在56个国家（地区）被广泛应用，包括泰国、柬埔寨、阿富汗、约旦、塞拉利昂、乌干达、南苏丹、巴拿马等。

---

〔1〕参见郅玉玲：《发达国家困境儿童保障经验阐释》，载《青年学报》2017年第1期，第83页。

四、进一步满足不同儿童群体关爱保护需求的建议与展望

（一）树立新时代中国特色儿童观

少年儿童是祖国的未来，民族的希望。让全体儿童共享经济社会发展成果，共同沐浴党和政府的阳光雨露茁壮成长，是社会主义制度优越性的集中体现，是社会文明进步的重要标志。[1] 发达国家和地区拥有较为完善的儿童福利体系，固然与其本国经济实力、社会发展阶段和儿童客观需求紧密相关，但是我们也不能忽视如何看待、对待儿童在各国儿童福利体系构建过程中发挥的引领和导向作用。而一个国家对儿童持有的根本看法和态度就是指这个国家的儿童观。

儿童观是指特定时代、不同人群关于儿童的思想、意识、认识、观念、情感和态度的总和。[2] 儿童观是我们认识和理解儿童的基础，其涵盖了人们对儿童的特点、能力、地位、权利，童年时期的意义，以及儿童生长发展的形式和成因等问题的理解和所持态度。历史上，不同文化、不同地域、不同时期，人们对儿童的看法和理解都有所不同。在我国传统社会中，儿童被视为家庭和家族的附属品，是父母的私有财产，他们没有独立自主的人格，而是依附于父母关系的存在。在西方古巴比伦时代、古希腊时代、古罗马时代，儿童被视为“上帝的仆役”，他们在家庭和社会中没有独立的地位，甚至还处于被压迫的境地。然而，随着社会的发展和人类文明的进步，人们对儿童的认识在不断变化和深化，现代社会的儿童观也慢慢形成，人们逐渐认识到儿童不是成年人的附属品。作为成长初始阶段的人类个体，儿童有着独立的人格和权利，他们是未来国家的建设者，是人类社会发展的重要力量。因此，我们应该以更加尊重和珍视的态度来看待儿童，把他们视为社会的财富和未来。

修订后的《未成年人保护法》确立的最有利于未成年人的原则，无疑是我国未成年人立法的一大进步，更是对“儿童不仅是家庭的儿童，也是国家

---

〔1〕 参见民政部编：《深入学习习近平关于民政工作的重要论述》，人民出版社2023年版，第84页。

〔2〕 参见刘继同：《中国特色现代儿童福利观的范围内容、层次结构与制度灵魂角色》，载《人文杂志》2022年第1期，第37页。

的儿童”这一新时代儿童观通过法律的形式加以确认。该原则明确国家有维护儿童的生存权、发展权、受保护权、参与权等合法权益的义务，并以此原则开展工作，以体现国家亲权。具体内容主要包括：一是对儿童采取优先、特殊保护。在制定法律法规、政策规划和配置公共资源等方面优先考虑儿童。二是尊重儿童人格尊严。由于儿童在生理、心理、智力、社会政治经济地位等方面相对弱势，因此强调在处理儿童事务时，应当尊重儿童人格尊严，并具体体现在《未成年人保护法》各章相关规定中。三是保护儿童隐私权和个人信息。四是适应儿童身心健康发展的规律和特点。不同年龄段的儿童在身体发育、认识能力、判断能力、思维能力等方面都是有差别的，所以开展工作也要充分考虑儿童的阶段性特征。五是听取儿童的意见。在作出涉及儿童权益的决定时，要让适龄儿童本人参与进来，发表自己的看法。六是保护与教育相结合。儿童工作离不开“关爱”“保护”这两个词，因为这是儿童最为迫切的需要。但同时，儿童工作者也要在关爱保护儿童的过程中，对儿童进行教育，确保他们在正确的轨道上成长发展。[1]

综上，修订后的《未成年人保护法》以儿童为权利主体，更加侧重儿童利益本位，不仅更大程度考虑、保护了儿童的合法权益，也体现了对儿童这一弱势群体的充分尊重。但是，要想真正使中国的儿童从成年人的依附地位中解脱出来，不仅需要在法律中加以“宣示”，更要依法进行体系建构和政策推动，在关注和保障特殊儿童群体生存发展的基础上，逐步向所有儿童延伸服务，落实关爱保护体系内各层级的具体工作。在这一过程中，也离不开现代儿童观潜移默化的积极影响。

（二）进一步拓宽满足不同儿童群体需求的路径

虽然联合国《儿童权利公约》规定：“父母或视具体情况而定的法定监护人对儿童的养育和发展负有首要责任”，但也明确“缔约国应在父母和法定监护人履行其抚养儿童的责任方面给予适当协助”，“缔约国应采取一切适当的立法、行政、社会和教育措施，保护儿童在受父母、法定监护人或其他任何

---

〔1〕参见中国法制出版社编：《中华人民共和国未成年人保护法注解与配套》，中国法制出版社2021年版，第5-6页。

负责照管儿童的人的照料时，不致受到任何形式的身心摧残、伤害或凌辱，忽视或照料不周，虐待或剥削，包括性侵犯"[1]。因此，对儿童的关爱保护不仅是家庭和监护人的"内务"，也是国家、政府的重要"公务"。

根据第七次全国人口普查数据，截至2020年，我国0－17周岁儿童人口为2.98亿，占全国总人口的21.1%。[2] 庞大的儿童群体导致了大量儿童关爱保护需求的存在。而且各个地方和区域的儿童群体具体情况各有特点，不仅有孤儿、事实无人抚养儿童、困境儿童、留守儿童、流动儿童，还存在父母重病重残儿童、低收入家庭儿童。群体情况的多样导致对儿童关爱保护的需求更加层次化、多样化和复杂化，这也要求我国儿童关爱保护工作，应随着经济社会发展和人民生活水平的发展而稳步推进。具体到民政儿童工作来说，本章建议可着重从儿童关爱保护的服务对象、服务内容和服务质量这三方面具体展开，努力强化第一层级的"基础服务普惠"，努力帮助同时处在第二层级，甚至第三层级的特殊儿童群体实现体系层级的"向上跨越"。

在儿童关爱保护服务的对象上，首先，要实现对儿童福利机构内特殊儿童群体的关爱保护服务的覆盖，并逐步增加服务内容，提高服务水平。其次，将儿童关爱保护服务对象从目前的儿童福利机构内儿童群体，逐步扩展至机构外特殊儿童群体，在服务内容上能够满足更多层次的儿童需求，并能够保持较高的服务水平。最后，从特殊儿童群体再进一步，扩展到正常儿童，实现服务对象的全覆盖，按照实际需求为所有儿童提供关爱保护服务，在此基

---

[1] 参见联合国《儿童权利公约》第十八条："1. 缔约国应尽其最大努力，确保父母双方对儿童的养育和发展负有共同责任的原则得到确认。父母或视具体情况而定的法定监护人对儿童的养育和发展负有首要责任。儿童的最大利益将是他们主要关心的事。2. 为保证和促进本公约所列举的权利，缔约国应在父母和法定监护人履行其抚养儿童的责任方面给予适当协助，并应确保发展育儿机构、设施和服务。3. 缔约国应采取一切适当措施确保就业父母的子女有权享受他们有资格得到的托儿服务和设施。"第十九条："1. 缔约国应采取一切适当的立法、行政、社会和教育措施，保护儿童在受父母、法定监护人或其他任何负责照管儿童的人的照料时，不致受到任何形式的身心摧残、伤害或凌辱，忽视或照料不周，虐待或剥削，包括性侵犯。2. 这类保护性措施应酌情包括采取有效程序以建立社会方案，向儿童和负责照管儿童的人提供必要的支助，采取其他预防形式，查明、报告、查询、调查、处理和追究前述的虐待儿童事件，以及在适当时进行司法干预。"

[2] 参见魏婧、张艳玲：《中国发布丨近半儿童受人口流动影响！让孩子留在父母身边要先解决这些问题》，载手机中国网 https：//baijiahao. baidu. com/s？id = 1765708680504264828&wfr = spider&for = pc，2023年12月29日。

础上稳步提升服务水平。

在儿童关爱保护服务的内容上，首先，要满足全体儿童对照护、教育及健康医疗的基础性需要，指导监护人认真履行监护职责。其次，要针对特殊儿童群体及其家庭提供相应的支持性服务，保障其生存权利和发展权利。最后，对遭受监护侵害的儿童采取强制干预措施，保护其人身财产安全。由此可见，儿童关爱保护服务内容的设计，要以满足不同情况儿童在各个层级的需求为导向，为儿童提供能够促进其健康生存的服务以及能够帮助其成长发展的服务和支持。

在儿童关爱保护服务的质量上，通过支持家庭监护、引导社会力量、增加科研投入、加强信息化建设等方式，不断促进服务质量向更高水平发展。对于儿童的各类救助标准，应以满足儿童的基本生活需要为前提，确保不低于当地平均生活水平，同时随着人民生活水平的提高以及物价变动而进行动态调整。对于儿童的各项帮扶措施，也应从仅聚焦儿童个体的临时性帮扶，发展至对儿童所在家庭的帮扶，帮助监护人恢复或增强监护能力，从而持续提升儿童的家庭监护质量。同时，结合不同儿童群体的需求，在高质量发展的方向上也要有所侧重。例如，低收入家庭的儿童更需要稳定增长的补贴，以维持日常生活和教育支出。孤儿、事实无人抚养儿童、留守儿童因为缺乏监护人的陪伴，还应得到更高质量的情感培育、行为养成、心理疏导和安全保障等服务。目前绝大部分机构内的儿童，往往存在不同程度的病残，对于他们来说，提升康复医疗和各项生活照料方面的服务质量则至关重要。

（三）将监护作为儿童关爱保护工作的重要切入点

家庭监护是儿童监护的最主要、最常见的方式，因此，儿童家庭监护是开展儿童关爱保护工作的重要切入点。绝大部分儿童生长于家庭之中，接受父母及其他监护人的抚养、保护和教育。可以说，家庭是儿童生活的基础，提供了食物、住所等基本生活需要。儿童的监护人负责满足儿童的基本需求，为儿童提供舒适和健康的环境。监护人也是儿童重要的情感依赖对象，为儿童提供了最基础的安全感。监护人通过家庭教育，帮助儿童树立人生观、价值观、世界观，学习社会交往的基本规则，培养他们成为有责任感和道德感的公民。由此可见，家庭监护的质量极大地影响了儿童的智力、心理、情感发展。一个温馨、和谐、包容的家庭监护环境对儿童的成长至关重要。

但家庭监护并非完美。有些家庭由于经济因素、家庭成员病残或其他原因，无法为儿童提供足够的支持和照护。个别监护人怠于履行监护职责，实施了监护失职行为，甚至严重危及儿童的身心健康。此时，儿童关爱保护体系可以发挥作用，由民政等政府部门和社会力量帮助儿童或家庭渡过难关，回应儿童需求，保障儿童基本权益。民政视角下的体系作用是通过对家庭监护的监督、支持和干预来体现的，对监护人无法履行或承担家庭监护职责的儿童予以兜底保障，并形成闭环机制。实务中的主要措施包括发现报告、监护评估、监护支持和具体监护干预。

1. 强化发现报告工作

对特殊儿童群体的兜底救助、照护乃至长期监护是民政部门的基础性职责。从我国目前关爱保护水平和社会经济发展的客观要求来看，我国在关注传统的事后兜底救助之外，还应从需求满足和风险防范的角度，关注家庭监护风险的预防，降低风险转化为客观危险、困境的可能性。但是，家庭具有私密性，相比成年人，儿童在身心发育程度和社会地位等方面都处于弱势，很难对自身所处监护环境作出客观、公允的判断，无论儿童的各项需求是否得到满足，风险是否开始产生，还是儿童是否已处于困境或遭受侵害，外界都难以察觉知晓。因此需要继续强化发现报告工作，持续重视其制度价值。依托儿童主任等基层儿童工作者的职能，将服务前置，通过主动发现和收集线索，及时发现需要支持、干预的儿童。特别是对于急需外界支持、疑似遭遇家庭暴力或因突发事件无人监护的儿童，应尽早实施支持、干预措施。

目前，发现报告的途径主要有主动发现、强制报告等。主动发现是指儿童主任对留守儿童、困境儿童、散居孤儿等儿童群体进行日常入户走访和重点核查，同时做好资源链接、转介帮扶等事项。针对监护情况较差、失学辍学、无户籍以及患病、残疾等重点儿童，进行定期随访。在 2023 年 12 月民政部联合 14 部门印发的《农村留守儿童和困境儿童关爱服务质量提升三年行动方案》中，明确要求在每个月联系一次，每三个月入户走访一次的基础上，对父母双方或一方存在严重身体或智力残疾、儿童自身存在身体或智力残疾、有心理或行为异常的，儿童主任要加大走访频次。强制报告制度则强调任何组织或个人发现不利于儿童身心健康或者侵犯儿童合法权益的情形，都有权劝阻、制止或者向公安、民政、教育等有关部门提出检举、控告。为确保报告渠道的畅通，县级以上人民政府依托“12345”政务服务便民热线，开通了全国统一未保热线。有些地区直接将接听平台设置在未成年人救助保护机构内，还有一些地方的热线由其他部门接听并转介。下一步，建议进一步加大发现报告的工作力度和深化重视程度，将工作介入时点提前。同时，继续完善未保热线功能，加大热线的宣传力度。细化相关操作指引和实施细则，鼓励出台配套措施，在报告内容分类、平台处置流程、案件转介方式等方面进行有益尝试。

2. 落实监护评估与个案会商工作

对儿童家庭监护状况和风险的评估是儿童关爱保护体系的重要内容，也是关爱保护工作流程中承上启下的重要环节。儿童家庭监护评估能够通过科学客观的评估方法，判断、识别儿童正在或将要面对的家庭监护环境或风险，帮助民政等部门在采取措施前全面了解儿童的监护状况。以中国儿童福利和收养中心研发的《未成年人家庭监护状况评估指引》（草案稿）为例，该评估指引以最有利于未成年人原则、充分性原则、客观性原则、公正性原则、专业性原则、隐私保护原则为依据，评估指标包括儿童需求满足情况、监护人情况、监护人监护意愿、监护人监护能力、家庭情况以及社会关系等方面内容。对于严重侵害儿童权益的行为，该指引采用一票否决制，采取建议撤销监护人资格的方式维护儿童权益。近年来，我国儿童家庭监护评估工作取得重大进展，儿童家庭监护评估的地方标准不断出台实施，根据评估结果，能够确定相应的儿童监护风险等级。但从个案处置的角度，本章建议可在评估标准实施一定时间后，对实施效果和积累的实务经验进行总结，明确标准中各种风险等级所对应的帮扶措施和具体操作流程，为基层工作提供指引和依据，从而提升评估工作的标准化、专业化程度以及可操作性。

对于一些较为复杂的个案，除了进行评估，还可推广个案会商机制，对个案的处置以及儿童的安置给出更加专业、稳妥、周全的建议。儿童个案会商机制是一项社会服务措施，旨在提供跨领域、跨机构的合作机制，以解决儿童个案中的复杂问题。在干预和办理复杂儿童个案的过程中，需要民政、妇联、公安、司法、教育等不同部门依据职权共同参与处置。个案会商机制能够提高各部门之间信息共享的效率，提高个案干预的响应速度。通过集体研究，强化各方责任，制订出符合儿童利益的最佳保护计划。同时，这种机制要求不同部门、不同专业背景的儿童工作者，共同讨论、评估如何最大限度地保护、支持那些处于风险中或已经遭受伤害的儿童。该机制鼓励来自民政、社会工作、法律、教育、卫生、心理健康等不同领域的专家共同开展工作，为涉案儿童的关爱保护提供一个全面、立体的视角。经调研了解，目前个案会商机制主要涉及参与当地儿童关爱保护工作的调查研究、个案救助、残疾康复、重病救治、法律支持、心理辅导、专业培训和宣传教育等事项。

3. 强化对家庭的监护支持

传统意义上的民政儿童工作聚焦于对无人监护的孤儿、弃婴的兜底监护。但儿童关爱保护体系之下的儿童群体，则同时涵盖机构内儿童与散居在社会家庭中的儿童。通常情况下，基于父母子女或祖孙之间的亲缘关系，监护人会尽全力抚养、保护、教育儿童，给予儿童妥善的照护。但是因儿童自身或监护人存在主客观困难，会导致事实无人抚养儿童、流动儿童、留守儿童、困境儿童等儿童群体的出现。需要指出的是，除非存在严重侵害儿童权益的行为，否则政府不能剥夺法律赋予监护人的监护权。而且，相比儿童福利机构和未成年人救助保护机构，家庭终究是最有利于儿童成长的生活环境，也是儿童对抗外界危害的天然“堡垒”。因此，儿童工作者在经过发现、评估，确认儿童为特殊儿童群体后，应优先考虑通过何种方式对其家庭监护提供支持或帮助家庭监护功能恢复、补强、促进。以我国台湾地区实践为例，台湾地区依据家庭满足儿童需求的能力的强弱程度，将儿童关爱保护服务分为支持性服务、补充性服务、替代性服务和保护性服务四种类型。其中支持性服务旨在支持或增强家庭现有儿童需求满足能力。补充性服务旨在针对家庭儿童需求满足能力不足的部分进行补强。替代性服务旨在当家庭儿童需求满足能力全部或部分丧失时，替代家庭照护儿童。保护性服务旨在对遭受侵害的儿童提供保护措施。

以往人们观念里对儿童关爱保护的认识主要关注政府补贴、救济款的发放，笼统地认为“钱给到位就行”，而随着国家社会经济的发展，儿童的需求结构也发生了质的变化。除了向特殊困难儿童给付金钱，更高质量的儿童关爱保护服务还在于如何做好具有针对性、精准性甚至个性化的分类保障和支持。例如对孤儿和事实无人抚养儿童提供心理健康指导，对遭遇家庭暴力的儿童提供临时监护措施，对孤独症儿童的监护人提供基础康复技能培训，对涉及儿童财产的代理行为加以关注，都不是靠单纯发放补贴所能解决的。对此，2016 年，在国务院《关于加强农村留守儿童关爱保护工作的意见》、国务院《关于加强困境儿童保障工作的意见》等文件中，从基本生活、基本医疗、教育保障、监护责任、残疾儿童福利、推动社会力量等方面分别对留守儿童、困境儿童等特殊儿童群体的分类保障和监护支持进行了较为翔实的规定。2019 年，民政部等 10 部门联合印发《关于进一步健全农村留守儿童和困境儿童关爱服务体系的意见》（民发〔2019〕34 号），从机构转型升级、拓展功能以及基层儿童工作队伍职能定位的角度，对家庭监护支持等工作的实施主体作了进一步的明确。[1] 2023 年，民政部等 5 部门联合印发《关于加强困境儿童心理健康关爱服务工作的指导意见》（民发〔2023〕61 号），要求依托未成年人保护工作站、民政服务站（社工站）等机构或场所，充分发挥儿童主任、儿童社会工作者等的作用，为有需求的儿童分类制订心理关爱方案，提供心理辅导、情绪疏导、心理慰藉等帮扶服务。[2] 一系列政策的出台帮助儿童关爱保护工作从粗放的财物供给模式，逐渐转变为“以儿童为本”的精细、专业服务支持模式。在此基础上，本章认为，持续对特殊儿童群体提供精准化、专业化、人性化的家庭监护支持将是未来我国儿童关爱保护体系建设的重要着力点和发力点。

4. 适时进行监护干预

对于在儿童监护中存在的监护缺失、监护不当等情况，本着维护与支持家庭监护功能原则，适当加强政府部门、司法机关对家庭监护的介入，依法采用督促监护令、家庭教育令等方式要求、指导监护人严格履行监护职责，维护儿童合法权益。根据情况还可对监护人予以训诫，并可以责令其接受家庭教育指导。

对于监护人实施的家庭暴力等监护侵害行为，应将儿童紧急带离家庭，采用亲属抚养、家庭寄养或机构内照护的方式进行临时监护，预防家庭内部伤害儿童事件再次发生，必要时可向法院申请人身安全保护令，避免加害人

〔1〕参见民政部等 10 部门联合印发《关于进一步健全农村留守儿童和困境儿童关爱服务体系的意见》（民发〔2019〕34 号）。

〔2〕参见民政部等 5 部门联合印发《关于加强困境儿童心理健康关爱服务工作的指导意见》（民发〔2023〕61 号）。

接触儿童。监护侵害情节严重的，民政部门等主体应向法院申请撤销监护人资格，并由法院指定新的监护人。对于“没有依法具有监护资格的人的”，根据《民法典》第三十二条规定，“监护人由民政部门担任”[1]。

结合上述内容可以看出，目前我国已经形成了一整套程度从轻（督促）到重（撤销）的较为完善的儿童监护干预制度。本着最有利于未成年人的原则，本章认为，还可从以下几个方面继续优化相关措施。首先，提升督促监护令、家庭教育令的强制性。强制性提升的背后是更加明确、严格的法律后果，能够促进监护人纠正不当行为、改善监护职责的履行情况，降低儿童遭受侵害的风险，也避免法律文书流于形式。其次，适当提高监护人怠于履行监护职责的违法成本。基于明确的监护职责和监护人对于儿童的优势地位和密切关系，在一些发达国家，法律对于监护人的监护失职行为，其处罚程度要高于陌生人的加害行为。例如英国 1868 年的《济贫法修正案》提出，“不足 14 周岁的未成年人在成长过程中没有得到充分的生活所必需的食物、衣物、医疗或住宿，衣食住行的不足都没有引起父母足够的关注和解决，父母的这种失职行为就是犯罪”。我国法律虽未对监护失职行为的法律后果进行特殊规定，但社会上监护人或有监护资格的主体主观拒绝履行监护职责的案件时有发生，监护人因过失导致儿童失踪死亡是否要承担刑事责任的讨论也得到公众关注。因此，有必要对涉案监护人进行行政处罚或撤销监护人资格，以向社会表明国家法律对于该行为的否定评价。再次，慎重恢复监护人资格。恢复监护人资格的制度充分考虑到子女与父母间的血缘、情感关系，但在恢复监护人资格的程序中，对于“有前科”的父母，其“确有悔改”的情况应制定或总结具体的裁量标准，并结合儿童真实意见、父母监护能力、被撤销监护人资格的事由等因素严格考量和评估，避免恢复监护人资格制度被滥用、泛用，从而破坏新监护关系的稳定性。最后，积极为儿童谋求回归家庭的机会。对有需求的儿童实施临时监护或长期监护是民政部门的使命担当，但从儿童安置角度讲，并不一定是关爱保护儿童的最优手段。兜底监护不应是关爱保护工作的终点，应尽力使其成为儿童重回家庭的起点。个案中如果需要

---

[1] 参见《中华人民共和国民法典》第三十二条：“没有依法具有监护资格的人的，监护人由民政部门担任……”

将儿童监护权交予民政部门，民政部门应做好接续工作，尝试通过收养等方式帮助儿童再次回归家庭。

（四）完善儿童关爱保护体系的保障措施

“兵马未动，粮草先行”。“兵马”是实施工作的主体，而“粮草”则是取得工作“胜利”的前置条件和重要保障。同样，建立一套能够满足儿童多样需求的关爱保护体系，也离不开制度、人力、财力、物力等各项保障。

1. 制度保障

在法治社会中，对儿童事务，特别是特殊儿童群体的关爱保护工作进行立法，体现了国家法律层面对儿童群体的各项权益的尊重与确认，有助于促进关爱保护体系的发展完善，更好地推动各项关爱保护工作的落地落实，也有利于社会公众加深对儿童群体的了解，提高对儿童福利事业的重视程度。从本章第三部分的内容来看，欧美等发达国家或地区，在促进和推动儿童关爱保护工作过程中，都十分重视儿童立法，制定“儿童福利法”“儿童权利法案”，并确保法律规定的各项关爱保护措施得到严格执行。

我国目前尚未出台专门的“儿童福利法”或“儿童救助法”，但这并不意味着儿童关爱保护工作无法可依。2008 年 3 月 8 日，十一届全国人大一次会议第二次全体会议已经宣布：中国特色社会主义法律体系已经基本形成。近年来，《民法典》《未成年人保护法》《家庭教育促进法》《反家庭暴力法》的出台、修订进一步织密织牢儿童关爱保护的“法网”。当前，我国儿童工作者需要做的是熟悉、理解相关法律原则、法条内容，并在工作中准确适用、灵活运用。例如，在发现报告环节，儿童工作者要判断涉案儿童所处情形是否需要向公安机关报告。在评估环节，要关注涉案儿童遭受的伤害是否较为严重，对女童的侵害是否构成《中华人民共和国刑法》（以下简称《刑法》）中的强奸行为，监护人擅自放弃监护权的行为是否违法。在安置环节，要确认涉案儿童有无可进行家庭寄养的其他亲属。对于一方监护人不详、另一方监护人服刑的儿童，要考虑能否通过收养让儿童回归家庭。在操作程序层面，要考量涉案儿童是否需要先行临时监护，其监护人行为是否存在撤销监护人资格之情形。这些问题，都需要儿童工作者根据现行法律、文件作出专业判断。

在我国现行的《未成年人保护法》等相关法律中，虽然对于儿童关爱保护问题有较为全面的规定，但其中一些规定还存在较为原则化、可操作性较低的情况，导致出现对法条理解、适用存在争议或实务中具体问题没有对应法律规定的情形，如对于虐待儿童行为，尚缺少具体界定。对此，本章建议，一方面，儿童工作者应本着最有利于未成年人的原则，在不违背强制性法律规定的前提下，进行合理处置，尽可能地避免出现关爱保护的“真空地带”；另一方面，要根据现行法律，以儿童需求为导向，因地制宜，推进儿童关爱保护地方性法规、规章、文件、指引的制定。在具体的法规规章内容架构上，明确本地区儿童关爱保护工作的实施部门、目标要求、适用范围、操作流程、督导考核、经费保障、绩效评估等内容和要求，以此来保证相关工作规范有序展开。同时，在实施细则及操作指引的制定中，采用更加细致、明确的表述。对于程序方面的规定，可辅以更加直观的流程图。对评估方面的指引，应附配套表格和评估量表，从而提升评估工作的客观性和可操作性，有利于快速判断儿童状况，为基层儿童工作者走完走好“最后一米”提供准确清晰的业务指导和“定量定性”的实操工具。

最后，在全面依法治国的时代大背景下，我国可立足长远，结合国情和儿童实际需求，谋划起草《儿童福利法》，推进儿童关爱保护的法治化进程。在未来出台的《社会救助法》中，强调对特殊儿童群体及其所在家庭的救助与支持，并尝试将儿童法律咨询、儿童心理健康指导、儿童社会工作、儿童个案服务等服务纳入国家公共基本服务之中，明确服务标准，以期强化儿童关爱保护体系的制度保障。

2. 人才保障

随着未成年人保护工作的深化与细化，儿童关爱保护的对象已从传统的孤儿、弃婴、流浪儿童扩展到事实无人抚养儿童、困境儿童、留守儿童、流动儿童等群体，保障范围不断扩大，保障群体的需求出现多样化态势，对儿童工作者的服务意识、服务水平和专业能力提出更高要求，亟待建设一支能够有效落实政策、秉持先进理念、提供专业服务的儿童工作队伍。

在人才队伍建设过程中，应大力培养家庭监护指导、心理健康教育、儿童社会工作、特殊教育、医疗康复和法律援助等方面的专业技术人才，特别是在基层儿童工作者中普及未成年人保护相关法律规定和实务应用方面的知识，增强基层儿童工作者识别风险、处置个案的能力，高质量做好儿童关爱保护工作。加大对现有特殊儿童群体福利保障和社会救助领域工作人员继续教育和职业技能培训的力度，努力推动和实现儿童关爱保护工作人员队伍的专业化和职业化，不断提高其服务质量和执业水平。特别是村居儿童主任队伍，不仅要帮助他们了解工作职责，熟悉工作内容，更要用通俗易懂的表述帮助他们理解岗位的意义和法律的有关规定。同时，以《农村留守儿童和困境儿童关爱服务质量提升三年行动方案》的印发为契机，适时补强、壮大基层儿童工作队伍。[1] 加强对街道、社区日常工作的督导和实训，尝试采用选拔方式任用基层儿童工作者，不断增强基层儿童工作队伍的使命感和责任心。着重发挥社会工作的专业支撑作用，推进儿童社会工作专业人才队伍建设，将儿童社工从社会工作从业队伍中细分出来，培育、引入专业的儿童社会工作者，积极开发特殊儿童群体救助机构社工岗位。

3. 资源保障

从目前福利体系的供给状况来看，中央政府和地方政府配套的模式显然可以更好地刺激地方的福利投入，同时也能够减轻地方政府的财政压力。但这种高度依赖政府的模式很显然并不符合政府职能转变和现代福利制度建设的方向，因此应进一步拓宽社会融资渠道，有效整合社会资源。在现有的政府主导背景下，可以采用税收优惠等多种形式激发社会资本福利潜能，刺激社会资本融资，加大社会资本参与儿童关爱保护事业的力度，形成政府和民间资本的互融互通。新修订的《中华人民共和国慈善法》进一步明确国家对慈善事业实施税收优惠政策，如规定“自然人、法人和非法人组织捐赠财产用于慈善活动的，依法享受税收优惠”[2]。

儿童关爱保护体系应当是社会福利保障体系的重要组成部分，本质是国民收入的再分配，但在分配方向上不止一种。一方面，通过政府购买服务，将专业要求高或人力成本高的服务“外包”给具备相应资质的社会力量，作

[1] 参见民政部联合14部门印发《农村留守儿童和困境儿童关爱服务质量提升三年行动方案》第十六条：“……对于辖区内常住儿童数量较多或农村留守儿童和困境儿童总人数超过30人的村（社区），根据实际需要增配儿童主任……”

[2] 参见人民法院新闻传媒总社：《新修改的慈善法有哪些重点和亮点内容》，载民政部网站https://www.mca.gov.cn/n152/n166/c1662004999979996965/content.html，2024年1月5日。

为政府兜底保障的重要补充，以满足特殊儿童群体的多层次需求。另一方面，逐步从以救助为主的最低生活保障模式向以预防为主的家庭监护支持模式过渡，以提高家庭自身满足儿童需要的能力。政府以专项资金的方式对家庭养育儿童的成本予以更大程度、更大范围的支持与覆盖。

4. 机制保障

督导机制在儿童关爱保护具体工作中十分关键，在整个体系中的作用也日益凸显。通过督导，能够复核相关服务是否符合规定的标准和流程，发现和解决工作中存在的问题和隐患，推动有关部门、机构和人员将工作落实到基层，还可以促进相关部门、机构和人员之间的信息共享与合作，促进资源的整合和优化配置。督导团队通常由资深儿童工作者或业内专家学者组成，能为一线人员提供更加专业的指导和帮助，并根据反馈信息提出处置建议，从而提高儿童关爱保护工作整体的质量和水平，特别是能增强在儿童监护缺失、重病重残、家庭暴力等复杂棘手问题上的应对能力。

需要注意的是，每个地区的经济发展状况和资源禀赋并不相同，对于儿童关爱保护督导机制的设计也各有特色。以广州市为例，2020 年 5 月，广州市未保中心创新实施“两类儿童”保障分片区督导工作，通过摸情况、强指导、促整改，打造“四化”特色的全流程督导模式。一是督导服务片区化。将全市 11 个区划分为 5 个片区，实施专人专片负责制。各片区每次抽选 1 个镇（街），督导 1 名区未成年人救助保护机构工作人员、1 名儿童督导员、1 名儿童主任，并探访 1 户困境儿童家庭。二是督导内容精细化。制定片区督导工作手册，建立督导清单，设置督导指标，全面督导检查区未成年人救助保护机构、儿童督导员、儿童主任的履职情况，掌握重点服务对象的保障落实、基本生活、监护等情况。三是指导培训现场化。针对督导过程中发现的问题和存在的困难，督导人员边“督”边“导”，通过分享工作心得、帮助研究制定规范指引、督后开展课程培训等，现场教方法教经验。四是推广整改一体化。对督导过程中挖掘的好做法好经验，及时编发周报进行推广，对工作落实不到位的，提出限期整改要求。广州市的督导机制固然得益于市未保中心对本市区县、镇街未成年人救助保护机构的有力指导以及市财政对儿童关爱保护工作的大力支持，但广州市儿童关爱保护工作从“划片督导”到“督导整改”的闭环设计思路仍值得参考和借鉴。

如果说督导机制能够发现、解决工作过程中遇到的问题，那么考核机制则侧重于对机构及其工作人员一定期间内工作成果的总结与评价。考核作为一种评价、激励的手段，有助于评价相关机构及其工作人员在儿童关爱保护领域展现的能力和取得的成绩，并督促儿童工作者不断学习、掌握必要的知识、技能，以更高质量的工作表现来应对儿童工作中的挑战。同时，通过考核能够统计、分析机构的工作数据，进而查找在工作中存在的短板，为机构的发展和工作人员的成长指明方向。在考核指标的选取上，应与当地儿童关爱保护工作的实际情况相符合。经查，目前主要有三种指标类型可供参考：水平参考指标、目标参考指标、历史参考指标。水平参考指标通常以国内或业内水平作为参考，其中又可分为先进水平和平均水平。目标参考指标是指使用事先确定的计划值、预期值或理论上的理想数值作为参照，与实际工作数据进行对比，这种考核指标可以体现工作计划与实际执行之间的差异。历史参考指标属于纵向考核指标，是指使用过往工作数据来考核现阶段同类型工作成果或进度。

5. 技术保障

在大数据时代，信息技术及信息系统的应用能够让儿童关爱保护工作更加高效和便捷，提升决策与服务的质量。电子记录系统可以帮助儿童工作者及时记录、存储收集到的儿童及家庭的情况，快速访问和共享儿童的个人信息，更好地发现、了解儿童的各项需求。通过专业的线上办公系统，能够优化个案处置流程，使业务条线更加清晰、有条理，权责明确，排除人为因素的干扰。同时，通过远程支持服务，儿童及其监护人可以随时随地在网络上寻求专业人士的帮助并获得快速回应，如家庭教育指导、社工介入、法律咨询、心理健康指导等支持。信息系统还可以将各个相关部门、社会力量和社会资源紧密联系在一起，打破时空限制，为儿童提供多层次、跨部门、跨领域的关爱保护方案。

现阶段，我国一些城市已经开始研发或使用微信小程序等线上平台，开展儿童主任的入户走访、信息收集、业务指导等工作。目前信息系统的设备终端主要包括手机端和电脑端。一些需要即时录入的工作在手机端更容易操作，而撰写个案分析或报告则在电脑端更为便捷。因此建议加强两个终端之间的“云同步”“云督导”，避免“各自为政”，出现信息不对称的情况。另外，儿童关爱保护工作涉及部门众多，民政部门往往需要与其他部门、专业人士通力合作，因此可尝试利用线上虚拟空间优势，将不同部门、专业力量集中于同一平台之上，进行线上“云协调”“云会商”。

本章认为，信息技术不应局限于在有关部门和人员记录工作或绩效考核等场景中使用，包括大数据、人工智能（AI）在内的前沿技术可以在儿童关爱保护领域发挥更大的作用。例如，可使用大数据收集分析不同儿童群体的需求，对儿童自身状态、所处环境和主要风险进行监测和评估，并面向儿童和监护人，在线提供个性化、专业化的咨询与指导服务。在特殊儿童群体主动发现方面，使用大数据的比对功能，将事先录入的各类特殊儿童群体特征要件与各部门信息系统中的特殊儿童或其监护人的信息数据进行充分比对，自上而下高效筛查、发现符合条件、尚需救助的儿童。最后，在鼓励信息技术在儿童关爱保护领域推广应用的同时，也要在工作中加强对儿童个人信息和隐私权的保护。

（五）推动广泛的社会力量参与

我国儿童关爱保护体系的促进发展，以及对儿童群体需求的回应，不仅需要充分发挥政府部门的职能作用，还应鼓励和支持各领域专业人士和社会力量广泛参与进来，建立起多层次的关爱保护工作运行和服务供给机制，重点关注特殊儿童群体，形成较为完善的制度框架，依靠法律法规、政府部门和社会力量的协力支撑，依托有效的项目设计和规范的工作流程，绘制出一张涵盖民政等政府部门、群团组织、社会组织、公司企业等主体以及儿童工作者、社会工作者等社会成员的儿童关爱保护发展路线图。各方既密切协作，多方促进，又各司其职，各尽其能，发挥各自的积极作用。

1. 社工：充分发挥儿童工作者的专业优势

社工是社会工作者的简称，是遵循助人自助的价值理念，利用个案、社区、小组等专业方法，以帮助机构和他人发挥自身潜能，协调社会关系、促进社会公正为职业的社会服务人员。社会工作是一项助人的专业工作，其本身就是社会福利体系的重要组成部分，与政府的社会福利和保障联系紧密。社会工作不仅是政府采购的重要服务项目，也是政府应对社会问题、帮扶弱势群体的专业处置方式，因此，在儿童关爱保护领域，社会工作具有得天独厚的优势。本章认为，可从两个维度进一步利用社工优势提升儿童关爱保护工作的质量。

一是充分发挥民政领域儿童社工之作用。鼓励儿童社工参与基层儿童工作，协助基层儿童工作者对社区内特殊儿童群体进行动态监测，记录评估儿童状况，反馈儿童变化，发现需要救助的儿童。儿童社工还可利用自身专业特点发起特殊儿童群体关爱保护项目，整合链接社会力量、慈善资源，对特殊儿童群体进行网络化支持，最重要的是，儿童社工拥有专业的服务资质和服务技术，能够对儿童的身心健康、性格培养、社会融入等多方面问题进行专业的救助与服务，以此补齐基层儿童工作者非专职、非专业的短板，并反向促进基层儿童工作者队伍的发展。[1]

二是将其他类型的社工作为开展民政视角下儿童关爱保护工作的重要补充。社会工作作为一门职业，存在众多细分领域，除儿童社工外，还有学校社工、司法社工、医疗社工、残疾人社工等。利用其他相关类型社工的岗位特点，有助于民政部门更好地开展儿童关爱保护工作。例如，学龄期内儿童有大量的时间是在学校度过的，驻校社工与学生的联系较为密切，如果能够充分利用这一特点，在发现报告环节，与驻校社工配合协作，可以有效提升潜在特殊儿童群体的发现效率，将儿童工作者介入干预的时点提前。特别是对于遭受家庭暴力的儿童来说，越早发现，就越有利于其人身安全的保护。

2. 社区：建设儿童友好型社区

社区是儿童生活成长、进行社会化教育的重要场所，也深度参与特殊儿童群体监测、统计、评估和保障工作。例如我国香港地区，依托“儿童为主、家庭为本、社区为基础”的政策理念，践行儿童优先理念，提供全方位的儿童关爱保护服务满足儿童需求。建议以满足特殊儿童群体家庭需求为导向，进一步完善基层儿童工作者定期上门走访机制，提升儿童信息和台账的真实性、完整性和准确性，并及时更新。着力向有特殊困难的儿童家庭提供资源链接、监护指导、心理健康指导等服务。针对时代进步，熟人社会之功能以

[1] 参见民政部联合14部门印发《农村留守儿童和困境儿童关爱服务质量提升三年行动方案》第十六条：“……村（居）民委员会应当选择政治素质过硬、道德品行优良、热爱儿童工作、熟悉村（社区）情况、具有一定文化水平的村（居）民委员会委员或社会工作者等人员担任儿童主任……”

及邻里间“乡土性”减弱的情况，可在社区内增加邻里间亲子活动的次数，创造社区儿童家长之间彼此交流熟悉的机会，从而使每个社区有孩家庭都能尽可能获得来自社区邻里足够的支持与充分的帮助。

民政部门、社会工作部门、街道以及村（居）民委员会可充分发挥社区的作用，引导社区以及社区内社会组织、社会慈善资源、社会工作者、志愿者等社会力量，适当扩大社区儿童公益活动的服务对象范围，丰富活动呈现形式，例如，通过社区“微公益”来满足儿童的“微需求”“微心愿”。经调研了解，街道社区的儿童关爱保护工作通常都包含了丰富多样的儿童公益活动，但对于儿童家庭及监护人的支持活动并不普遍。对于社区内的特殊儿童群体，特别是对因自身病残处于困境的儿童家庭来说，治疗期间的忙碌、长期的康复过程，让许多儿童监护人自顾不暇，在经济和精神上承受着双重负担，更不要说很多监护人还面临在子女康复就医与单位工作之间的权衡取舍。因此，建议社区利用自身场地资源优势，为病残儿童家庭提供社区儿童照护、托管等喘息服务，减轻监护人压力，还可在有关部门的指导下，根据《家庭托育点管理办法（试行)》规定，利用住宅为 3 岁以下婴幼儿提供计时托育、临时托育等关爱保护服务。另外，建议以乡村振兴为契机，不断助力农村社区未保站、社工站、儿童之家等的建设和运行。

3. “社群”：鼓励公益慈善组织、专业机构参与体系建设发展

本部分所说“社群”是指包含社会组织、群团组织以及其他相关部门在内的社会力量。民政部门作为政府重要组成部分，一方面需保障国家基本福利，另一方面也需投入巨大的资源和时间应对各种社会问题。社会力量参与到社会治理事务中，可以减轻政府负担，更好地利用社会资源和力量，共同推动、促进社会资源的公平分配和公共事务的有效干预，使弱势群体能够获得充足的社会服务。同时，在回应多层次儿童需求的过程中，社会力量的介入可以带来更多创新方式和创意实践，能够为政府开展下一步工作提供思路与参考，也有助于打造儿童关爱保护领域的工作亮点和品牌项目，为体系增色，间接增强社会各界人士关爱保护儿童的意识，有利于营造“儿童友好”的社会氛围。因此，社会力量应是儿童关爱保护体系的重要组成部分。

一些地区通过购买服务方式开展儿童关爱保护工作存在困难。因此，民政部门采用适当的方式引导、发动社会力量参与到儿童关爱保护具体工作之

中，则显得格外重要。包括与社会组织、学校、医院等社会力量合作，实施教育、医疗、康复等与儿童权益紧密相关的支持项目；协同当地司法机关、妇联、共青团等主体，开展未成年人保护、儿童法律科普、法律援助、家庭监护指导等专项活动；邀请研究机构、业内专家、高校团队参与民政儿童业务的培训授课、学术研讨、专项咨询和个案会商等工作。例如，中国儿童福利和收养中心自2023年起，依托在儿童关爱保护领域的研究优势，组建培训师资团队，打造精品培训课程体系，面向全国各地民政系统提供专业的授课服务，成效显著，获得业界广泛好评。

在鼓励社会力量参与的基础上，政府也要发挥行政许可、监督审核职能，从维护儿童权益、促进社会力量高质量发展的角度，对于社会组织、企业和个人等社会力量的准入条件和专业资质进行严格的审查、管理、监督，确保社会力量业务开展合规、专业和服务质量良好。

第二章　民政部门开展儿童关爱保护工作情况研究

李　娟*

民政部门开展儿童关爱保护工作，为推动我国儿童关爱保护体系建设提供了有力支撑，在保障基本民生、维护改革发展稳定大局中发挥着兜底性、基础性作用。本章立足民政部门的职责定位、着力重点、目标方向，遵循事物普遍性与特殊性相结合的原则，在对民政部门开展儿童关爱保护工作情况进行梳理归纳的基础上，聚焦相关重点工作，阐述民政部门在推动我国儿童关爱保护体系建设方面所发挥的作用，分析尚且存在的问题，并就民政部门积极推动我国儿童关爱保护体系建设进行展望和构想。

一、民政部门在推动构建儿童关爱保护体系方面所开展的工作

近年来，在党和政府的高度重视及社会各界的关心支持下，民政部门革弊鼎新、攻坚克难，不断加大儿童关爱保护力度，为推动我国儿童关爱保护体系建设提供了重要的制度、组织、机制、队伍和阵地支撑。民政部门适时出台加强农村留守儿童和困境儿童关爱服务、做好事实无人抚养儿童保障、加强困境儿童心理健康关爱服务等一系列政策，为推动我国儿童关爱保护体系建设提供了更加完善的制度支撑。积极顺应我国儿童关爱保护工作发展形势，民政部成立了儿童福利司，省级民政部门基本上都设立了儿童福利处，为推动我国儿童关爱保护体系建设提供了更加健全的组织支撑。针对特殊儿童群体关爱保护需求，逐步建立健全涵盖发现报告、应急处置、评估帮扶、

* 李娟，中国儿童福利和收养中心儿童保护部副主任，研究方向为儿童福利政策。

监护干预的全链条全流程关爱保护机制，为推动我国儿童关爱保护体系建设提供了更为完善的机制支撑。基本实现了乡镇（街道）、村（居）全覆盖配备儿童督导员、儿童主任，持续推进儿童福利机构优化提质和创新转型高质量发展，为推动我国儿童关爱保护体系建设提供了更为专业的队伍和阵地支撑。

基于兜底性、基础性的职责定位，以及聚焦于特殊群体的着力重点，民政部门切实做好对孤儿和事实无人抚养儿童的兜底保障，以及对监护缺失、遭受监护侵害儿童的强制性干预，切实在第二级支持性关爱保护体系和第三级干预性关爱保护体系中履职尽责。伴随我国城乡二元结构矛盾突出和基本公共服务供给差异化加剧，以及区域发展不平衡和创新发展活力不均衡等经济社会发展新挑战，现实生活中逐渐出现了留守儿童、困境儿童和流动儿童，民政部门着力加强对这些特殊儿童群体的帮扶支持，持续在第二级支持性关爱保护体系中发力。同时，顺应民政事业高质量发展形势，积极开展亲职理念倡导和履职指导，面向更大范围的儿童群体提供关爱服务，在第一级基础性关爱保护体系中发挥更加积极的作用。

（一）切实强化兜底保障

基本生活保障是保障孤儿、事实无人抚养儿童基本生活的基础性制度安排，是民政部门开展儿童关爱保护工作的底线和压舱石，在确保监护缺失儿童群体兜底保障、抵御风险等方面发挥着重要作用。国务院办公厅于 2010 年 11 月印发了《关于加强孤儿保障工作的意见》（国办发〔2010〕54 号），明确政府承担孤儿养育和权益保障的主体责任，明晰孤儿可享受基本生活、医疗、康复、教育等保障和服务，这标志着基本生活保障制度的建立。这是保障和改善民生的实际行动，有助于更好地维护孤儿的基本权益，使其生活得更加幸福、更有尊严。建立基本生活保障制度，是我国儿童关爱保护工作进入崭新历史时期的重要里程碑和分水岭。因此，有学者将 2010 年称为“中国儿童福利元年”[1]。

1. 加强孤儿基本生活保障

按照民政部、财政部《关于发放孤儿基本生活费的通知》（民发〔2010〕161 号）的要求，各地遵循既定孤儿身份界定标准，在辖区内广泛开展排查以摸清孤儿底数，结合本地区经济发展水平、孤儿基本生活需求、中央与地方财政补助标准配比等因素，合理确定最低养育标准，并按照规范流程发放资金和进行动态管理监督。依托福利彩票公益金开展助医工作，启动“孤儿医疗康复明天计划”，使用中央福利彩票公益金为残疾孤儿开展手术治疗和康复近 22.3 万人次。[2] 依托福利彩票公益金开展助学工作，实施“福彩圆梦·孤儿助学工程”项目，累计安排彩票公益金 10.92 亿元，资助考入大中专院校的孤儿 10.92 万人次。[3]

2. 逐步扩大基本生活保障对象范围

根据民政部、财政部于 2012 年 10 月联合印发的《关于发放艾滋病病毒感染儿童基本生活费的通知》（民发〔2012〕179 号）的精神，各地将艾滋病病毒感染儿童这一特殊群体纳入基本生活保障范围，使其切实享受到党和政府的特殊关爱及保护，沐浴在社会主义大家庭的温暖中。

民政部会同最高人民法院、最高人民检察院等 11 个部门，于 2019 年 6 月印发了《关于进一步加强事实无人抚养儿童保障工作的意见》（民发〔2019〕62 号），明确参照孤儿基本生活保障标准，对事实无人抚养儿童予以保障。针对工作实践中存在的事实无人抚养儿童认定标准有待细化明晰、父母双方或者一方失联认定流程有待优化规范等问题，民政部牵头，会同公安部、财政部于 2020 年 12 月印发了《关于进一步做好事实无人抚养儿童保障有关工

---

〔1〕 参见刘向宁：《我国青少年家庭保护制度的逻辑演进——以近 30 年来的主要立法和政策为中心》，载中国青年研究网 https：//mp. weixin. qq. com/s？ _ _ biz = MzAxNzE4NDU2NA = = &mid = 2734255446&idx = 1&sn = 68806ebd5ef687182e68c312f35ad7fb&chksm = bce4af0d8b93261bb85901b2fbb9bba3fcfe5236a0d87a9cf336f15f6835401a167cec232aff&scene = 27，2023 年 11 月 01 日。

〔2〕 参见王洪禹：《“明天计划”资助 22.3 万名残疾孤儿治疗康复》，载央视新闻网 https：//baijiahao. baidu. com/s？ id = 1698009010806600108&wfr = spider&for = pc，2023 年 09 月 01 日。

〔3〕 参见《民政工作这十年·儿童福利篇》，载中国民政政务微信公众号 https：//mp. weixin. qq. com/s？ _ _ biz = MjM5MzM5NzgwNg = = &mid = 2653100201&idx = 1&sn = 41b770a106763feed8170a8bc8de9f01&chksm = bd4015e88a379cfe37189a07f3d728463c87a00f676b8b144aad31a9ca577fabb1aec543aaf6&scene = 27，2023 年 10 月 11 日。

作的通知》（民发〔2020〕125 号），对事实无人抚养儿童保障对象范围进一步予以明确，对认定流程进行了细化和明晰，着力突出了基本生活、医疗、康复、教育、监护监督等工作重点，更加符合基层工作实际，更好回应事实无人抚养儿童的迫切需求。

3. 不断完善基本生活保障机制

经民政部积极协调争取，国家发展改革委、民政部等 6 个部门于 2021 年 11 月联合发文，[1] 在国家层面首次将孤儿、事实无人抚养儿童正式纳入价格补贴联动机制保障范围。明确当满足相关启动条件[2]中的任一条件，即启动价格补贴联动机制，发放价格临时补贴；当月所有启动条件均不满足时，中止价格补贴联动机制，停止发放价格临时补贴；价格临时补贴实行“按月测算、按月发放”，在相关价格指数发布当月足额发放到孤儿、事实无人抚养儿童等困难群众手中。[3] 在减小物价上涨对孤儿、事实无人抚养儿童等困难群众基本生活的影响方面发挥了积极作用，有助于实现孤儿、事实无人抚养儿童等困难群众基本生活保障水平与经济社会发展水平“同频共振”，不断增强孤儿、事实无人抚养儿童等困难群众的获得感、幸福感、安全感。这标志着我国儿童基本生活保障更加制度化、常态化、可持续化，民生保障底线进一步兜住兜准兜牢。

4. 提升基本生活保障便捷化水平

为了提升孤儿、事实无人抚养儿童基本生活保障的便捷性、可及性，民政部门积极推动开展认定申请受理“跨省通办”工作。民政部办公厅发

---

〔1〕 国家发展改革委、民政部、财政部、人力资源社会保障部、退役军人事务部、国家统计局：《关于进一步健全社会救助和保障标准与物价上涨挂钩联动机制的通知》（发改价格〔2021〕1553 号），2021 年 11 月印发。

〔2〕 启动条件。满足以下任一条件即启动价格补贴联动机制：1. 居民消费价格指数（CPI）单月同比涨幅达到 3.5%。采用城镇低收入居民基本生活费用价格指数（SCPI）的地方可继续沿用，并参考 CPI 同比涨幅 3.5% 合理设定临界值。2. CPI 中的食品价格单月同比涨幅达到 6%。各地可结合实际降低启动条件，原则上不得提高启动条件。

〔3〕 参见《国家发展改革委等部门关于进一步健全社会救助和保障标准与物价上涨挂钩联动机制的通知》（发改价格〔2021〕1553 号），载中央人民政府门户网站 https：//www. gov. cn/zhengce/zhengceku/2021 - 11/17/content_ 5651357. htm，2023 年 11 月 01 日。

文，[1] 要求各地民政部门按时开通孤儿、事实无人抚养儿童认定申请受理“跨省通办”。各地按照异地代收代办方式，统一使用全国儿童福利信息系统受理认定申请，并推动建立健全数据比对和共享机制，为开展认定工作提供信息化支持，切实让数据多跑路、让群众少跑腿，让孤儿、事实无人抚养儿童更加快捷地享受到保障，也更好地满足了儿童监护人异地办事的迫切需求，切实为特殊儿童群体及其家庭办实事、做好事、解难事。[2]

截至2023年底，全国共有孤儿14.4万人，其中社会散居孤儿10.2万人，全国各类民政服务机构集中养育孤儿共计4.2万人，全国共有儿童福利和救助保护服务机构990个，共设床位9.9万张，[3] 面向特殊儿童群体依法履行监护职责。截至2024年第三季度，全国集中养育孤儿、社会散居孤儿和事实无人抚养儿童基本生活平均保障标准分别是1953元/（人·月）、1496.6元/（人·月）、1484.1元/（人·月），[4] 切实兜住兜准兜牢特殊儿童群体民生底线。

（二）不断加大关爱支持力度

当前，中国特色社会主义进入了新时代，我国已经全面建成了小康社会，人民对美好生活的向往有了更高要求、更多期盼。特殊儿童群体对获得感、幸福感、安全感的需要，也已经从传统意义上的保生存，上升到有质量有尊严的生活，呈现出多样化、多层次的特点，客观上使得儿童关爱保护趋向多元化、精准化，分层次、分类别。

1. 持续完善关爱支持政策

根据民政部关于贯彻落实《国务院关于加强农村留守儿童关爱保护工作

---

〔1〕 参见民政部办公厅：《关于开展孤儿、事实无人抚养儿童认定申请受理“跨省通办”工作的通知》，2021年6月印发。

〔2〕 参见《民政工作这十年·儿童福利篇》，载中国民政政务微信公众号 https://mp.weixin.qq.com/s?__biz=MjM5MzM5NzgwNg==&mid=2653100201&idx=1&sn=41b770a106763feed8170a8bc8de9f01&chksm=bd4015e88a379cfe37189a07f3d728463c87a00f676b8b144aad31a9ca577fabb1aec543aaf6&scene=27，2023年10月11日。

〔3〕 参见《2023年民政事业发展统计公报》，载民政部网站 https://www.mca.gov.cn/n156/n2679/c1662004999980001204/attr/355717.pdf，2024年9月3日。

〔4〕 参见《民政部举行第三季度例行新闻发布会重点解读〈加强流动儿童关爱保护行动方案〉》，载民政部网站 https://www.mca.gov.cn/n152/n166/c1662004999980001268/content.html，2024年9月6日。

的意见》[1]的文件精神，各地认真对农村留守儿童情况进行摸排和了解，将民政摸排数据、教育学籍数据、公安户籍数据进行综合比对、细致核实，摸清农村留守儿童底数。着力强化保障支持，对于处于生活困境中的农村留守儿童，进一步加大入户走访力度，及时发现、报告。对于符合有关政策规定条件的农村留守儿童及其家庭，及时将其纳入社会救助、社会福利范畴予以分类保障，并积极链接公益慈善资源开展关爱支持，对农村留守儿童及其家庭予以帮扶。

民政部会同教育部、公安部等 9 个部门发文，[2] 要求各地进一步提升关爱服务能力。各地面向散居孤儿、农村留守儿童、残疾儿童、困境儿童及其家庭，积极开展定期探访、宣传培训、临时照料、康复指导、特殊教育、精神慰藉等关爱支持工作，更好满足相关特殊儿童群体关爱服务需求。充分依托民政两类机构专业服务优势，积极拓展社会化服务功能，积极面向社会上有需求的儿童，提供医疗、康复、特教等方面的服务。

按照民政部、财政部、中国残疾人联合会有关完善困难残疾人生活补贴和重度残疾人护理补贴制度、[3] 加强残疾人两项补贴精准管理[4]要求，各地合理确定补贴对象覆盖范围，持续加大政策宣讲力度，以确保符合条件的残疾儿童应享尽享两项补贴；持续细化完善补贴政策衔接规定，推动两项补贴与社会福利、社会救助、社会保险等政策紧密衔接；建立健全补贴标准动态调整机制，使补贴标准与当地经济社会发展水平、财政承受能力相适应；强化数据比对与动态复核，推动补贴档案规范化管理，确保补贴资金及时足额发放到位，更好满足残疾儿童生活保障需求和长期照护需求，体现党和政府对残疾儿童的特殊关心关爱。

由于社会竞争激烈、家庭环境不够稳定、缺乏关爱和支持等原因，儿童

---

〔1〕 民政部：《关于贯彻落实〈国务院关于加强农村留守儿童关爱保护工作的意见〉的通知》（民函〔2016〕119 号），2016 年 4 月印发。

〔2〕 民政部、教育部、公安部、司法部、财政部、人力资源社会保障部、国务院妇儿工委办公室、共青团中央、全国妇联、中国残联：《关于进一步健全农村留守儿童和困境儿童关爱服务体系的意见》（民发〔2019〕34 号），2019 年 4 月印发。

〔3〕 民政部、财政部、中国残疾人联合会：《关于进一步完善困难残疾人生活补贴和重度残疾人护理补贴制度的意见》（民发〔2021〕70 号），2021 年 8 月印发。

〔4〕 民政部、财政部、中国残疾人联合会：《关于加强残疾人两项补贴精准管理的意见》（民发〔2022〕79 号），2022 年 10 月印发。

心理问题日益凸显，越来越受到社会广泛关注。相关研究显示，我国小学、初中和高中学生抑郁障碍检出率分别为13.5%、12.3%和10.8%。[1] 另有调查研究显示，困境家庭儿童的孤独感检出率是普通家庭的3倍多。[2] 针对困境儿童心理问题，民政部会同教育部、国家卫生健康委等部门联合发文，[3] 对强化困境儿童心理健康关爱服务作出统筹部署。各地针对现实生活中困境儿童心理压力增大、心理关爱支持需求迫切等实际情况，着力加大心理健康关爱服务力度。民政部门积极与教育部门对接，针对学龄阶段的困境儿童，强化其在校期间的心理健康教育，对其开展动态心理健康监测。民政部门积极协调卫生健康部门，当发现困境儿童心理存在严重问题时，及时畅通转介诊疗通道，并强化跟进服务帮扶，帮助困境儿童解决心理健康问题。

随着我国经济社会发展不断加快、劳动力流动日趋活跃、流动儿童总体规模持续扩大，流动儿童关爱保护议题日益被提上重要日程。自2023年起，民政部着力对流动儿童的状况和需求进行调研，分别赴流动儿童数量较多的浙江省等14个省份、常山县、海盐县等30余个县（区、市），从流动儿童基本生活保障、教育保障、医疗保障、资源配置、安全健康、社会支持、综合保障共计7个方面进行调研，统筹谋划建立健全流动儿童摸排监测和动态分析机制，[4] 并联合相关部门出台加强流动儿童关爱保护工作的政策，[5] 从开展监测摸排、完善制度措施和加强关爱服务等方面进行部署和安排。

2. 加强关爱支持队伍和阵地建设

儿童主任是村（居）层面具体承担儿童关爱保护工作的人员，是党和政

---

〔1〕 参见《“一晟心理”青少年心理工作站授牌！家校社医联动，守护青少年身心发展》，载网易网 https：//www.163.com/dy/article/J4G2TMDP053469LG.html，2024年9月30日。

〔2〕 参见杜本峰、王翾、耿蕊：《困境家庭环境与儿童健康状况的影响因素》，载《人口研究》2020年第1期，第77页。

〔3〕 参见民政部、教育部、国家卫生健康委、共青团中央、全国妇联：《关于加强困境儿童心理健康关爱服务工作的指导意见》（民发〔2023〕61号），2023年10月印发。

〔4〕 参见卢芳：《让祖国的花朵沐浴更多阳光雨露——二〇二三年儿童福利和权益保障工作综述》，载民政部网站 https：//www.mca.gov.cn/n2623/n2684/n2703/c1662004999979997095/content.html，2023年11月07日。

〔5〕 参见民政部等：《关于印发〈加强流动儿童关爱保护行动方案〉的通知》（民发〔2024〕35号），载中央人民政府网 https：//www.gov.cn/zhengce/zhengceku/202409/content_6972120.htm，2024年9月30日。

府政策的传递者、儿童的守护者。2010 年至 2015 年，民政部就基层儿童福利服务体系建设开展了试点工作，初步探索构建了以“村儿童福利主任队伍”为主要工作力量的基层儿童福利服务体系，为全国建立基层儿童福利服务体系探索了经验。[1] 在基层实践基础上，国务院于 2016 年 6 月出台了《关于加强困境儿童保障工作的意见》（国发〔2016〕36 号），提出设立“儿童福利督导员或儿童权利监察员”。[2] 经过多年发展，儿童主任队伍建设逐步在全国范围内展开，积极助力构建儿童关爱保护网络。儿童主任队伍基于中国特殊国情而产生，立足于中国的乡土文化，是具有中国特色的制度设计，有效破解了关爱服务“最后一公里”递送难题。对于我国设立儿童主任、为儿童提供关爱服务的做法，联合国儿童基金会将其评为全球“创新促公平年”的一个创新，并向其他国家推广，成为各方联合推动儿童保护政策创新的典型范例。[3]

（1）设置专人专岗负责儿童关爱保护工作。各地普遍本着专人专办和选优配强的原则，挑选有能力、有爱心、有责任心的人员，在乡镇（街道）一级设立儿童督导员，在村（居）一级设立儿童主任，开展儿童关爱保护工作。已建立的由儿童督导员、儿童主任组成的基层工作队伍，成为关爱保护留守儿童的重要基层力量。截至 2023 年底，全国共有儿童督导员 4.3 万人、儿童主任 58.2 万人，[4] 基本实现了村（居）全覆盖。

（2）夯实儿童主任关爱保护工作职责。儿童主任定期开展摸底排查，及时掌握留守儿童和困境儿童生活、学习和受监护等第一手基础信息。建立一人一档信息档案，及时向乡镇人民政府（街道办事处）报送信息，并适时做好信息更新工作；儿童主任通过日常随访和定期探访等方式，及时了解掌握儿童委托照护情况。对于被委托人履行照护职责不力、不当或缺失的，及时

---

〔1〕 参见《民政部召开“百县千村”基层儿童福利服务体系建设试点工作启动视频会》，载民政部网站 https://www.gov.cn/xinwen/2015-10/17/content_2948544.htm。

〔2〕 参见《国务院关于加强困境儿童保障工作的意见》（国发〔2016〕36 号），载北京市人民政府门户网站 https://www.beijing.gov.cn/zhengce/zhengcefagui/201905/t20190522_59541.html，2023 年 12 月 11 日。

〔3〕 参见皮磊：《儿童主任让政策变得更有温度》，载百度百家号网 https://baijiahao.baidu.com/s?id=1768200928138342132&wfr=spider&for=pc，2023 年 07 月 02 日。

〔4〕 参见《2023 年民政事业发展统计公报》，载民政部网站 https://www.mca.gov.cn/n156/n2679/c1662004999980001204/attr/355717.pdf，2024 年 9 月 3 日。

向政府有关部门报告，并告知儿童父母或者其他监护人，督促照护职责履行到位；儿童主任积极协助政府有关部门宣讲《未成年人保护法》等法律法规，增强村（居）民尊法、学法、守法和用法意识，切实保护儿童的合法权益。

各地遵循因地制宜原则，结合自身工作实际，积极开展丰富多彩、特色突出、卓有成效的探索和实践，为儿童提供更加专业、更为精细的关爱服务。比如，山东省济宁市泗水县积极探索尝试，推动儿童主任如实“报”、帮着“办”、经常“访”、随时“讲”，形成了具有地方特色的“泗水经验”，着力强化关爱服务递送；广东省在村（居）全覆盖配备儿童主任，织密织牢“市、区、镇（街）、村（居）”四级联动服务网络，切实构筑横向到边、纵向到底的儿童关爱保护网络；湖北省荆州市为儿童主任开展集中培训、个案督导和一对一辅导，推动提升儿童主任队伍专业素质，助推关爱保护“最后一公里”递送顺畅；江苏省兴化市针对当地留守儿童数量较多的实际情况，建立“兴化未保”微信公众号，并充分依托儿童主任队伍，重点宣讲留守儿童关爱保护法律法规政策，倡导家庭监护履职到位，引导全社会形成良好关爱保护氛围，前置关爱关口，强化源头保护；厦门市积极推进家庭教育指导服务，构建“1（家庭教育指导中心）+3（特色服务驿站）+N（家校社协同育人实践点）”家庭教育指导服务体系，广泛发动儿童主任参与宣讲家庭教育法律法规政策、科学理念和知识方法，提供高质高效的家庭教育指导服务。

儿童福利机构和未成年人救助保护机构，是民政部门推进儿童关爱服务工作、保护儿童合法权益的重要阵地。近年来，随着民政部门开展儿童关爱保护工作向纵深推进，上述两类机构的关爱保护功能逐步强化，关爱保护质效不断提升。鉴于本课题研究中，设有民政两类机构发挥儿童关爱保护作用具体情况研究专章，就两类机构的工作开展情况和作用发挥等内容予以专门阐述和论证，故本章不再就此进行赘述。

3. 培育孵化关爱支持专业力量

民政部门积极鼓励支持、培育孵化、扶持引导社会组织参与儿童关爱保护工作。多地出台了基层政府购买儿童关爱保护服务具体政策，持续加大对社会组织的扶持力度，进一步简化审批程序，实施优惠政策，予以税收减免，开展奖励表彰等措施，充分调动了社会组织参与儿童关爱保护工作的积极性。依托政府购买服务信息化供需对接数字平台，统筹使用福彩公益金、社会建设专项转移支付资金、公益事业补助资金等经费，以定向委托、购买服务、服务外包、项目合作、公益创投等方式，加大对参与儿童关爱保护工作的社会组织的资金和项目支持力度。在推进服务平台建设方面，各地普遍积极协调财政资金推进社会组织孵化基地建设和运营，依托公共服务设施同步建设社会组织服务中心，为参与儿童关爱保护工作的社会组织提供场地、培训、信息、策划等服务和支持。在链接儿童关爱保护社会资源方面，一些地方还探索设立儿童关爱保护基金会，发动引导律师事务所等法律服务机构参与儿童遭受侵害案例的调查评估、提起诉讼等工作，在激发多元主体参与儿童关爱保护、有效整合关爱保护资源、培育扶持社会组织等方面发挥了积极作用。

在民政部门的大力支持、培育、孵化下，儿童类社会组织已成为儿童关爱保护的一支生力军，擅长于针对不同儿童群体的身心发育特点和成长发展需求，有针对性地提供基础性、支持性和干预性服务。截至 2024 年第二季度，全国社会组织数量达 88.07 万家，含社会团体 37.7 万家、民办非企业单位 49.4 万家、基金会 9708 家。[1] 其中，有很多社会组织积极响应党和国家号召，充分依托自身专业优势，积极参与儿童关爱保护工作。服务范围涵盖家庭监护指导、亲子关系改善辅导、学业辅导、课外兴趣培养、网瘾戒除、医疗康复、心理关爱、维权服务和司法矫治服务等多个方面。有的社会组织在强化儿童思想道德建设、突出儿童自我保护教育实效、提升儿童关爱保护工作专业化水平等方面，开展了一系列卓有成效的工作。有的社会组织持续建立健全儿童关爱保护受理、服务提供、危机介入和服务转介等流程和机制，在遭受侵害儿童关爱保护方面充分发挥专业优势。

4. 链接整合关爱支持资源

民政部门着力推进慈善志愿服务常态化，积极助力儿童关爱保护工作。疫情防控期间，民政部门积极开展宣传教育、组织动员、示范引导、权益维护等工作，将党和政府的关爱温暖传递给儿童。根据儿童身心发育特点，提供热线咨询、在线辅导、心理帮扶等服务，有效汇聚社会关爱，切实服务广大儿童。充分发动人民群众，大力弘扬“奉献、友爱、互助、进步”的志愿

---

〔1〕 参见《2024 年 2 季度民政统计数据》，载民政部网站 https://www.mca.gov.cn/mzsj/tjsj/2024/2024dejdtjsj.html，2024 年 9 月 12 日。

服务精神，关注和关爱儿童，彰显新时代社会主义大家庭的温暖。通过动员志愿服务等多种方式，积极引导公益慈善机构、志愿者等社会力量参与对遭受监护侵害儿童的临时照料、情感抚慰、心理辅导，对儿童父母或者其他监护人提供教育辅导、监护指导等服务。同时，依托互联网+建设，整合志愿者招募、服务资源库、服务开展、志愿者互动、督导与评估等功能，实现“服务需求—提供服务—服务评估”的闭环，在一定范围内进行云端资源共享、经验交流和服务管理，提升志愿服务和项目资源链接的高效性、便捷性。

民政部门积极链接社会各界慈善资源，广泛汇聚公益爱心力量。推动打造具有较强社会影响力的公益慈善项目品牌，在物质和精神层面支持帮扶特殊儿童群体。这不仅是对儿童个体权利的保护，也是人道主义价值观在儿童关爱保护领域的实际体现，有助于激发广大公众的爱心和深化对社会责任的认知，进而推动实现社会公平正义。动员引导慈善力量更多参与乡村振兴、助力城乡融合和区域协调发展，强化关爱保护慈善项目资源整合链接和指导实施推进。针对农村留守儿童普遍缺乏父母亲情陪伴等问题，在民政部门的积极倡导和协调对接下，中国扶贫基金会于2015年启动了“童伴妈妈”项目，通过“一个人、一个家、一条纽带”的模式，助力织密织牢农村留守儿童关爱保护网络。8年来，该项目覆盖范围从1个省扩大到11个省，从一二百个村子扩大到1500多个村子，惠及儿童多达80万人。[1] “童伴妈妈”通过定期上门家访、组织开展活动等方式，帮助农村留守儿童与远方的父母进行亲情连线、解决生活难题，还陪孩子们过生日、做游戏、做功课，为农村留守儿童提供日常陪伴、情感慰藉等关爱服务，成为农村留守儿童的好“妈妈”，取得了良好的社会效应。

（三）依法开展强制性干预

现实生活中存在父母或其他监护人侵害儿童合法权益的情形，家庭监护失去正当性，国家依法开展强制性干预，有效保护受侵害儿童的合法权益，这是国家亲权理念在实践中的具体体现。国家亲权，即国家监护，是指国家

---

〔1〕 参见《童伴妈妈丨新闻调查〈“妈妈”不走〉》，载中国儿童福利微信公众号 https：//mp. weixin. qq. com/s/4GVnTiBN4GqLFS2QEVUg8g，2024年9月23日。

公权力对儿童父母的自然亲权进行干涉，在其不能承担作为父母的责任时担任儿童的监护人。[1] 随着儿童权利观日趋发展完善，儿童关爱保护力度不断加大，国家亲权渐渐成为自然亲权的有益补充，体现了国家作为兜底监护人对于儿童合法权益的有力有效保护。《民法典》对监护做出了总体规定，《未成年人保护法》进一步明确了民政部门对儿童进行临时监护、长期监护的情形，赋予了民政部门代表国家履行国家亲权职责的神圣使命。

1. 创新完善强制性干预机制

针对现实生活中监护缺失、监护侵害等情形，民政部门持续完善强制报告、应急处置、评估帮扶、监护干预机制，使儿童在家庭之外获得有力保护并处于有效监护范围之内。各地民政部门切实履职，结合当地儿童关爱保护工作实际，积极探索实践，不断完善工作机制，为依法开展强制性干预提供有力有效的机制保障。比如，江苏省泰州市民政局勇于创新，首创“3（三步排查）+4（四色管理）+N（N项关爱）”儿童关爱保护“泰州模式”，将儿童所处风险划分为四个等级，分别予以精准关爱保护。其中，对于处于极高监护风险（一级红色风险）的儿童，泰州市民政局着力创新完善强制性干预机制，切实维护儿童合法权益。

（1）明晰极高监护风险具体情形。

针对儿童关爱保护工作中极高监护风险界定模糊、具体情形划分不明确、不便于基层执行操作的实际问题，泰州市民政局坚持问题导向和结果导向，经对极高监护风险案例进行梳理归集，总结概括出极高监护风险所涉情形，并细化明晰为10种具体情形，[2] 为基层精准识别极高监护风险情形、分层分类采取强制性干预措施夯实了制度基础。

---

[1] 参见郭孟娇：《国家亲权视角下未成年人利益保护路径探析》，载《法学理论研究》2023年第9期，第39页。

[2] 极高监护风险具体情形：(1) 无监护人或者监护人不明确；(2) 儿童无户籍；(3) 流浪儿童；(4) 监护人或抚养人侵害儿童身心健康或侵犯儿童合法权益；(5) 监护人怠于履职或履职不当，致使儿童遭受他人侵害；(6) 监护人或抚养人为失能半失能老人、无民事行为能力人；(7) 抚养人为限制民事行为能力人；(8) 父母或者其他监护人双方均符合重残、重病、服刑在押、强制隔离戒毒、被执行其他限制人身自由措施；(9) 监护人一方死亡或失踪，另一方符合重残、重病、服刑在押、强制隔离戒毒、被执行其他限制人身自由的措施或拒不履行监护职责3个月以上；(10) 其他。

（2）明确相应强制性干预措施。

对于处于极高监护风险的儿童，泰州市民政局会同当地教育、医疗、公安、村（居）、社会组织等多方主体，研究制定了强制性干预6步法。密切接触儿童的单位及其工作人员发现儿童处于极高监护风险中后，依法进行强制报告；[1] 相关部门和单位接到报告后，及时进行情况通报；[2] 根据儿童所处风险具体情形，相关部门和单位进行分类应急处置；[3] 相关部门、单位和社会组织协同，开展专业评估及介入；[4] 针对监护风险和监护履职情况，相关部门、单位和社会组织开展监护干预；[5] 民政部门、社会组织、志愿者持续

---

〔1〕 强制报告：中小学校、幼儿园、医疗机构、村（居）委会、儿童福利机构、未成年人救助保护机构等儿童关爱保护工作相关单位及其工作人员，在工作中发现有处于一级风险（红色风险）中的儿童，第一时间（2小时内）向公安机关报案或向所在街道办事处、乡镇人民政府报告。

〔2〕 情况通报：公安机关、街道（乡镇）及接到报告的相关职能部门和单位共同参与。相关部门和单位接到报告后，将相关情况通报至民政部门及相关行政管理部门。

〔3〕 应急处置：公安机关、民政部门、街道（乡镇）、医院、村（居）委会等相关部门和单位最迟在24小时内进行应急处置。遇到侵害儿童身心健康、侵犯儿童合法权益、拒不履职、怠于履职或履职不当等情况，公安机关立即出警，按照有关规定调查取证、协助就医、鉴定伤情。情节较轻，依法不给予治安管理处罚的，对实施加害行为监护人批评教育或者出具告诫书，督促其改正。情节较重的，给予治安管理处罚。构成犯罪的，依法追究其刑事责任。对于身体受到伤害、受到人身安全威胁或者处于无人照料等危险状态的儿童，及时将其带离危险处境，提供临时生活照料。

〔4〕 评估及介入：民政部门、街道（乡镇）、村（居）委员会、社会组织对困境儿童整体情况做全面评估，根据儿童具体情况提供服务。协助办理各类政策保障服务，对符合有关基本生活、医疗、教育等保障政策的儿童，协助办理相关手续；提供临时生活照料，对需要进入临时照料场所的儿童，经医疗救治后办理离院手续，进入临时照料场所。临时照料期间，按相关规定做好生活照料、医疗救治和预防接种、教育、心理疏导、情感抚慰等工作，保护儿童人身安全。提供专业服务，对儿童予以有针对性的医疗救治、心理咨询、行为矫治、法律援助、兴趣发展、社会交往等服务，对家庭提供亲职能力提升、家庭教育咨询、监护监督、社会支持等服务，维护儿童身心健康，保护儿童合法权益。

〔5〕 监护干预：民政部门、公安机关、法院、街道（乡镇）、村（居）委会、社会组织、儿童福利机构、未成年人救助保护机构共同参与。督促儿童父母或者其他监护人依法履行监护职责，如仍有侵害儿童行为的，公安机关依法给予治安管理处罚；构成犯罪的，依法追究其刑事责任；仍然存在使儿童受到人身安全威胁或处于危险状态情形的，儿童临时照料机构根据检察机关的书面建议或自行决定向人民法院申请撤销监护人资格，也可以建议其他监护人、本市户籍的监护人所在村（居）委会等，向人民法院申请撤销监护人资格。根据人民法院的判决，另行确定儿童监护人。由民政部门担任监护人的，由其所属儿童福利机构收留抚养。

关注遭受监护侵害儿童的身心状况，及时提供跟进服务。[1]

上述典型经验做法，体现出泰州市民政局在完善强制性干预机制方面的主动作为和开拓创新，值得推广、学习、借鉴。一是统筹协调各方主体。坚持“家庭尽责、政府主导、民政牵头、部门协作、社会参与”的原则，泰州市民政局主动对接当地公安部门、教育部门、医疗部门、村（居）、社会组织、志愿者等多方主体，形成有效工作合力，整合链接有效资源，实现强制性干预一体谋划、一体部署、一体落实。二是精准划分极高监护风险具体情形。泰州市民政局立足工作职责，结合当地儿童监护实际情况，根据影响儿童发展不利因素的严重程度，予以重点关注、靶向发力，精准界定极高监护风险，细化明晰极高监护风险具体情形，便于基层精准识别风险，为开展强制性干预夯实了基础，有助于提高强制性干预的精准度和有效性。三是明晰针对性干预措施。泰州市民政局以强制报告、应急处置、评估帮扶、监护干预为大框架，下设分层分类具体措施，含情况通报、紧急带离、评估介入、临时照料、专业服务、督促履职、跟进服务和兜底监护等共计 10 项具体措施，建立健全全链条干预流程，细化明确操作执行要求，着力压实责任主体，确保强制性干预措施落地落实落细，有力有效保护监护缺失、遭受监护侵害儿童的合法权益。

2. 依法履行强制性干预职责

根据《民法典》第三十六条，[2] 以及《未成年人保护法》第十一

---

〔1〕 跟进服务：民政部门、社会组织、志愿者提供后续跟进服务，含监护指导、学业辅导、心理疏导、行为矫治、社会交往指导、兴趣发展等。

〔2〕《民法典》第三十六条　监护人有下列情形之一的，人民法院根据有关个人或者组织的申请，撤销其监护人资格，安排必要的临时监护措施，并按照最有利于被监护人的原则依法指定监护人：（一）实施严重损害被监护人身心健康的行为；（二）怠于履行监护职责，或者无法履行监护职责且拒绝将监护职责部分或者全部委托给他人，导致被监护人处于危困状态；（三）实施严重侵害被监护人合法权益的其他行为。本条规定的有关个人、组织包括：其他依法具有监护资格的人，居民委员会、村民委员会、学校、医疗机构、妇女联合会、残疾人联合会、未成年人保护组织、依法设立的老年人组织、民政部门等。前款规定的个人和民政部门以外的组织未及时向人民法院申请撤销监护人资格的，民政部门应当向人民法院申请。

条、[1] 第四十三条、[2] 第九十二条、[3] 第九十三条、[4] 第九十四条，[5] 民政部门依法履行发现报告、评估帮扶、申请撤销监护人资格和兜底监护等职责，在强制性干预方面发挥重要作用。

(1) 强化发现报告和评估帮扶。

由于家庭环境和家庭事务的私密性较强，监护缺失、监护侵害往往存在发现难的问题。民政部门依法履行监护监督职责，充分依托广大儿童主任队伍，及时发现报告监护缺失、监护侵害情况，并予以评估和帮扶，有效维护儿童合法权益。比如，下面是一个有关民政部门发现报告和评估帮扶的案例，结合此案例进行分析和阐述，有助于深化对民政部门开展强制性干预的理解和认识。

---

[1] 《未成年人保护法》第十一条 任何组织或者个人发现不利于未成年人身心健康或者侵犯未成年人合法权益的情形，都有权劝阻、制止或者向公安、民政、教育等有关部门提出检举、控告。国家机关、居民委员会、村民委员会、密切接触未成年人的单位及其工作人员，在工作中发现未成年人身心健康受到侵害、疑似受到侵害或者面临其他危险情形的，应当立即向公安、民政、教育等有关部门报告。有关部门接到涉及未成年人的检举、控告或者报告，应当依法及时受理、处置，并以适当方式将处理结果告知相关单位和人员。

[2] 《未成年人保护法》第四十三条 居民委员会、村民委员会应当设置专人专岗负责未成年人保护工作，协助政府有关部门宣传未成年人保护方面的法律法规，指导、帮助和监督未成年人的父母或者其他监护人依法履行监护职责，建立留守未成年人、困境未成年人的信息档案并给予关爱帮扶。居民委员会、村民委员会应当协助政府有关部门监督未成年人委托照护情况，发现被委托人缺乏照护能力、怠于履行照护职责等情况，应当及时向政府有关部门报告，并告知未成年人的父母或者其他监护人，帮助、督促被委托人履行照护职责。

[3] 《未成年人保护法》第九十二条 具有下列情形之一的，民政部门应当依法对未成年人进行临时监护：（一）未成年人流浪乞讨或者身份不明，暂时查找不到父母或者其他监护人；（二）监护人下落不明且无其他人可以担任监护人；（三）监护人因自身客观原因或者因发生自然灾害、事故灾难、公共卫生事件等突发事件不能履行监护职责，导致未成年人监护缺失；（四）监护人拒绝或者怠于履行监护职责，导致未成年人处于无人照料的状态；（五）监护人教唆、利用未成年人实施违法犯罪行为，未成年人需要被带离安置；（六）未成年人遭受监护人严重伤害或者面临人身安全威胁，需要被紧急安置；（七）法律规定的其他情形。

[4] 《未成年人保护法》第九十三条 对临时监护的未成年人，民政部门可以采取委托亲属抚养、家庭寄养等方式进行安置，也可以交由未成年人救助保护机构或者儿童福利机构进行收留、抚养。临时监护期间，经民政部门评估，监护人重新具备履行监护职责条件的，民政部门可以将未成年人送回监护人抚养。

[5] 《未成年人保护法》第九十四条 具有下列情形之一的，民政部门应当依法对未成年人进行长期监护：（一）查找不到未成年人的父母或者其他监护人；（二）监护人死亡或者被宣告死亡且无其他人可以担任监护人；（三）监护人丧失监护能力且无其他人可以担任监护人；（四）人民法院判决撤销监护人资格并指定由民政部门担任监护人；（五）法律规定的其他情形。

一是案例背景。

朵朵（化名），女，10 岁，某小学 5 年级学生，其父母长年在外务工，另育有一子，朵朵随爷爷奶奶一起生活。爷爷奶奶身体不好，仅能为朵朵提供饮食起居方面的照料。

二是案例处置。

儿童主任走访发现，朵朵手腕上有数道刀痕，有自残倾向，于第一时间向有关部门报告。当地民政部门开展评估，基于朵朵的父母长期在外务工与家里联系较少、朵朵的爷爷奶奶缺乏照护能力、朵朵长期缺少亲情关爱和压力无法排解等情况，认为朵朵处于极高监护风险级别。当地民政部门组建专业团队予以紧急介入，对朵朵进行生命教育，化解监护危机，及时跟进服务，重塑家庭支持系统，密切家校联动，培养自主能力，持续跟踪关注，助推朵朵身心健康成长。[1]

三是案例分析。

发现报告及时。儿童主任作为密切接触儿童及其家庭的主体之一，承担着发现报告、处置儿童安全事件的重要职责。从该案例可以看出，民政部门切实履职尽责，儿童主任通过定期和适时入户走访，及时发现家庭监护能力较为薄弱、监护存在盲区、儿童处于危险境地的问题，为第一时间防范和化解风险夯实了基础。评估帮扶有力有效。评估家庭监护能力，目的在于确保儿童的最佳利益得到有效保护，为是否开展强制性干预提供合理决策依据。对涉事儿童家庭的监护能力进行全面评估，有助于确定最适合儿童的监护干预决策，进而有针对性地采取干预措施。其中，紧急介入干预属于第三级干预性关爱保护体系范畴，而重塑家庭支持系统、密切家校联动、培养儿童自

〔1〕 一是重塑家庭支持系统。从朵朵的实际需求出发，通过联系朵朵的父母，帮助搭建亲子沟通桥梁，反馈朵朵的状态以及心理需要，引导朵朵父母反思自身的教育方式对于朵朵的情绪状态的重要影响，促进朵朵与父母之间的积极有效沟通，建立长效沟通机制。二是密切家校联动。加强与朵朵所在学校班主任的互动沟通，推动班主任充分发挥“教师妈妈”作用，对朵朵多关爱多鼓励，重塑孩子在学校的支持网络，帮助朵朵修复人际关系，强化朋辈支持网络，促进师生发挥正向功能，为其提供相应的关心和支持。三是培养儿童自主能力。在朵朵的家庭支持系统得到初步恢复后，推荐其参与志愿服务，帮助朵朵形成积极正面的认知及行为，通过志愿服务帮助朵朵提升对自我的认识，多与外界接触，修正其孤僻的性格，为朵朵未来的个人发展做好铺垫。四是持续跟踪关注。对朵朵家进行跟踪回访，关注为其构建的社会支持网络是否满足朵朵不同阶段的成长需求，并根据朵朵及其家庭情况的变化及时作出服务调整。

主能力、持续跟踪关注，则属于第二级支持性关爱保护体系范畴。将第三级干预性关爱保护体系和第二级支持性关爱保护体系有机结合，有助于帮助儿童尽快摆脱监护高风险境地，同时增强儿童自我价值感和效能感，通过“组合拳”确保强制性干预的高质和高效。

（2）申请撤销监护人资格和兜底监护。

在《民法典》就监护有关规定的基础上，修订后的《未成年人保护法》在儿童监护人资格方面，进一步进行补充完善。一方面细化撤销监护人资格适用情形和依申请撤销程序，[1] 另一方面细化监护人资格撤销后儿童的安置措施。[2] 下面这个案例体现了民政部门依法履行申请撤销监护人资格和兜底监护职责，是国家亲权理念在儿童关爱保护工作中贯彻落实的具体体现。

一是案例背景。

明明（化名），男，13 岁，系非婚生子，生父不明。在他幼年时，其母张某因犯罪被判刑入狱，张某无其他亲属可以照料明明，经当地有关部门协商，并征得张某同意，将明明交当地儿童福利机构进行临时托管。张某刑满释放后，经当地有关部门协调，明明被张某接回抚养，但明明经常挨饿、遭受张某的打骂。

二是案例处置。

申请撤销监护人资格。儿童主任家访时发现，张某不仅不照顾明明的饮食起居，还经常对明明进行辱骂和殴打，儿童主任及时向有关部门报告。经评估，当地民政部门认为张某对明明造成了侵害，依法申请撤销张某的监护人资格，并申请指定民政部门为明明的监护人。经审理，当地法院判决撤销张某的监护人资格，并征得明明的同意，指定当地民政部门为明明的监护人。进行兜底监护。审判结束后，当地民政部门依法担任明明的监护人，并将明

[1] 《未成年人保护法》第一百零八条　未成年人的父母或者其他监护人不依法履行监护职责或者严重侵犯被监护的未成年人合法权益的，人民法院可以根据有关人员或者单位的申请，依法作出人身安全保护令或者撤销监护人资格。被撤销监护人资格的父母或者其他监护人应当依法继续负担抚养费用。

[2] 《未成年人保护法》第九十四条　具有下列情形之一的，民政部门应当依法对未成年人进行长期监护：（一）查找不到未成年人的父母或者其他监护人；（二）监护人死亡或者被宣告死亡且无其他人可以担任监护人；（三）监护人丧失监护能力且无其他人可以担任监护人；（四）人民法院判决撤销监护人资格并指定由民政部门担任监护人；（五）法律规定的其他情形。

明送入儿童福利机构予以长期监护。当地儿童福利机构通过开展心理疏导、链接社工介入帮扶、协调复学等方式，帮助明明修复身心伤害，重新融入社会。

三是案例分析。

切实筑牢国家监护底线。对于实施严重损害儿童身心健康行为、怠于履行监护职责或无法履行监护职责且拒绝将监护职责部分或全部委托给他人，导致儿童处于危困状态，以及实施严重侵害儿童合法权益的其他行为，民政部门通过申请撤销监护人资格的方式，帮助儿童得到妥善的照护，并按照最有利于被监护人的原则，依法担任儿童监护人，切实维护儿童的合法权益，助力完善第三级干预性关爱保护体系。体现国家监护人文关怀。撤销监护人资格后，儿童进入儿童福利机构生活，面临一个新的环境，生活起居、心理发育、功课学业等都要相应进行调适。儿童福利机构切实承担起抚养、教育和保护儿童的任务，及时为儿童提供跟进性服务，有效抚慰儿童遭受创伤的心灵，为儿童适应新的生活积极创造良好条件，体现了民政为民、民政爱民的大爱情怀和关爱之心。

（四）强化亲职理念倡导和履职指导

“亲职”一词通常指的是父母或其他监护人在抚养、教育和保护儿童过程中所扮演的角色和承担的责任。这一概念可以追溯到 20 世纪 30 年代，由美国心理学家托马斯·高顿（Thomas Gordon）首次提出。[1] 儿童心理学研究表明，若儿童在初级社会化的过程中没有与父母形成良好的亲子关系，其成年后大多数会自我封闭程度高、缺乏自信心和安全感、情感淡漠冷酷等；反之，若儿童在与父母的适度依恋和情感交流中形成了良好的亲子关系，则有利于其形成社会安全感和人际信任感。[2] 现代社会普遍认为，家庭是儿童健

---

〔1〕 参见《亲职》，载百度网 https：//answer. baidu. com/answer/land？ params = nnlSJWn6L0tsUZZhEKccRuoKwoEhyZDHZRqY26tKt2JckC3uhauLgqDux% 2ByH5oLbErvzou7rvyim84qN% 2Fg% 2BjuIJG1phAanjUmSRZWmw7MHsV% 2ByzBniePs8FBh129wNRCurGE24iO% 2BC8b09iOx QS-dMMlqKkel1FDFVAE26%2BvL3UA%3D&from = dqa&lid = 88cad77400021c1f&word = %E4%BA%B2%E8%81%8C，2023 年 12 月 16 日。

〔2〕 参见邓纯考：《民政主导视域下的农村留守儿童关爱保护研究——基于浙江省的调研》，载《温州大学学报（社会科学版）》2019 年第 5 期，第 18 页。

康成长的最佳环境。[1] 婚姻是家庭的基石，稳定的婚姻家庭有助于父母正常履行亲职，有效关爱保护儿童，从而有利于维系社会和谐稳定。

1. 强化亲职理念宣传

理念决定了人们对事物的态度和行动的价值取向。从结构家庭治疗理论的视角来看，家庭结构对个体产生重要影响，个体的问题与家庭的组织结构有着密切的关系，个体的问题都是家庭结构缺陷所造成的，推动家庭结构发生良性改变，才能够应对或解决个体的问题。[2] 鉴于儿童与家庭浑然天成、密不可分的关系，调适、转变家庭认知理念，有助于改良、完善家庭结构，引导家庭更好发挥关爱保护作用。

民政部门以推进和谐婚姻家庭建设为依托，广泛深入开展儿童关爱保护宣传工作，倡导家庭依法履行亲职、践行关爱保护儿童理念，引导家庭增强法律意识和监护责任意识。采取内容丰富、形式多样、群众喜闻乐见的方式，积极开展社会主义核心价值观进家庭、进社区、进村庄、进校园活动，不断净化社会风气，涵养新时代民族精神，着力形成关爱保护儿童、构建和谐文明家庭的良好社会风气。

2020 年，六一国际儿童节前夕，民政部组织开展全国农村留守儿童和困境儿童关爱保护“政策宣讲进村（居）”活动，利用一年左右时间，面向农村留守儿童和困境儿童父母或者其他监护人，开展儿童关爱保护法律法规政策宣讲，引导儿童父母或者其他监护人进一步增强监护主体责任意识、依法履行监护职责和抚养义务，进一步助推家庭发挥监护基础性作用。[3] 自 2017 年以来的连续 7 年间，民政部、国务院国有资产监督管理委员会、中国海员建设工会指导，中建集团主办全国留守儿童关爱保护“百场宣讲进工地”活动，覆盖全国 31 个省（自治区、直辖市），走进 629 个在建重点项目工地，

---

[1] 参见民政部编写组：《深入学习习近平关于民政工作的重要论述》，人民出版社 2023 年版，第 101 页。

[2] 参见《结构家庭治疗》，载百度网 https://baike.baidu.com/item/%E7%BB%93%E6%9E%84%E5%AE%B6%E5%BA%AD%E6%B2%BB%E7%96%97/17013554。

[3] 参见《民政部组织开展全国农村留守儿童和困境儿童关爱保护“政策宣讲进村（居）”活动》，载民政部网站 https://www.gov.cn/xinwen/2020-05/31/content_5516319.htm?gov。

惠及百余万工友家庭，[1] 面向务工人员宣讲儿童关爱保护政策，强化务工人员家庭监护主体责任意识，维护留守儿童合法权益，并辐射带动全社会进一步形成关爱保护儿童的良好氛围。

多地结合自身实际，推出全天候全地域儿童关爱保护热线电话，面向儿童及其家庭开展心理咨询、亲职指导、监护指导、公益服务，缓解儿童及其家庭因监护、学业和外在人际关系等原因而产生的焦虑、紧张、孤独、恐慌等心理情绪，织密筑牢“关爱保护防线”，助力全方位关爱保护一直“在线”。

2. 加强亲职履行指导

心理学家肯尼斯·费拉罗（Kenneth Ferraro）的研究显示，儿童的不幸早年经历，比如生活贫困和遭受虐待等，不仅会对儿童的健康产生直接影响，还会对其成年后的生活产生深远影响。首先，不幸早年经历会对儿童未来形成障碍，增加其成长过程中经历风险、危害或消极事件的可能性；其次，不幸早年经历会影响儿童发展路径和所能获得的教育资源，降低其未来获得较高社会经济地位的概率；最后，不幸早年经历会影响儿童青春期的行为反应和成年后的生活方式选择，增加其成年后养成吸烟、嗜酒等不良习惯的风险。[2] 由于儿童早年经历与原生家庭难以分割的关系，所以在很大程度上，做儿童工作就是在做家庭工作，儿童的需求背后反映出来的就是家庭的需求，儿童的问题背后折射出来的是家庭的问题。因此，有必要将儿童关爱保护关口向家庭前移，加强亲职履行指导，扶持强化家庭监护功能。

民政部门坚持以人民为中心的发展思想，持续做好婚姻家庭辅导服务，帮助家庭更好履行亲职，促进广大儿童在幸福和谐的家庭环境中健康成长。民政部于2020年9月会同全国妇联印发《关于加强新时代婚姻家庭辅导教育工作的指导意见》，又于2021年5月印发《“十四五”民政事业发展规划》（民发〔2021〕51号），明确要求加强婚前指导、婚前保健、婚姻家庭关系调适和离婚辅导。通过制度安排，帮助家庭减少内部矛盾和摩擦，建立稳定和谐的婚姻家庭环境，敦促父母更好地抚养、教育、保护儿童，切实发挥家庭

---

〔1〕参见《全国留守儿童关爱保护“百场宣讲进工地”活动走进江苏南京》，载百度网 https：//baijiahao. baidu. com/s？id = 1809677345754847397&wfr = spider&for = pc。

〔2〕参见石智雷、吴志明：《早年不幸对健康不平等的长远影响——生命历程与双重累积劣势》，载网易网 https：//www. 163. com/dy/article/DJQ747PL0516CCR1. html，2023年11月1日。

监护的基础性作用，促进社会和谐稳定。

各地坚持与时俱进、因地制宜，探索将婚姻家庭辅导服务拓展延伸，在更大程度上、更广范围内满足人民群众各阶段婚姻家庭辅导服务需求。截至2023年底，全国县级以上婚姻登记机关婚姻家庭辅导室覆盖率超过90%。[1]浙江、广东、内蒙古、辽宁、重庆、陕西等地还探索将婚姻家庭辅导服务向线上或基层乡镇（街道）、村（居）延伸，扩大了覆盖面，充分发挥了婚姻家庭辅导服务的作用。据统计，2023年各地已提供各类婚姻家庭辅导服务300多万人次。[2]一站式、多元化的婚姻家庭服务机制正在加快建立，情感辅导、心理疏导、婚姻危机调处、亲职履行等有针对性的服务逐渐深入人心。持续深入强化家庭亲职宣传和指导，助力建设更加和谐稳定的婚姻家庭，为儿童营造更为温馨有爱的家庭环境，促使儿童充分享受父母亲情关爱。推动有力有效保护儿童的合法权益，更好促进儿童健康成长和良好发展，切实惠及广大少年儿童，共同促进儿童身心健康发展，不断促进社会和谐稳定。

3. 强化日常监护监督

根据《未成年人保护法》第四十三条[3]规定，民政部门切实履行日常监护监督职责。儿童主任定期开展走访，宣讲监护法律法规政策，引导父母或者其他监护人提升懂法尊法守法意识，增强家庭作为儿童首要监护责任主体的意识。引导家庭更新优化科学育儿观念、知识、技能和方法，形成和谐的婚姻与亲子关系，为儿童获得妥善照料和亲情温暖营造良好的家庭氛围。

对于监护能力薄弱、监护状况较差、存在失学辍学风险和患有病残等重点儿童，儿童主任及时向儿童的父母或者其他监护人提供监护指导、家庭教育指导、心理关爱、返校复学等服务指导和帮助支持。对于长期不与父母共

---

〔1〕参见《新规引起广泛关注 民政部回应婚姻登记条例改革热点》，载百度网 https://baijiahao.baidu.com/s?id=1807692173247186203&wfr=spider&for=pc，2024年9月30日。

〔2〕参见曹雪娇：《民政部：治理高额彩礼等婚俗陋习，多地公布彩礼、随礼等倡导性标准》，载百度网 https://baijiahao.baidu.com/s?id=1784961204430338382&wfr=spider&for=pc。

〔3〕《未成年人保护法》第四十三条 居民委员会、村民委员会应当设置专人专岗负责未成年人保护工作，协助政府有关部门宣传未成年人保护方面的法律法规，指导、帮助和监督未成年人的父母或者其他监护人依法履行监护职责，建立留守未成年人、困境未成年人的信息档案并给予关爱帮扶。居民委员会、村民委员会应当协助政府有关部门监督未成年人委托照护情况，发现被委托人缺乏照护能力、怠于履行照护职责等情况，应当及时向政府有关部门报告，并告知未成年人的父母或者其他监护人，帮助、督促被委托人履行照护职责。

同生活的留守儿童，儿童主任督促儿童父母或者其他监护人做好委托照护，将留守儿童置于有效监护范围内。及时更新儿童基础信息，一人一档案，进行动态监督和及时跟进指导服务。

二、民政部门在推动我国儿童关爱保护体系建设方面存在的问题

在党中央、国务院的高度重视下，儿童关爱保护工作取得了长足的发展，儿童群体的获得感、幸福感、安全感不断增强。但也要看到，民政部门开展儿童关爱保护工作，在体制机制、政策制度、关爱服务、队伍建设等方面，与党中央、国务院的要求，与广大儿童群体的需求还存在一定差距。

（一）制度安排层面：政策统筹性完备性有待增强

政策制度是各种法律、法规、纲要、章程、政策、公约的总称，是人们行动的准则和依据。完善、稳定、有效的儿童关爱保护制度安排，对于维护儿童关爱保护正常工作秩序，切实维护儿童合法权益，具有十分重要的作用。

1. 政策统筹性尚不够强

随着《民法典》《未成年人保护法》等法律法规颁布施行，以及多个《儿童发展规划纲要》和相关儿童事业政策制度出台，我国儿童关爱保护制度体系不断发展完善。遵循上位法，民政部门相继配套出台了一系列儿童关爱保护政策，在结合特殊儿童群体成长发展实际的基础上，以促进特殊儿童群体身心健康成长为着眼点，以推动特殊儿童群体全面发展为侧重点，以培养和造就新世纪社会主义现代化建设人才为目标，就特殊儿童群体的养育、治疗、教育、康复等方面作出制度性安排，有效地推动了我国儿童关爱保护体系的建设和发展。

但是，目前民政部门出台的儿童关爱保护政策主要基于儿童身份类别来进行划分和创制。比如，在第二级支持性关爱保护体系中，基本生活保障政策主要面向孤儿和事实无人抚养儿童，支持性政策主要面向困境儿童、留守儿童等。在第三级干预性关爱保护体系中，强制性干预政策主要面向流浪儿童和遭受侵害儿童。上述基于儿童身份类别作出制度安排的做法，未能聚焦特殊儿童群体的多样需求，作出共性整合和精准分层分类施策，也未能就启动相应关爱保护措施进行统筹梳理和归纳总结，缺乏对于儿童需求触发条件

的精准识别和判定，使得特殊儿童群体尚不能在多层级关爱保护体系中进行充分的自如切换和及时得到针对性关爱保护。儿童关爱保护政策尚呈现出“碎片化”“分散化”“沟壑化”特征，在政策执行落实过程中仍存在头痛医头，脚痛医脚的情况，不能很好地满足儿童关爱保护需求。

2. 政策完备性尚有欠缺

政策对实践具有指引作用，完备的政策体系有助于推动实际工作稳步有序开展。目前，还有一些儿童关爱保护政策尚不健全，不能很好地为基层开展关爱保护工作提供有力有效制度遵循。比如，因上位法关于监护的规定尚不够完善明确，配套的监护干预政策存在模糊、不明晰之处，且学术界和实务界对监护干预的理解和认知还未达成共识，使得基层在处置儿童监护干预复杂个案时存在较大困难。进而因监护干预衍生户籍、医疗、教育等一系列问题，对儿童关爱保护的落地落实产生一定制约，使得第三级干预性关爱保护体系的构建和完善相对滞后。

一是缺乏对监护人监护能力评估和认定的细化规定。父母是儿童的法定监护人，如果父母死亡或者丧失监护能力，则由其他顺位的主体来担任监护人。监护能力是监护人承担监护职责的前提，法律对此却并未作出明确规定。如果父母因患有精神疾病、身体残疾等情况而无法承担监护职责，如何评估和认定其有无监护能力，尚存法律空白。另外，监护能力评估标准尚不够健全。《未成年人保护法》第九十三条[1]赋予民政部门开展评估的职责，但尚缺乏完善的监护能力评估标准体系，在自行开展或者委托第三方有资质的社会组织，对儿童的监护状况和监护人的监护能力进行评估方面，尚不能精准判定评估结果、划分风险等级、采取相应措施等。二是缺乏对监护人履行监护职责进行监督的具体规程。监护人能否切实履行监护职责，对于儿童能否健康茁壮成长具有非常大的影响。监护人不履行或者怠于履行监护职责，对儿童疏于照料和管教，又或者只照顾儿童的饮食起居而忽略对儿童的心智、教育、行为引导，这些都会影响到儿童的健康成长。而且，现实生活中还存

[1] 《未成年人保护法》第九十三条 对临时监护的未成年人，民政部门可以采取委托亲属抚养、家庭寄养等方式进行安置，也可以交由未成年人救助保护机构或者儿童福利机构进行收留、抚养。临时监护期间，经民政部门评估，监护人重新具备履行监护职责条件的，民政部门可以将未成年人送回监护人抚养。

在监护人侵害儿童合法权益的行为。但是，目前监护监督政策尚不健全，对于如何更及时地发现监护侵害行为、采取相应干预措施、敦促监护人依法履职等，尚未整合形成完善的政策制度。三是临时监护的触发条件规定尚不明晰。临时监护是在父母或其他监护人因故缺位时，国家对儿童进行特殊保护的一种临时紧急监护制度。根据《民法典》第三十六条[1]规定，当监护人出现了相关情形时，人民法院应当根据有关主体的申请，撤销当前监护人的资格，安排必要的临时监护措施。另外，根据《未成年人保护法》第九十二条规定，[2] 当出现七种情形时，民政部门应当依法对儿童进行临时监护，民政部门可以采取委托亲属抚养、家庭寄养等方式进行安置，也可以交由未成年人救助保护机构或者儿童福利机构进行收留、抚养。但是，当出现临时监护的情形时，由谁来启动这一措施，目前并没有明确规定。儿童本身在心智、身体各方面均不成熟，无法主动向法院、民政部门申请临时监护。儿童周围的主体受认知理念、法律素养等因素制约，不一定都能精准识别临时监护情形并及时申请临时监护，因此，也就难以及时启动临时监护。缺乏临时监护的启动程序，使得临时监护制度浮于表面，难以真正发挥作用。[3]

---

〔1〕《民法典》第三十六条　监护人有下列情形之一的，人民法院根据有关个人或者组织的申请，撤销其监护人资格，安排必要的临时监护措施，并按照最有利于被监护人的原则依法指定监护人：(一) 实施严重损害被监护人身心健康的行为；(二) 怠于履行监护职责，或者无法履行监护职责且拒绝将监护职责部分或者全部委托给他人，导致被监护人处于危困状态；(三) 实施严重侵害被监护人合法权益的其他行为。本条规定的有关个人、组织包括：其他依法具有监护资格的人，居民委员会、村民委员会、学校、医疗机构、妇女联合会、残疾人联合会、未成年人保护组织、依法设立的老年人组织、民政部门等。前款规定的个人和民政部门以外的组织未及时向人民法院申请撤销监护人资格的，民政部门应当向人民法院申请。

〔2〕《未成年人保护法》第九十二条　具有下列情形之一的，民政部门应当依法对未成年人进行临时监护：(一) 未成年人流浪乞讨或者身份不明，暂时查找不到父母或者其他监护人；(二) 监护人下落不明且无其他人可以担任监护人；(三) 监护人因自身客观原因或者因发生自然灾害、事故灾难、公共卫生事件等突发事件不能履行监护职责，导致未成年人监护缺失；(四) 监护人拒绝或者怠于履行监护职责，导致未成年人处于无人照料的状态；(五) 监护人教唆、利用未成年人实施违法犯罪行为，未成年人需要被带离安置；(六) 未成年人遭受监护人严重伤害或者面临人身安全威胁，需要被紧急安置；(七) 法律规定的其他情形。

〔3〕参见李保中、孙末未：《我国未成年人监护制度存在的问题及对策分析》，载《法制博览》2022年第23期，第24页。

（二）推进落实层面：关爱保护针对性精准性不强

1. 儿童需求评估精准性有待提升

从特殊儿童群体的具体成因和生活现状来看，不同特殊儿童群体的产生分别对应着特定历史条件，与不同时期的社情国情相对应，其成长状况和身心发育状况呈现出不同的特点。比如，以留守儿童群体为例来分析说明。因长期缺乏父母亲情陪伴、物质资源较为匮乏，农村留守儿童容易出现自卑、性格内向等状况。而同为留守儿童，城市留守儿童与父母之间的关系多为物质满足型、关爱匮乏型、骄纵型、放任型，城市留守儿童更多地呈现出自负、以自我为中心的性格特点，大多不善于与同伴交往、人际关系紧张、遇事易冲动等。

又如，儿童监护方面的情况也存在多样性，以江西省部分乡镇农村留守儿童家庭监护调研情况为例。参加调研的农村留守儿童中，由祖辈抚养照料的儿童比例高达83.25%，监护人的年龄大多在60岁左右。其中，92%的监护人文化水平较低，不知道如何与孩子进行良好的沟通，更没有能力来辅导孩子的学习。留守儿童由父母一方监护的约占13.56%，其中，94%的留守儿童由母亲单独进行监护。[1] 父亲长期缺位，儿童的成长更多地会被局限在家庭的规则之中，应对外部世界的能力相对欠缺，会表现出胆小、依赖母亲、不够独立的性格，社会能力发展受限。

目前，对于儿童需求的识别和评估，其精准性还有不足。从儿童身心特质来看，儿童有基本生活需求、受教育需求、医疗需求、心理关爱需求、游戏娱乐需求、个体社会性发展需求、社会支持需求等共性方面的需求。除此之外，不同性别、不同年龄、不同身心特质等不同类型儿童群体，其需求又存在个性化差异，并且随着社会经济发展而变化。由于特殊儿童群体大多缺乏亲情关注和有效陪伴，除了基本生活需求，还有健康、学业、安全、情感等方面的关爱保护需求，呈现出精神缺“爱”、心理缺“疏”、学习缺“导”、安全缺“护”、生活缺“助”等几个方面的特点。这些都需要对儿童需求进

---

〔1〕 参见柯新华、罗琼：《互联网时代农村留守儿童关爱服务模式探讨》，载《河南广播电视大学学报》2022年第3期，第33页。

行更为精准的识别、评估和认定，为更有针对性和侧重性地开展关爱帮扶工作夯实基础，以更好地回应特殊儿童群体多元诉求。

2. 关爱保护措施针对性有待加强

随着经济社会发展，除了物质层面的需求，特殊儿童群体更加需要心灵上的交融、精神上的贴近、发展上的引导，更加需要在公正自由、安全温暖、关怀和谐的环境中成长，拥有更多学习、生活等方面的自主选择权和决定权。正是由于特殊儿童群体多层次、多类型、个性化、差异化的需求，客观上使得儿童关爱保护呈现多元化、精准化、分层次、分类别的特征。因此，有必要就特殊儿童群体身心发育特点和多元需求，有针对性、侧重性地开展多元精准支持，重点针对有监护意愿却缺乏监护能力的有心无力家庭，予以多样化、多层次、多方面的物资帮扶、服务帮扶，促进儿童健康成长和全面发展，这是民政部门提供支持性帮扶服务的核心要义。但是，从现实情况来看，儿童关爱保护措施针对性、准确性不够，还不能很好地满足特殊儿童群体的需要。

从关爱保护的对象来看，民政部门长期主要面向孤残儿童、留守儿童、困境儿童等特殊儿童群体。但随着工业化、城镇化推进和相关保障制度建立完善，上述群体的规模在持续缩小，而规模更大的流动儿童群体的健康成长已被提上重要议程，儿童关爱保护工作发展尚不能完全适应儿童流动规律，关爱保护制度安排、资源配置等出现了新的城乡失衡情况。在关爱保护的理念认知上，主要聚焦于儿童，对于儿童需求深层次问题是家庭问题的认知还不深不透，对有心无力家庭的支持性帮扶服务尚有不足，对有监护能力却无监护意愿的有力无心家庭的强制性干预还比较乏力，关爱保护的关口尚有滞后，不能很好地压实家庭监护职责。在关爱保护的内容上，多以物质帮扶为主、服务帮扶为辅，以生活兜底为主、监护兜底为辅，有利于儿童身心健康的心理辅导、精神慰藉等尚有欠缺。在关爱保护的网络建设上，侧重以政府主导为主，鼓励和扶持专业社会力量参与的力度仍有不足，培育、发展、管理、监督专业社会组织方面仍较为欠缺。今后，随着经济社会发展，有针对性的儿童关爱保护需求和供给更具迫切性，也倒逼民政部门要开展更为多元化、精准化的关爱保护。因此，有必要进一步开展分层分类的关爱保护，促进儿童更好享受改革发展红利，实现身心健康成长和全面发展，更好顺应民政事业改革发展形势，积极回应社会普遍关切。

（三）人员队伍层面：儿童主任专业素质仍有不足

儿童主任具有扎根基层、密切联系广大群众的优势，逐渐成为儿童关爱保护的一支重要力量。但从中国儿童福利和收养中心设计、发出的书面调研问卷反馈情况来看，儿童主任队伍在理念思维、服务能力、相关保障等方面，仍存在一些问题，制约工作的开展。

1. 职责定位认知不够清晰

儿童主任多为身兼数职，且工作存在较大流动性，任职年限在 2 年及以下的占比为 53.1%，这就导致其缺乏对职业的身份认同，有 1.4% 的人明确表示不愿意担任儿童主任。在实地走访中发现，一些儿童主任由村（居）两委委员兼任，有些地方名义上将其称为“专职儿童主任”，是指由其专门负责儿童工作，而不是只负责儿童工作，当有更为重要和紧急的行政任务时，儿童主任这一身份就会被搁置，无暇顾及相关儿童工作。还有一些儿童主任在问卷中提到，因为是兼职，没有太多的精力投入儿童工作中，无法把儿童工作做得更细更好，不一定能及时发现存在困难的特殊儿童。

调研发现，儿童主任对基本的儿童工作理念认识不到位，如对儿童利益最大化原则非常认同的占比仅有 76.1%，12.5% 的儿童主任没有选择将儿童需求作为开展工作的出发点。此外，12.5% 的儿童主任对村（居）儿童数量不清楚，说明其对村（居）儿童整体情况缺乏了解，尚未具备全儿童的服务视角。

2. 专业服务能力尚有欠缺

有近 1/5 的儿童主任没有为农村留守儿童、困境儿童开展过相关服务。在被问及农村留守儿童、社会散居孤儿、事实无人抚养儿童、困境儿童以及低保家庭儿童数量时，至少有 9% 的儿童主任表示不清楚。对于存在心理健康和行为问题的儿童关注不到位，在村（居）发现行为不端儿童的儿童主任中，有 60.2% 不知道这些儿童的具体行为问题。部分村（居）还存在残疾儿童得不到有效康复、无法接受特殊教育的问题。

儿童主任能力培训尚未完全到位，专业能力尚有不足。16.5% 的儿童主任表示勉强胜任和不能胜任儿童主任工作，很多儿童主任表示需要接受相关政策方面的培训和指导。相关文件也规定要对儿童主任每年培训一次，但在调研中发现这一政策落实不到位，儿童主任接受岗前培训平均占比为 74.5%，最低的省份为 49.6%。对于儿童主任应知应会的强制报告等制度，仅有 24.2% 的儿童主任接受过相关培训。

3. 工作内驱力不足

儿童主任开展工作普遍缺乏资金保障，在一定程度上制约其工作内驱力的发挥。大部分村（居）年初没有制定儿童关爱保护工作计划，也未提供经费支持。在被问及挑战和困难时，很多儿童主任反映主要是资金不足、资源匮乏，近九成的儿童主任表示没有工作补贴。儿童主任常年承担繁重的关爱保护任务，却经常面临经费保障不足的问题，不利于充分调动其工作积极性和主动性，也影响整体工作队伍的稳定性，进而影响儿童关爱保护质效。

（四）行政运作层面：特殊儿童群体关爱保护联动协同力度尚有不足

横向到边、纵向到底的特殊儿童群体关爱保护网络已经构建，但内在纵横捭阖的软性支撑机制还不够完善。一方面，政府、家庭、学校、社会等多元供给端的横向联动力度尚有不足；另一方面，市、县、乡、村多级递送端的纵向衔接尚不够紧密。

1. 横向联动力度尚有不足

按照美国学者艾利森（Allison）的观点，在达到政府目标的过程中，方案确定的功能只占 10%，而其余的 90% 则取决于有效的执行。[1] 从公共产品供给服务的角度来看，在特殊儿童群体关爱保护方面，政府、家庭、学校、社会等多元主体的聚合性还不强，对于多元关爱保护机制的共生发展与协同共进的关注尚有不足。儿童关爱保护制度供给尚不完善，组织体系仍然不够严密，资源供给共享仍有不足，供给方式还是比较单一刻板，供给项目碎片化现象仍然存在，在一定程度上，供给生态仍呈现出“疏离”“割裂”的特点。

特殊儿童群体关爱保护工作涉及立法、执法、司法等多个机关、部门和群团组织，特殊儿童群体儿童关爱保护职能分散在众多主体，在一定程度上

---

〔1〕 参见严强：《公共政策学》，社会科学文献出版社 2008 年版，第 205－206 页。

还存在条块分割与零碎分散的情况，从政策回应到协同落实还存在多主体的博弈性和环境的差异性，特殊儿童群体儿童关爱保护工作的综合性、系统性、整合性还有待加强。由于涉及部门和单位的分工与职能不同，不同部门和单位的关爱保护政策目标有差异，尚缺乏较为完善的对接、整合、联动、协同机制，关爱保护工作在一定程度上还存在“分散化”特点，不利于统筹开展关爱保护工作。

2. 纵向递送衔接尚不紧密

特殊儿童群体关爱保护是一项综合性的工作，需要多方主体参与，形成上下衔接、分工负责、各有侧重的工作机制。总体来说，目前市、县、乡、村四级递送网络，彼此之间的相互衔接还不够紧密。比如，有的地方的县级民政部门，遇到儿童关爱保护特殊案例，一律上报市级民政部门，当地儿童关爱保护递送呈现出“包揽型”“推卸型”的特点。而有的地方的市级、县级民政部门，则分别聚焦于本级辖区，市级民政部门较少对县级民政部门进行业务指导，县级民政部门遇到特殊案例，基本上在县域范围内自行解决，较少向市级民政部门请示汇报，呈现出“各自为政”“不相往来”的特点。尚未形成“上下衔接、协同推进、多方协调、多链融合”的统筹思维，以运动式、单线条、间断性、间接性特征为主，体系化、统筹化、模式化的特征还不够明显。

三、民政部门推动我国儿童关爱保护体系建设对策建议

推进儿童关爱保护工作高质量发展，是全面贯彻新发展理念的必然要求，是建设中国特色社会主义的应有之义。民政部门要统筹分析研判儿童多样成长发展需求，加大精准施策力度，面向特殊儿童群体提供更高质效的关爱服务，同时切实履行法律赋予的国家监护职责，面向监护缺失、遭受侵害的儿童群体开展强制性干预，切实保护儿童合法权益，力求在第二级支持性关爱保护体系和第三级干预性关爱保护体系中发挥更加重要的作用。随着经济社会发展，民政部门要积极顺应儿童事业蓬勃发展的态势，持续强化儿童关爱保护理念倡导和推动政策宣讲，积极面向更大范围的儿童群体提供关爱服务，力争在第一级基础性关爱保护体系中发挥更多作用。通过在基础性、支持性、干预性方面，有针对性、侧重性地发挥不同作用，积极助力推动我国儿童关

爱保护体系建设。

（一）转变更新儿童关爱保护理念

1. 坚持最有利于儿童原则

修订后的《未成年人保护法》第四条[1]明确了“坚持最有利于未成年人的原则”，是联合国《儿童权利公约》“儿童最大利益”原则的中国化时代化表述，为儿童关爱保护工作提供了方向性、统领性遵循和指引。一是给予儿童特殊、优先保护。与成年人相比，儿童身心尚不成熟且脆弱，容易受到各种不良因素的负面影响和伤害，需要对其进行特殊保护。二是尊重儿童人格尊严。儿童同样是公民，有自己的人格尊严，平等享有人格权，应当对儿童予以充分尊重。三是保护儿童隐私权和个人信息。儿童因其年龄、智力发展尚未成熟，呈现出有限理性与权利救济依赖的特点，需要对其隐私权和个人信息加以特殊保护。四是适应儿童身心发展的规律和特点。不同年龄段儿童在身体、心理、学习、品德等方面既有一定的规律性，也有一定的差异性，需要了解、尊重和适应儿童身心发展规律和特点，以有效关爱保护儿童。五是充分听取儿童的意见。儿童的身体和智力虽不够成熟，但也是有自我意志的“人”，应该充分听取儿童的真实意愿，尊重其合理化意见。六是将保护与教育相结合。儿童的可塑性比较大，对儿童宜采取教育与保护相结合的原则，帮助儿童实现正常的社会化，促进其更好地成长。[2]

2. 确立以儿童需求为导向的关爱保护理念

针对儿童多样需求，将关爱保护供给的内容及方式与儿童成长发展需求及特征规律相契合，持续完善儿童关爱保护供给制度，建立健全既有单线行动、又有多边协调的工作机制。合理配置关爱保护供给内容，丰富关爱保护供给方式，推动关爱保护供给活动常态化、精细化。用“有精度的关爱保护

---

〔1〕《未成年人保护法》第四条　保护未成年人，应当坚持最有利于未成年人的原则。处理涉及未成年人事项，应当符合下列要求：（一）给予未成年人特殊、优先保护；（二）尊重未成年人人格尊严；（三）保护未成年人隐私权和个人信息；（四）适应未成年人身心健康发展的规律和特点；（五）听取未成年人的意见；（六）保护与教育相结合。

〔2〕参见宋英辉、苑宁宁：《中华人民共和国未成年人保护法释义》，中国法制出版社2021年版，第12－16页。

措施”来适配“有温度的关爱保护政策”，从单一的物质支持向物质与服务相结合的多维度支持转变，从“物质支持”向“物质支持＋服务支持”转变，从“保生存”向“促发展”转变，从简单的生存型支持向综合型支持延伸。对特殊儿童群体予以动态关注，根据他们的不同生活成长情况，如生活困难型、情感关爱缺乏型、学业困难型、健康欠缺型、安全缺乏型、行为失范型等，进行精准关爱保护。注重满足不同类型儿童的多样化需求，探索定制个性化、精准化“关爱保护套餐”，实现对特殊儿童群体关爱保护的“靶向施策”“精准发力”，提升关爱保护的精准度和有效性。

3. 转变特殊儿童群体标签化、弱势化、问题化的思维定式

因身心发育尚不成熟稳定、不能很好地辨认自己的行为，儿童属无民事行为能力人或者限制民事行为能力人，具有较强的依赖性。因而，在社会治理中，儿童较易被划入弱势群体中，并被贴上特定标签。其中，特殊儿童群体因缺乏亲情陪伴、家庭监护能力薄弱、成长发展有不足等因素，更容易被贴上性格内向、心理自卑、学习较差、行为不良等问题标签，这不仅会使周围人群与特殊儿童群体保持一定距离，还会影响特殊儿童群体自身的价值判断与发展定位，标签化、弱势化、问题化容易将特殊儿童群体所处困难普遍化、严重化。事实上，特殊儿童群体并不是弱势人群、问题人群，不应当被标签化，绝大多数特殊儿童和普通儿童是一样的，而且有些特殊儿童的生活自理能力更强、心理更加坚强、学习成绩更优秀。所以，标签化、弱势化、问题化对于特殊儿童群体的负面影响远远大于正面影响，被标签化、弱势化、问题化的儿童往往更容易受到周边社会氛围的影响，进而出现心理问题与行为失范。要积极顺应经济社会发展、儿童主体地位与独立价值凸显的趋势，把特殊儿童群体的发展视为其权利，消除特殊儿童群体的标签化、弱势化、问题化不良影响。一方面，加强理念倡导和宣传，引导社会公众去除成见，倡导关爱保护特殊儿童群体的良好舆论风尚，平等对待特殊儿童群体；另一方面，强化监护监督，引导儿童父母或者其他监护人加强与儿童的良好沟通，充分了解儿童的学习、生活、心理状况，正向引导、教育儿童，重视儿童身心全面健康发展。

4. 强化特殊儿童群体关爱保护联动协同理念

新时代，民政部门被赋予了特殊儿童群体关爱保护的政策协调者、工作

推进者、资源链接者三重角色，且三重角色随着实际工作情况而适时发生嬗变和调适，客观上倒逼民政部门在顶层设计、情况研判、规划制订、信息统合、话语引领等方面要发挥更加积极、更为重要的作用。持续完善关爱保护供给激励机制，对关爱保护供给质量及供给资源利用效率进行考核评价，对评价结果与特殊儿童群体各方面的成长进步情况及时反馈，并对原有的运行机制予以调整、创新与完善，由此进入新一轮供给循环，形成协同推进、多链循环的“生态圈”供给模式。推动实现多元机制的共生共创与协同共进，提高供给的有效性和精准性，实现儿童关爱保护供给的高质量发展。将对特殊儿童群体的关爱保护工作与乡村振兴、提升人口综合素质等战略紧密结合，将精准关爱保护与基本公共服务供给相结合，既通过儿童关爱保护工作去促进经济社会的发展，也依托经济社会的发展进一步强化对特殊儿童群体的关爱保护。

（二）提升关爱保护政策制度的统筹性完备性

1. 进一步增强政策制度的统筹性

随着儿童关爱保护工作向纵深推进，客观上促使民政部门逐步聚焦于儿童身心成长发展需求，进一步分层细化明晰儿童所面临的风险，制定完善分类关爱保护规程指南、服务清单，建立健全统筹化集约化政策制度，更好地满足儿童多元关爱保护需求。厘清和强化聚合性思维，进一步明确整合式政策创制和执行范式，分析和建构政策创制和执行模式，对政策在执行过程中的合理性、合法性、可行性予以跟进关注，提升儿童关爱保护政策的整合性统筹性。聚焦于特殊儿童群体的多样需求，进一步对儿童关爱保护政策作出共性整合和精准分层分类施策，有效提升政策的统筹性精准性，更好地满足儿童关爱保护需求。

2. 着力完善政策制度集群

随着经济社会发展、儿童关爱保护水平提升，要重点考虑如何为特殊儿童群体提供更为优质的服务和更有力度的保护。在遵循上位法的基础上，结合工作实践，着力补充、完善、细化政策制度集群，持续在涉及儿童核心利益的监护干预等政策制度完善上多下功夫。一是建立健全监护能力评估和认定制度。探索完善监护能力评估和认定模式，建立健全科学评估指标，明确评估主要内容，科学设计和优化评估认定流程，确保评估结果的可信度，并积极引导社会力量参与，优先开展第三方评估，使评估认定与服务有机融合、相互衔接。二是细化明确监护监督。在《民法典》第三十六条[1]关于多元主体广泛监督的基础上，充分依托儿童主任密切联系基层、熟悉了解儿童及其家庭情况的优势，重点推动强化儿童主任的监护监督主体作用发挥，在监督内容、监督形式、监督频次、监督要求、监督流程、经费保障等方面，从政策层面进一步予以补充、细化和完善，着力加大日常监护监督力度。三是明晰完善临时监护触发条件。通过购买服务、项目合作、激励表彰等方式，引导社会组织充分发挥第三方中立、客观、专业的优势，在儿童关爱保护领域发挥更大作用。在出现《民法典》第三十六条[2]规定的相关情形时，协调社会组织及时向法院提出撤销监护人资格和安排临时监护的申请，依托社会组织的公益、非营利、稳定、专业属性，助推监护缺失、遭受监护侵害儿童及时获得临时监护和妥善照料。个人和民政部门以外的组织未向法院提出申请的，再由民政部门向法院提出申请，确保监护无缝衔接，让儿童始终处于有效监护范畴。

---

〔1〕《民法典》第三十六条　监护人有下列情形之一的，人民法院根据有关个人或者组织的申请，撤销其监护人资格，安排必要的临时监护措施，并按照最有利于被监护人的原则依法指定监护人：（一）实施严重损害被监护人身心健康的行为；（二）怠于履行监护职责，或者无法履行监护职责且拒绝将监护职责部分或者全部委托给他人，导致被监护人处于危困状态；（三）实施严重侵害被监护人合法权益的其他行为。本条规定的有关个人、组织包括：其他依法具有监护资格的人，居民委员会、村民委员会、学校、医疗机构、妇女联合会、残疾人联合会、未成年人保护组织、依法设立的老年人组织、民政部门等。前款规定的个人和民政部门以外的组织未及时向人民法院申请撤销监护人资格的，民政部门应当向人民法院申请。

〔2〕《民法典》第三十六条　监护人有下列情形之一的，人民法院根据有关个人或者组织的申请，撤销其监护人资格，安排必要的临时监护措施，并按照最有利于被监护人的原则依法指定监护人：（一）实施严重损害被监护人身心健康的行为；（二）怠于履行监护职责，或者无法履行监护职责且拒绝将监护职责部分或者全部委托给他人，导致被监护人处于危困状态；（三）实施严重侵害被监护人合法权益的其他行为。本条规定的有关个人、组织包括：其他依法具有监护资格的人，居民委员会、村民委员会、学校、医疗机构、妇女联合会、残疾人联合会、未成年人保护组织、依法设立的老年人组织、民政部门等。前款规定的个人和民政部门以外的组织未及时向人民法院申请撤销监护人资格的，民政部门应当向人民法院申请。

（三）建立分级分层分类的民政工作开展模式

民政部门应当在长期开展儿童福利工作的基础上，聚焦主责主业，抓住各类特殊儿童群体的关键需求，在继续加强相关保障的同时，分级、分层、分类提供支持性或干预性服务。一是划分风险等级。民政部门在走访评估的基础上，综合分析研判特殊儿童群体的监护风险、心理风险、行为风险，由低到高设置不同的风险等级，作为提供支持性、干预性服务的重要参考和依据。风险等级越高，提供支持性、干预性服务的紧迫性越强，介入干预的时限越紧急。二是分层实施服务。在村级层面，儿童主任是党和政府做好儿童关爱保护“最后一公里”的重要力量，要充分调动儿童主任的积极性，重点做好对特殊儿童群体的入户排查和对低风险级别儿童的关注、支持。在乡镇层面，加强未成年人保护工作站建设，发挥儿童督导员作用，不断延伸基层儿童关爱保护“触角”，加强对村级工作的指导。在县级层面，发挥民政部门对儿童福利工作的牵头职能，常态化开展业务培训、关爱救助、资源链接等服务，充分调动强制报告机制，及时介入高风险级别儿童个案保护。三是分类精准关爱。根据特殊儿童群体不同需求，实现关爱服务个性化专业化精准化。对“有心无力”的家庭，采用给付资金补贴、链接慈善资源、进行替代性养护等方式，满足其生存生活需求；对“有力无心”或“无力无心”的家庭，采用临时救助、临时监护、申请撤销监护人资格、长期监护等干预性措施，纠正监护失职行为，帮助儿童尽快摆脱侵害、减轻创伤，尽早回归正常生活。

（四）探索推动关爱保护队伍建设职业化

1. 强化工作队伍管理

在目前基本实现了村（居）全覆盖配备儿童主任、一村（居）基本上设立一名儿童主任的基础上，根据村（居）儿童数量合理配置儿童主任，在儿童特别是特殊儿童群体数量较多的村（居），根据实际情况酌情增加儿童主任配置数量。对儿童主任实行全员建档管理，翔实记录儿童主任基本情况、培训情况、从业情况等，并纳入信息系统管理范围，动态更新信息。细化明晰儿童主任工作职责，指导儿童主任规范履行入户走访、政策宣讲、信息采集、发现报告、监护评估、精准帮扶等工作职责。通过支持儿童主任考取专业社工资格证、购买社工机构服务等方式，加大对儿童主任培训交流和传帮带的力度，切实将儿童关爱保护递送下沉到“最后一米”。

2. 加大激励保障力度

鼓励基层结合自身工作实际，探索完善儿童主任多重关爱、激励、保障机制。建立健全儿童主任津补贴机制，在设立政府购买社会服务项目时，按照一定标准，比如，江苏省部分县（区、市）按照每名儿童主任每月 200－300 元的标准，安排儿童主任通信、交通补贴等资金，定期对儿童主任进行考核并差额发放工作补贴，保障工作队伍和服务递送的持续性稳定性。对于发现报告及时、履行监护监督等职责到位的儿童主任，予以适当奖励表彰。适时开展儿童主任评选表彰活动，积极树立先进典型，进一步调动广大儿童主任的工作热情，更好服务特殊儿童群体。

（五）秉承协同化思路，加强部门间联动协同

1. 完善横向联动机制

完善特殊儿童群体关爱保护系统集成和联动协同机制，明确责任单位和成员单位的工作职责，主动协调关爱保护系统内部各要素与外部各环节之间的关系，使之分工明确、权责清晰、相互配合，提高整体关爱保护效能。建立健全行政运行机制，形成多元主体合力的关爱保护格局，搭建集约化工作平台，推动完善多部门和单位共同参与的关爱服务及权益保障体系。对特殊儿童群体关爱保护工作进行同谋划、同部署、同落实，协调多方力量对儿童关爱保护工作进行广泛监督。主动作为，积极协调公安、教育、财政、人力资源和社会保障、卫生健康、共青团、妇联、残联等多部门和单位参与，形成关爱保护合力，在各自职责范围内协同配合，共同做好关爱保护工作。

2. 强化纵向递送衔接

进一步完善“市、县、乡镇（街道）、村（居）”四级联动、覆盖城乡的儿童关爱保护网络，建立健全监测预防、发现报告、应急处置、评估帮扶、监护干预联动响应机制。构建“家庭、社会、政府”三位一体的儿童关爱保护工作格局，统筹做好特殊儿童群体关爱保护协调、落实、指导、督促等工作。健全儿童关爱保护网络，辐射服务城乡，切实发挥临时庇护、收留抚养、

关爱保护等功能。

（六）拓宽资金来源渠道，强化关爱保护资金保障

1. 增加财政投入比例

财政投入是政府从事资源配置和收入分配的根本保障，对于保障和改善民生具有十分重要的意义。近年来，随着经济社会发展，儿童福利资金投入持续增加，有力助推提升儿童关爱保护水平。比如，2021 年、2022 年、2023 年支出儿童福利资金分别为 83.6 亿元〔1〕、99.5 亿元〔2〕、111.3 亿元〔3〕。伴随儿童关爱保护方面的财政投入持续增加，孤儿、事实无人抚养儿童等特殊儿童群体生活得更加幸福、更有尊严，儿童福利机构和未成年人救助保护机构硬件设施建设更有力度，助医助学等儿童关爱保护项目更可持续，儿童关爱保护工作质效有了明显提升。

2023 年 11 月，财政部印发《中央财政县级基本财力保障机制奖补资金管理办法》（财预〔2023〕114 号），将“保基本民生”放在基层“三保”（“保基本民生”“保工资”“保运转”）首位，突出强调财政投入进一步向基本民生方面倾斜。各级民政部门要主动对接同级财政部门，强调特殊儿童群体关爱保护工作在保基本民生方面的特殊性和重要性，积极争取财政部门的优先重点支持，增加对特殊儿童群体关爱保护工作的财政投入比例。加大与财政、发展改革等部门之间的联动协同力度，建立健全与经济社会发展相适应的儿童关爱保护财政支持机制，推动财政投入比例随着经济社会发展水平而适时进行调整，进一步向特殊儿童群体关爱保护工作倾斜，充分发挥财政在保障和改善民生、回应人民群众合理诉求方面的重要作用。

2. 拓宽社会化融资渠道

积极引入社会资金参与儿童关爱保护工作，拓宽资金筹措渠道，鼓励和

---

〔1〕《2021 年民政事业发展统计公报》，载民政部网站 https://www.mca.gov.cn/images3/www2017/file/202208/2021mzsyfztjgb.pdf，2023 年 11 月 06 日。

〔2〕《2022 年民政事业发展统计公报》，载民政部网站 https://www.mca.gov.cn/n156/n2679/c1662004999979995221/attr/306352.pdf，2023 年 11 月 06 日。

〔3〕《2023 年民政事业发展统计公报》，载民政部网站 https://www.mca.gov.cn/n156/n2679/c1662004999980001204/attr/355717.pdf，2024 年 9 月 30 日。

引导企业、社会组织和爱心人士资助。对出资捐助的企业、组织或个人，可采取冠名、挂牌、树碑等方式，充分调动其积极性。适当引入市场激励机制，通过资金补贴、税收减免、贷款扶持等举措，激发社会主体对慈善事业更大的兴趣，鼓励引导多元主体参与众筹众创。

创新社会化融资模式，依托“互联网＋儿童关爱保护”资金筹措模式，打造智慧服务平台，通过“互联网＋”途径实现与儿童个体的有效链接，强化社会化融资。广泛吸引社会资金，探索成立儿童关爱保护基金，有针对性地募集社会资金，鼓励社会力量以不同形式为儿童提供更多关爱保护资金支持。

第三章 民政两类机构发挥儿童关爱保护作用具体情况研究

张 珩 李 蕾 张惠杰*

儿童福利机构、未成年人救助保护机构是民政领域推进儿童关爱服务工作、保护儿童合法权益的重要阵地，是落实民政各项儿童福利政策的有力抓手，是儿童关爱保护体系的重要组成部分，在幼有所育和弱有所扶领域发挥了不可替代的重要作用。[1] 本章立足民政两类机构的职责定位，分析当前发展状况及面临的困难和挑战，并就民政两类机构在构建儿童关爱保护三级体系中如何发挥作用提出对策建议。

一、儿童福利机构在儿童关爱保护体系中的作用

（一）儿童福利机构的发展情况

儿童福利机构是地方人民政府民政部门设立的，履行孤儿监护义务、具体承担养育职责的载体，在儿童关爱保护体系中发挥着不可或缺的作用，是保障孤儿基本权益的最后一道防线。但在很长一段时期内，由于经济社会发展条件的制约和一些体制性、制度性的阻碍，我国儿童福利机构设施设备的

---

* 张珩，中国儿童福利和收养中心政策理论研究室副主任，研究方向为未成年人保护、儿童福利；李蕾，中国儿童福利和收养中心党委办公室（纪委办公室、人事部）副主任，研究方向为儿童心理；张惠杰，中国儿童福利和收养中心党委办公室（纪委办公室、人事部）主任，研究方向为未成年人保护、儿童福利。

[1] 参见《民政部职能配置、内设机构和人员编制规定》：原“未成年人保护机构”更名为“儿童救助保护机构”，载民政部网站 https：//www. mca. gov. cn/n152/n166/c1662004999979995629/content. html，2024 年 1 月 26 日。

建设、维护投入不均衡，中西部地区普遍投入不足。整体来看，儿童福利机构床位数量较少、布局不合理、设施设备不全、功能不完善、专业性不强，极大地影响了儿童福利事业的发展和服务水平的提升。为有效解决儿童福利机构供养能力不足的问题，着力完善福利设施，民政部于 2006 年启动“儿童福利机构建设蓝天计划”，并于 2007 年纳入国家“十一五”规划。自此，国家不断加大投入力度、扩大投入规模，拉开了儿童福利机构快速发展的序幕。经过近 20 年的实践探索和丰富完善，儿童福利机构在维护孤残儿童权益、促进儿童健康成长方面发挥了重要的作用。

1. 机构建设更加完善

孤儿是社会上最弱小、最困难的群体，据不完全统计，截至“十五”末，我国共有孤儿（包括失去父母和事实上无人抚养的儿童）57.3 万人，全国各类社会福利机构集中供养的孤儿仅有 6.9 万人，仅为孤儿总数的 12%，而全国专门儿童福利机构仅有 224 家，床位 31839 张，致使集中供养的大部分孤儿不得不安置在以供养老人为主的社会福利机构中。[1]

2007 年，民政部联合国家发展改革委制定《“十一五”儿童福利机构建设规划》，资助地级以上城市新建、改建和扩建一批儿童福利机构，有效缓解了供需矛盾。为进一步优化儿童福利机构布局，完善设施功能，2013 年，民政部和国家发展改革委共同编制《儿童福利设施建设规划二期》，在 50 万人口以上和孤儿数量较多的县（市）建设一批儿童福利机构，大幅提升儿童福利基层公共服务能力。

经过“蓝天计划”一期、二期的建设，全国共有儿童福利机构 469 个，床位 9.5 万张，[2] 机构内的设施设备更加完善，功能分区更加合理，环境更加优美，极大地改善了在院儿童的生活居住环境，有效保障了孤弃儿童的生存权、发展权、受保护权和参与权。

2. 制度建设更加完备

---

[1] 参见《“十一五”儿童福利机构建设规划》，载国家发展和改革委员会网站 https://www.ndrc.gov.cn/fqqz/fzzlgh/gjjzxgh/200804/p020191104623743551097.pdf，2024 年 11 月 26 日。

[2] 参见《2017 年社会服务发展统计公报》，https://www.mca.gov.cn/mzsj/tjgb/2017/201708021607.pdf，2023 年 11 月 26 日。

门类齐全、科学规范的工作制度是儿童福利机构有序、高效运转的关键，在不断改善硬件条件的同时，国家及有关部门相继出台了一系列制度，对儿童福利机构“养、治、教、康”等各项工作进行规范，使得儿童福利机构的管理和业务均有法可依、有章可循，为儿童福利机构的蓬勃发展奠定了坚实的基础。

综合管理方面。2013 年民政部修订行业标准《儿童福利机构基本规范》，对儿童福利机构的人员、管理、环境、设施、安全等提出要求。2018 年，民政部出台《儿童福利机构管理办法》，作为首个针对儿童福利机构的部门规章，对儿童福利机构的服务对象、服务内容和程序、内部管理制度等进行了明确。

业务规范方面。自 2012 年起，民政部相继出台《儿童福利机构抚育工作指导纲要》《家庭寄养管理办法》《家庭寄养评估》《孤残儿童护理员国家职业技能标准（2019 年版)》《儿童福利机构社会工作服务规范》《儿童福利机构标准体系建设指南》《儿童福利机构日常生活照料操作规程》《儿童福利机构特殊教育服务规范》等一系列制度和标准，对机构内养育、家庭寄养、特殊教育、社会工作等进行规范。

3. 队伍建设得到加强

专业人才是儿童福利事业发展的基础，也是儿童福利机构提升服务能力的关键。孤残儿童护理员、保育员、营养师、康复师等都是专业性强、技术要求高的岗位，他们的专业性直接关系到院内孤残儿童的养育质量。

2007 年，劳动和社会保障部发布“孤残儿童护理员”国家职业标准，这是第一个专门针对儿童福利机构的职业技能标准。针对儿童福利机构一线护理人员专业素质不高的现实情况，2011 年，民政部下发《关于开展孤残儿童护理员职业技能培训和鉴定工作的意见》（民发〔2011〕30 号），提出在“十二五”期间，对儿童福利机构内所有在岗的孤残儿童护理员进行培训和鉴定，以确保实现全员持证上岗的目标。此后，大规模的孤残儿童护理员培训和职业技能鉴定在全国范围内逐步推开，不仅为福利机构一线工作人员提供了专业的学习平台，更极大地推进了儿童福利机构专业化进程。

与此同时，分步骤、分层次的儿童福利系统专项技能培训也在逐步开展，民政部从部本级福利彩票公益金中安排专项资金对医护人员、特教教师、社工、康复师、院长等工作人员进行系统培训，逐步提高整个队伍的专业化和职业化水平。

4. 保障能力得到提升

随着我国儿童福利保障水平的提升，以及孤儿相关制度安排的逐步落实，儿童福利机构的保障能力也得到了提升，服务范围逐步扩大、内容逐步丰富。

养育方面。2010 年，国家建立孤儿基本生活保障制度；2019 年，中央层面孤儿基本生活补助标准在原有基础上上涨 50%；2021 年，孤儿保障标准纳入价格临时补贴保障范围。截至 2023 年底，机构内集中养育孤儿，基本生活保障平均标准 1902.1 元/（人·月），比 2010 年的 1000 元/（人·月）上涨 90.2%。[1]

医疗康复方面。儿童福利机构通过加强康复设施建设、引进专业力量、纳入定点康复机构等方式，使康复服务能力持续得到优化提升。通过“残疾孤儿手术康复明天计划”（2019 年更名为“孤儿医疗康复明天计划”），儿童福利机构内很多重病重残儿童通过治疗康复重获新生。据统计，截至 2021 年 4 月，近 22.3 万名孤儿得到“明天计划”的手术治疗和康复训练服务，[2] 有效改善了生存质量。与此同时，儿童福利机构收留抚养的 0－6 岁视力、听力、言语、肢体、智力等残疾儿童和孤独症儿童全部被纳入康复救助范围，有效保障了残疾儿童的切身利益和健康成长。

教育方面。面对儿童福利机构内残疾儿童比例高，对特殊教育需求量大的情况，儿童福利机构积极协调各方资源，主动对接相关部门，采取举办特教学校、特教班，协调特教学校送教上门等多种方式，切实保障机构内适龄儿童都能平等接受义务教育并纳入学籍管理。对于考上大学的孤儿，通过“福彩圆梦·孤儿助学工程”提供每年 1 万元的教育补助，并与孤儿基本生活费制度形成有效衔接，保障了孤儿学生在校期间的学习和生活费用，帮助他们顺利完成学业，开启新的人生。

辐射社区方面。随着儿童福利事业的发展，儿童福利机构在儿童抚育、

---

[1] 《2023 年民政事业发展统计公报》，https：//www.mca.gov.cn/n156/n2679/c1662004999980001204/attr/355717.pdf，2024 年 10 月 18 日。

[2] 参见《“明天计划”资助 22.3 万名残疾孤儿治疗康复》，载央视新闻，2021 年 4 月 25 日，https://baijiahao.baidu.com/s? id=1698009010806600108&wfr=spider&for=pc，2023 年 11 月 26 日。

残疾儿童康复、特殊教育等方面积累了大量管理和实践经验，培养了一批技术人才，具备了相当规模的康复设施设备，拥有了一定的专业力量。[1] 在此基础上，一些儿童福利机构充分发挥专业优势“开门办院”，通过多种形式在儿童养育、医疗康复、特殊教育等方面向社会拓展服务，推动实现优质资源共享。如江苏省无锡市儿童福利院以院区为中心向周边辐射，专门策划开展“微幸福”项目，为有需要的儿童家庭提供喘息式支持性服务。河南省郑州市儿童福利院开展“蓝手杖”困境儿童帮扶项目，为社区困境儿童开展身心评估、特长培养、社区融合等活动，为家长提供康教指导、技能培训、情感支持等专业服务。

5. 优化提质取得成效

随着经济社会发展水平的提高，我国儿童福利机构保障水平不断提升，同时，儿童福利机构集中养育儿童数量持续减少，病残儿童比例不断攀升，病残种类多样，重残重病比例较高，对机构提供的康复、特教等专业服务需求迫切。2021 年，我国孤儿总数从 2012 年的 57 万人下降至 19 万人，下降了 66.7%，其中全国儿童福利机构养育儿童只有 5.9 万人，而全国市级以上儿童福利机构共有床位数 8.3 万张。[2] 一方面儿童福利机构的床位出现了闲置，另一方面部分县级儿童福利机构专业性不强，抵御风险的能力不足。为解决福利机构面临的这些问题，2021 年，民政部等 14 个部门印发《关于进一步推进儿童福利机构优化提质和创新转型高质量发展的意见》（民发〔2021〕44 号），提出“十四五”期间推进县级儿童福利机构向未成年人救助保护机构转型，其集中养育的儿童转移至地市级儿童福利机构；省级和地市级儿童福利机构着力推进“养、治、教、康 + 社会工作”一体化发展，实现孤儿养育模式的升级。截至 2022 年 3 月底，全国儿童福利机构由原来的 1217 家优化为 998 家，219 家县级儿童福利机构顺利完成转型任务，[3] 儿童福利机构的专业地位和资源优势进一步彰显。

---

〔1〕 参见邹明明：《儿童福利机构的定位与发展》，载《社会福利》2013 年第 4 期，第 8 页。

〔2〕 参见儿童福利机构优化提质和创新转型工作专题新闻发布会，载民政部网站 https://www.mca.gov.cn/xwfbh/2021/xwfbh_04/zxzb.html，2023 年 11 月 26 日。

〔3〕 参见王玉明：《让温暖关爱惠及更多孩子——党的十八大以来儿童福利和未成年人保护工作综述》，载《中国民族》2022 年第 11 期，第 15 页。

（二）儿童福利机构的职责

长期以来，儿童福利机构的主要职责是收留抚养由民政部门担任监护人的儿童。随着儿童福利保障水平的大幅提升，儿童福利机构的工作重点也由传统的保障吃饱穿暖到更加关注儿童的心理健康和社会融入能力的培养，进而努力实现机构内儿童的身心健康成长。同时，儿童福利机构的服务对象也逐步从机构内儿童延伸到社会困境儿童、农村留守儿童等特殊儿童群体，机构职责任务亦随之拓展丰富。民政部积极适应新形势新要求，出台实施了《儿童福利机构管理办法》等一系列规范性文件，对儿童福利机构的职责任务作出进一步规范。自2020年以来，《民法典》《未成年人保护法》《预防未成年人犯罪法》《家庭教育促进法》等法律陆续出台或修订，又赋予了儿童福利机构强制报告等新的法定义务。相关法律法规和政策文件规定儿童福利机构承担的职责任务主要有以下几方面。

收留抚养。儿童福利机构主要收留抚养由民政部门担任监护人的未满18周岁的儿童，并根据《儿童福利机构基本规范》等国家标准、行业标准，为机构内儿童提供日常生活照料、基本医疗、基本康复等服务，依法保障儿童受教育的权利。[1]

委托代养。儿童福利机构可以接受未成年人救助保护机构委托，收留抚养民政部门承担临时监护责任的儿童。接受委托时要与未成年人救助保护机构签订委托协议。[2]

委托照护。儿童福利机构可以接受监护人委托，对监护人因特殊困难在

---

〔1〕《儿童福利机构管理办法》第四条　儿童福利机构应当坚持儿童利益最大化，依法保障儿童的生存权、发展权、受保护权、参与权等权利，不断提高儿童生活、医疗、康复和教育水平。第九条：儿童福利机构应当收留抚养下列儿童：（一）无法查明父母或者其他监护人的儿童；（二）父母死亡或者宣告失踪且没有其他依法具有监护资格的人的儿童；（三）父母没有监护能力且没有其他依法具有监护资格的人的儿童；（四）人民法院指定由民政部门担任监护人的儿童；（五）法律规定应当由民政部门担任监护人的其他儿童。第十八条：儿童福利机构应当根据《儿童福利机构基本规范》等国家标准、行业标准，提供日常生活照料、基本医疗、基本康复等服务，依法保障儿童受教育的权利。

〔2〕《儿童福利机构管理办法》第十四条　儿童福利机构可以接受未成年人救助保护机构委托，收留抚养民政部门承担临时监护责任的儿童。儿童福利机构应当与未成年人救助保护机构签订委托协议。

一定期限内不能完全履行监护职责的儿童，代为照护。

强制报告。儿童福利机构应依法建立侵害未成年人案件强制报告制度，在工作中发现未成年人身心健康受到侵害、疑似受到侵害或者其他合法权益受到侵犯的，应当立即向公安、民政、教育等有关部门报告。〔1〕

监护干预。监护人不依法履行监护职责或严重侵犯被监护儿童合法权益的，儿童福利机构可代为向人民法院申请撤销监护人资格，确保儿童得到妥善照料安置。〔2〕

向机构外儿童延伸服务。在做好机构内孤残儿童服务的同时，发挥专业优势，为社会上的残疾儿童特别是困难家庭残疾儿童及其他有需求的儿童延伸提供医疗康复、特殊教育等服务。同时，对本机构安排的寄养家庭或者其他监护人提供有针对性的指导和服务。〔3〕

链接资源。通过社会各界爱心人士组织开展的志愿服务活动，链接社会资源有效对接儿童个性化需求。〔4〕 引导社会组织通过捐赠、设立公益慈善项目、提供志愿服务等方式，支持儿童福利机构建设、发展。〔5〕

（三）当前制约儿童福利机构在儿童关爱保护体系中发挥更大作用的挑战

结合儿童福利机构的职能定位和儿童关爱保护体系三级框架综合分析，儿童福利机构主要在儿童关爱保护体系内干预性层级中承担“兜底性、基础性”作用，对于需要救助保护或监护出现问题的儿童群体采取收留抚养、长

---

〔1〕《未成年人保护法》第十一条　国家机关、居民委员会、村民委员会、密切接触未成年人的单位及其工作人员，在工作中发现未成年人身心健康受到侵害、疑似受到侵害或者面临其他危险情形的，应当立即向公安、民政、教育等有关部门报告。

〔2〕《民法典》第三十六条　前款规定的个人和民政部门以外的组织未及时向人民法院申请撤销监护人资格的，民政部门应当向人民法院申请。

〔3〕《家庭教育促进法》第三十三条　儿童福利机构、未成年人救助保护机构应当对本机构安排的寄养家庭、接受救助保护的未成年人的父母或者其他监护人提供家庭教育指导。

〔4〕《关于进一步推进儿童福利机构优化提质和创新转型高质量发展的意见》（民发〔2021〕44号）：推动社会工作力量与志愿服务有机结合，积极稳妥引导社会工作机构或专业志愿服务组织提供服务。

〔5〕《儿童福利机构管理办法》第七条　鼓励自然人、法人或者其他组织通过捐赠、设立公益慈善项目、提供志愿服务等方式，参与儿童福利机构相关服务。

期监护等措施。同时，开创探索机构服务内容和服务范围从干预性层级，逐步向支持性层级，甚至基础性层级覆盖、拓展的工作新局面。根据《儿童福利机构管理办法》、民政部等 14 个部门《关于进一步推进儿童福利机构优化提质和创新转型高质量发展的意见》（民发〔2021〕44 号）等相关规定，儿童福利机构未来的创新转型主要集中在两个方面：一是立足核心职能，在儿童抚养、照护等方面不断朝着专业化、标准化、精细化的方向迈进，推动儿童福利机构工作高质量发展；二是随着机构内孤儿数量逐渐减少，面向社会进一步发挥自身人员、设备、场地等专业优势，将残疾儿童、事实无人抚养儿童等生活在社会家庭中的特殊儿童群体纳入服务对象范围。在实现上述目标、充分发挥作用的过程中，儿童福利机构现阶段还面临着以下几个方面的挑战。

1. 孤儿安置服务亟待进一步优化

机构内孤儿成年后将面临进一步的安置，目前主要有社会化安置和集中供养安置两种安置方式。除对长期无生活自理能力和劳动能力的成年孤儿采取集中供养安置外，孤儿成年后，根据《儿童福利机构管理办法》第三十条规定，“由民政部门担任监护人的儿童年满 18 周岁后，儿童福利机构应当报请所属民政部门提请本级人民政府解决其户籍、就学、就业、住房、社会保障等安置问题，并及时办理离院手续”。实际工作中，通常对经评估具备一定独立生活能力和劳动就业能力的成年孤儿给予社会化安置，帮助其融入社会。但是，当成年孤儿真正离院进入社会后，在他们中一些人身上暴露出社会适应能力欠缺、自立谋生能力较低、处理生活突发事件能力较弱、尚未建立社会支持网络等身心短时间内难以适应外界环境的问题。究其原因，在很大程度上是由于目前在孤儿成年社会安置环节，存在就业、住房、医疗等安置保障政策落地不顺畅、安置费用标准不统一、缺乏安置过渡期和进退机制、机构对离院的成年孤儿延伸服务欠缺、社会安置政策的弹性不足等问题。为解决上述问题，需要儿童福利机构进一步优化安置前后的相关工作流程。例如提前为每名成年孤儿制定适合其身心发展的长期培养计划，着重强化孤儿社会化、心理健康、就业技能等方面的教育和培训，同时探索建立相应的安置后回访机制，在成年孤儿离院后的一段时间内及时了解其生活工作情况和思想情感动态。对于成年后仍需接受集中供养的孤儿，由于儿童福利机构环境和条件普遍优于社会福利机构，应重点关注孤儿转入社会福利机构后，因心理落差大而引发不适的问题。

2. 机构内社工专业岗位作用发挥有限

社会工作是以利他主义为指导，以科学的知识为基础，运用科学的方法进行的助人服务活动。儿童社工能够为机构内儿童提供心理、教育等方面的支持和服务，以促进儿童的健康成长。为推动儿童福利机构从传统“养、治、教、康”服务向“养、治、教、康 + 社工服务”一体化全面发展，指导儿童福利机构不断优化提质，民政部及相关部门先后制定发布《儿童社会工作服务指南》《儿童福利机构社会工作服务规范》《儿童福利机构社会工作——服务通用要求》等重要服务规范和行业标准，为儿童福利机构引进、开展社会工作服务提供了政策指引和制度保障。但现阶段仍存在以下情况，导致社工的专业优势在机构内尚未得到充分体现。一是覆盖范围有待扩大。经调研，社工服务在儿童福利机构的推广覆盖情况并不理想，大部分儿童福利机构并未单独设立社工科室，部分儿童福利机构甚至没有设置社工岗位。二是专业水平有待提升。一些机构虽然配备了专职社工，但专业化服务水平和服务能力较为有限，主要体现为面向机构内部分儿童开展个案工作或小组活动，仅关注儿童情绪或行为问题的缓解，服务内容和过程短期化、碎片化情况较为明显。三是认可程度有待提高。社会工作服务在儿童福利机构内的专业地位和岗位价值未获得普遍认可，导致机构内社工与儿童联系不够紧密，服务空间不足，成为“养、治、教、康”的附属，甚至还存在社工与行政管理之间职能混淆的情况。四是专业机构尚需培育。个别欠发达地区没有能够承接政府购买服务的儿童服务类社会组织，一些机构面临链接不到具有专业服务技能的社工及督导人才的问题。

3. 机构转型升级推进仍不均衡

《关于进一步推进儿童福利机构优化提质和创新转型高质量发展的意见》明确规定，“省级和地市级民政部门设立的儿童福利机构，原则上应当收留抚养本辖区由民政部门长期监护的儿童。县级民政部门已设立的儿童福利机构，原则上应当转型为未成年人救助保护机构”，同时要求，“到 2025 年，全面完成儿童福利机构优化提质和创新转型工作”。总体上看，多地推进机构转型已取得实质性进展，一些省份已经完成转型任务。但也必须注意到，有的地方机构转型进度较为缓慢。根据中国儿童福利和收养中心针对相关问题设计的调研问卷统计结果来看，6% 的儿童福利机构是由省级民政部门设立，28% 是由地市级民政部门设立，63% 是由县级民政部门设立。由此可以看出，县级儿童福利机构还存在应转未转的情况，转型情况并不均衡，全部转型仍需时日。究其原因，课题组分析认为，一方面是部分县级儿童福利机构缺少前期规划，对机构转型后的发展缺乏前瞻，对转型的目标、发展路径没有系统性考虑，加之缺乏相关专业人员的引导，难以带动机构工作模式和服务理念的转变；另一方面是部分县级儿童福利机构守成心较重，在推进资源进一步优化和创新转型方面动力不足，裹足不前，影响机构创新活力的充分释放。此外，户籍学籍转移、资金保障等客观因素也对县级机构移交儿童的进度存在负面影响。

4. 社会儿童群体关爱保护服务力度尚需加大

面向社会特殊儿童群体提供关爱保护服务是儿童福利机构“开门办院”、优化资源配置的重要目的。从调查问卷统计情况看，设有经教育行政部门注册的幼儿园以及特教班或特教学校的儿童福利机构比例分别为 23. 1% 和 8% ，其中 12% 的机构对院外儿童开展托幼服务，有 12. 5% 的机构为院外儿童提供特教服务。在参与问卷调查的儿童福利机构中，获得医疗机构执业许可证的机构为 42% ，其中 22% 的机构向院外儿童提供医疗服务；被残联纳入残疾儿童康复救助定点服务的机构为 42% ，其中 26% 的机构向院外儿童提供康复服务。在实地调研中，课题组也发现一些专业能力较强的儿童福利机构，发挥着儿童福利行业技能培训基地的作用。虽然培养了大量机构工作人员和基层儿童福利工作队伍，但起到的示范引领效应和区域辐射作用依然有限。上述调研结果反映出儿童福利机构中对院外儿童开展服务的机构比例偏低、机构开放化程度不高、延伸服务范围有限、服务供给还不充分等现状，难以充分满足机构外残疾儿童、事实无人抚养儿童等特殊儿童群体及其家庭的康复、照护等需求，其专业优势和资源潜力尚未充分发挥，为上述主体提供关爱保护服务的力度尚需加大。出现这样的情况，从主观方面来看，是由于部分儿童福利机构存在求稳怕乱、怕担风险的心理，导致体制机制调整不及时、制度创新不足。从客观条件来看，区域经济发展水平、机构地理位置等因素，在一定程度上影响了儿童福利机构对外开展服务的水平和成效。例如一些新建、改建机构远离社区，交通不便，导致资源递送不及时，提供服务的便捷性不够，对社区家庭的吸引力不足。

5. 机构人才队伍建设和人员构成存在掣肘因素

对内需要照护不断增加的重病重残儿童、对外需要为社会儿童提供关爱保护服务是新时期儿童福利机构面临的新形势、新任务，也对儿童福利机构人员队伍在职业素养、专业技能和专业方法运用等方面提出了更高的要求。从机构实务工作开展状况来看，受专业化程度、人员经费、岗位编制等因素掣肘，目前机构内人才队伍的建设和人员构成还难以完全适应服务对象的需要。

首先，在儿童福利机构中，存在重病重残儿童比例和专业服务人员比例倒挂的情况。课题组在 2023 年 6、7 月间所作的调查问卷结果显示，儿童福利机构集中养育儿童的病残比例已高达 90% 以上，其中重度残疾比例达到病残儿童一半以上。与之对应的是，儿童福利机构从业人员中具有中专及以下学历人员比例为 41%，本科为 31.2%，硕士研究生及以上仅为 3.36%。从人员专业水平看，取得职业（执业）资格的工作人员占所有工作人员的比例为 77.3%，但其中仅孤残儿童护理员、护士占比一半，专业康复师、社工、医生、心理咨询师合计占比不到 30%。其次，在参与问卷调查的机构中，有 35% 的机构存在不同程度的经费缺口，主要涉及聘用人员工资，以及出差、培训、继续教育等与人才队伍建设紧密相关的方面。最后，儿童福利机构还普遍存在核定编制较少的问题。课题组通过调研了解到，编制内人员占机构全部工作人员的比例相对较低。一些儿童福利机构为顺应改革趋势，将护理员用工方式全部调整为劳务派遣，客观上对护理员等专业人才队伍的稳定性和专业服务质量存在一定程度的负面影响。

二、未成年人救助保护机构在儿童关爱保护体系中的作用

依据民政部等 10 个部门《关于进一步健全农村留守儿童和困境儿童关爱服务体系的意见》（民发〔2019〕34 号）的规定，“未成年人救助保护机构是指县级以上人民政府及其民政部门根据需要设立，对生活无着的流浪乞讨、遭受监护侵害、暂时无人监护等未成年人实施救助，承担临时监护责任，协助民政部门推进农村留守儿童和困境儿童关爱服务等工作的专门机构，包括

按照事业单位法人登记的未成年人保护中心、未成年人救助保护中心和设有未成年人救助保护科（室）的救助管理站”。随着我国儿童福利和保护工作对象的不断拓展，内涵的不断丰富和完善，未成年人救助保护机构在儿童关爱保护体系中的地位日渐突出，发挥着举足轻重的作用。

（一）未成年人救助保护机构的职责

设施载体是儿童福利工作的重要基础，“十四五”时期，国家不断加大投入力度，加快建设步伐，加强长远规划，支持未成年人救助保护机构的建设和转型。2021 年，国家发展改革委等 4 个部门联合印发《“十四五”时期社会服务设施兜底线工程实施方案》，明确“十四五”时期中央预算内投资重点支持的 3 类项目，其中第一类社会福利服务设施中就包括区域性儿童福利设施和未成年人保护设施。同年，民政部发布《“十四五”民政事业发展规划》，提出要实施未成年人保护能力建设工程，加强未成年人保护设施建设，推动县级儿童福利机构转型为未成年人救助保护机构，到 2025 年底，实现地级未成年人救助保护机构全覆盖，县级未成年人救助保护机构覆盖率总体达到 75%，依托未成年人救助保护机构搭建民政和相关部门联动响应的一体化平台，提高未成年人救助保护机构标准化、规范化水平。

在快速建设的同时，我国儿童关爱保护法律规范体系也日益完备，形成了以《宪法》有关条款为根本依据，以《未成年人保护法》为核心，以《家庭教育促进法》《预防未成年人犯罪法》等多部单行法以及《民法典》《刑法》等法律有关章节规定为支撑，以一系列行政法规、部门规章、司法解释以及地方性法规为配套的有机整体。[1] 相关法律法规对未成年人救助保护机构法定义务、职责的规定，是下一步明确定位、拓展职能和转型发展的重要依据。在此基础上，民政部也出台了一系列规范性文件，对未成年人救助保护机构的职责定位、转型升级、能力提升提出要求。现行法律法规和政策文件明确的未成年人救助保护机构的职责主要包括以下几个方面。

统筹规划。定期分析评估本地区农村留守儿童关爱保护和困境儿童保障

〔1〕 参见民政部编写组：《深入学习习近平关于民政工作的重要论述》，人民出版社 2023 年版，第 93 页。

工作情况，有针对性地制定工作计划和工作方案。组织开展农村留守儿童、困境儿童、散居孤儿等儿童保护政策宣传。

业务指导。提供农村留守儿童关爱保护和困境儿童保障工作政策支持。指导乡镇（街道）未成年人保护工作站业务建设，指导开展儿童督导员、儿童主任业务培训及儿童信息摸底排查、登记建档和动态更新等。

强制报告。在工作中发现儿童身心健康受到侵害、疑似受到侵害或者面临其他危险情形的，应当立即向公安、民政、教育等有关部门报告。[1]

关爱保护。开通未成年人保护专线，协调推进家庭监护评估、家庭教育指导、服务转介、心理健康、精神关怀等线上线下服务，针对重点个案组织开展部门会商和帮扶救助。

监护干预。对于遭受家庭暴力的儿童，未成年人救助保护机构可以代为申请人身安全保护令。[2] 当监护人实施严重侵害儿童合法权益的行为，必要时，未成年人救助保护机构应当向人民法院申请撤销监护人资格。[3]

临时监护。对生活无着的流浪乞讨、遭受监护侵害、暂时无人监护等符合民政部门临时监护情形的儿童进行收留抚养，实施救助。

协助打击犯罪。为流浪儿童、困境儿童、农村留守儿童依法申请、获得法律援助提供支持，协助司法部门打击拐卖儿童、对儿童实施家暴以及胁迫、诱骗或利用儿童乞讨等违法犯罪行为。

链接资源。支持引进和培育儿童类社会组织、招募志愿者或发动其他社会力量参与农村留守儿童关爱保护和困境儿童保障工作，并为其开展工作提供便利。

---

〔1〕《未成年人保护法》第十一条　国家机关、居民委员会、村民委员会、密切接触未成年人的单位及其工作人员，在工作中发现未成年人身心健康受到侵害、疑似受到侵害或者面临其他危险情形的，应当立即向公安、民政、教育等有关部门报告。

〔2〕《反家庭暴力法》第二十三条　当事人是无民事行为能力人、限制民事行为能力人，或者因受到强制、威吓等原因无法申请人身安全保护令的，其近亲属、公安机关、妇女联合会、居民委员会、村民委员会、救助管理机构可以代为申请。

〔3〕《民法典》第三十六条　前款规定的个人和民政部门以外的组织未及时向人民法院申请撤销监护人资格的，民政部门应当向人民法院申请。

（二）基于调研的未成年人救助保护机构现状分析

截至2023年底，我国共有未成年人救助保护机构518个，床位1.4万张。[1] 问卷调查和实地调研情况显示，各地普遍能够按照《“十四五”民政事业发展规划》和儿童福利机构优化提质、创新转型的工作要求，整合利用现有资源推动未成年人救助保护机构的设立、挂牌，已经实体化运营的未成年人救助保护机构设置了儿童床位，具有一定的收留抚养、开展基本关爱服务、组织业务培训、进行工作指导的能力。如54%的机构负责接听未保热线，进行个案转介和政策咨询；75.1%的机构组织或指导开展过儿童督导员、儿童主任业务培训；66.6%的机构为下一级未保机构或乡镇（街道）、村（居）提供过业务指导或督导。尽管如此，面对日益多样化的儿童关爱保护需求和实际工作中遇到的大量疑难复杂个案，未成年人救助保护机构在设施配备、专业水平、协调能力、规范化建设、动员社会力量等方面还是暴露出一些短板，面临着一定的挑战。

1. 整体建设还较为滞后

尽管在“十四五”期间，国家加大了对未成年人救助保护机构的建设投入和支持力度，但从调研情况看，未成年人救助保护机构的整体建设仍然较为滞后，无论是编制核定、经费保障，还是床位设置、人员数量，都与儿童福利工作高质量发展的实际需要存在较大差距，在一定程度上制约着机构整体职能的发挥。从调查问卷统计情况看，有13.6%的机构未经编制部门批准，67.1%的机构核定编制不超过3个，其中28.9%核定编制为0，工作人员不超过5人的占66.9%。仅有39.4%的机构设置了儿童床位。

在实地调研过程中课题组也发现，有相当一部分未成年人救助保护机构没有相对独立的工作场所，没有专职工作人员，没有专项预算经费，工作运转比较困难。有的未成年人救助保护机构所有的职责都由民政局内的儿童福利科室承担，暂时无法实体化运行。还有的机构工作经费主要来源于困难群众救助补助资金，但这笔资金使用范围有限，无法用于开展宣传、入户核查

---

[1] 《2023年民政事业发展统计公报》，载民政部网站 https://www.mca.gov.cn/n156/n2679/c1662004999980001204/attr/355717.pdf，2024年10月18日。

以及购买服务等工作。

2. 职责定位还不够明晰

未成年人救助保护机构还处在转型发展的探索中，无论是法律法规还是规范性文件，都没有对未成年人救助保护机构的职能定位和工作规范进行系统、明确的规定，部分法定义务和具体职责散见于《未成年人保护法》《家庭教育促进法》《反家庭暴力法》以及相关政策性文件，有交叉有重叠，在政府层面和制度层面尚未厘清未成年人救助保护机构的职能定位、责任边界以及其在整个儿童关爱保护体系中的作用。

实践中，囿于客观条件的限制和制约，相当一部分未成年人救助保护机构与儿童福利机构或救助站实行“一套人马两块牌子”的工作机制，或设立于救助站内成为其一个科室，在这种情况下，如何合理划分工作职责并进行有效衔接，进而实现资源利用的合理化和工作效益的最大化，是民政两类机构面临的共同问题，更是理顺工作机制、健全关爱保护体系的关键环节。

从调查问卷统计情况看，未成年人救助保护机构收留抚养儿童的平均时间在 3 年以上的占 23.7%，意味着有相当一部分儿童长期滞留在机构内，这与未成年人救助保护机构承担的临时监护职责并不相符，同时也造成部分儿童福利机构空余床位的闲置浪费。在座谈交流和个别访谈中，不少工作人员对未成年人救助保护机构的职能感到困惑，认为“目前未成年人救助保护机构接收儿童的程序不明确，和儿童福利机构、救助站等部门的职能划分不清晰，‘一套人马两块牌子’，责任分工不明，工作内容有交叉，实际工作存在人手协调障碍”“接收需要临时监护的困境儿童界限不清，市县两级未成年人救助保护机构的关系和职责分工不明确，没有接受过市级未成年人救助保护机构的业务指导”“跨部门儿童保护工作不通畅，有机制但是难落实”。

3. 工作人员的专业性还不能满足开展工作的需要

儿童福利是一项专业性、政策性都极强的工作，《未成年人保护法》的修订赋予了未成年人救助保护机构很多新的职能。为更好承担起统筹规划、业务指导、救助帮扶、临时监护、资源链接的工作职责，机构内的工作人员必须具备整体观念和系统思维，具备管理、社工、心理等相关的专业知识和工作技能。但在实践中，未成年人救助保护机构工作力量十分薄弱，从调查问卷统计情况看，实际工作人员不超过 5 人的占 66.9%。专业人才依然紧缺，工作人员的知识结构、专业背景还不能满足儿童关爱保护工作的现实需要。在座谈交流中，很多未成年人救助保护机构的负责人表示，机构缺乏专业人员，现有工作人员专业素质不高，业务能力较弱，还不能很好发挥个案枢纽中心和指导中心的功能。又由于工资待遇偏低，无法招到高学历人才。

4. 相关制度的落实执行情况效果不佳

入职查询、强制报告是密切接触儿童单位的法定职责，对于加强源头预防，及时发现并阻止儿童遭受侵害，第一时间实施救助帮扶具有十分重要的意义。自新修订的《未成年人保护法》实施以来，社会各界都在加强对入职查询和强制报告的宣传、培训，两项制度逐渐深入人心，成为儿童关爱保护工作的重要抓手。作为密切接触儿童的单位，未成年人救助保护机构理应建立完善的工作程序，守好保护儿童的第一道关卡。从调查问卷统计情况看，27%的机构在招聘时没有查询应聘者的违法犯罪记录，49.8%的机构没有建立履行强制报告的相关程序，两项制度的全面落实还有很长的路要走。

5. 动员社会力量参与儿童关爱保护工作力度不够

从调查问卷统计情况看，社会力量参与儿童关爱保护工作的程度仍然较低，38.2%的未成年人救助保护机构培育过儿童类社会组织，36.4%的机构购买过或通过所属民政部门购买过社会组织服务，仅30.2%的机构目前开展了与儿童救助保护相关的合作项目，社会力量在儿童关爱保护中的重要作用还没有得到有效发挥。有的地方虽然有充足的场地，具备孵化社会组织的条件，但由于位置偏远、交通不便，对社会组织缺乏吸引力。有的地方虽然通过政府采购引进了第三方组织为儿童提供专业服务，但并没有形成长效机制，影响了项目实施的效果。

（三）未成年人救助保护机构在儿童关爱保护体系中的职能定位

未成年人救助保护机构是落实《未成年人保护法》的重要基层阵地，是民政部门开展儿童关爱保护工作的有力抓手。对于未成年人救助保护机构职能定位的研究和探索，可以基于民政部门在儿童关爱保护中的法定职责展开。

《未成年人保护法》构建了“家庭、学校、社会、网络、政府、司法”六大保护体系，明确了相关主体的责任。按照《未成年人保护法》的规定，民政部门的职责被放在整个政府保护中去考量，其发挥的是兜底的作用。一方面与家庭监护相对应，代表政府履行国家监护职责，为家庭监护出现问题的儿童提供服务，并为遭遇监护缺失、监护不当、监护侵害儿童提供兜底性的临时监护和长期监护；另一方面与其他政府部门相对应，为其他部门发现、转介的受侵害儿童提供兜底保障。为履行《未成年人保护法》规定的部门职责，民政部门需要在社区层面针对家庭监护开展工作，进行预防及早期干预、发现报告及处置、替代照料及回归家庭等体制机制的建构工作，形成有效的服务体系，高效履职。无论未成年人保护工作协调机制如何调整，建立有效的未成年人保护预防体系（发现风险和早期干预）、响应体系（接报评估和处置）和回归体系（伤害康复和回归安置），依然是民政部门落实《未成年人保护法》不变的核心要务。[1]

市县两级未成年人救助保护机构定位不同、职能不同。在儿童关爱保护体系建设中，县级平台向上能够触及政策制定，向下指导乡镇（街道）、村（居），甚至直接面向有需要的儿童和家庭，横向联系相关的政府部门，既涉及政策落实和沟通协调，也有服务递送，承担了大量基础性工作，是关系到整个体系能否有效建立并合理运转的关键环节。因此，课题组在梳理市级未成年人救助保护机构定位的基础上，重点探讨县级未成年人救助保护机构在儿童关爱保护体系中的定位及工作机制。

1. 市级未成年人救助保护机构

市级未成年人救助保护机构站位高，辐射、服务范围广，应更多发挥示范、引领、指导、兜底作用，打造高水平的指导协调中心、宣教孵化中心、示范引领中心和兜底保障中心，协助市级民政部门推动全市儿童关爱保护工作提高水平。

指导协调中心。指导区（县）级儿童救护保护机构开展关爱保护工作。开通市级未保热线，按照属地原则进行工单式管理。分片区督导，全面督导检查区（县）未成年人救助保护机构、儿童督导员、儿童主任的履职情况，掌握孤儿、事实无人抚养儿童、农村留守儿童等服务对象的政策落实情况和监护情况。针对发现的问题和困难，分享经验、开展培训、帮助制定规范，

---

〔1〕参见童小军：《“牵头”职责转移对民政系统意味着什么》，载“儿童主任”微信公众号，2023年12月21日。

畅通政策落地见效的“最后一公里”。

宣教孵化中心。承担全市儿童督导员的培训和儿童服务类社会组织的专业赋能培训，指导区（县）开展儿童主任培训，培养专业化的工作队伍。积极开展儿童保护政策、知识的宣传，打造儿童关爱保护品牌，挖掘工作亮点和先进人物故事，持续传递正能量。设立儿童关爱保护社会组织孵化成长基地，提供免费场地和定向赋能孵化服务。

示范引领中心。制定儿童关爱保护服务的标准、规范，常态化推动实施示范性品牌项目，以项目为抓手，着力对检察、教育、共青团、残联、妇联等部门力量和公益慈善资源进行整合引领，推动儿童关爱保护领域资源、资金和项目向重点区域、重点领域聚焦。

兜底保障中心。建立困境儿童分级分类管理体系，直接承担高危困境儿童个案管理服务。承担跨地市、跨区域儿童临时监护职责，针对区（县）民政部门临时监护能力不足的问题，在监护责任主体不变的前提下，协助对儿童开展日常生活照料。

2. 县级未成年人救助保护机构

（1）定位。

儿童关爱保护涉及从救助、保障到保护、发展等多方面、多层次的服务提供和制度建设，需要政府主导，多部门、全社会共同参与。现实中，儿童的需求复杂多样，很多部门、组织都在参与并且提供儿童关爱保护服务，但缺乏统一的规划、协调和联动，很难实现资源的整合和工作的统筹。因此，实践中需要一个机构，既连接儿童需求，又连接服务供给，同时盘活、整合各类资源，进而实现儿童关爱保护服务递送的精准高效。由儿童福利机构转型的县级未成年人救助保护机构有阵地、有人员、有基础，无疑是最佳选择，应该成为基层儿童关爱保护工作网络建设的枢纽。

纵向联动方面。对上，在民政部门的统一部署下，制定本地区儿童关爱保护工作规划和实施方案，参与县域内儿童关爱保护工作组织实施的全过程。对下，指导乡镇（街道）未成年人保护工作站和儿童之家标准化、规范化建设，为乡镇（街道）开展监护监督、关爱保护等工作提供专业支持，并对未成年人保护工作站进行评估考核。指导组织开展儿童督导员、儿童主任业务培训，提升儿童关爱保护专业能力。接受乡镇（街道）、村（居）强制报告。

横向协同方面。运营未保热线，畅通受理渠道。梳理政府部门、群团组织、社会组织儿童关爱保护资源，支持、培育和发展儿童保护领域社会组织参与县域儿童关爱保护工作，以枢纽的形式建立社会化支持体系。开展儿童风险等级评估，针对重点个案组织相关力量开展个案会商，科学分析研判。成立涵盖家庭教育、法律援助、社会工作、心理健康、医疗康复等领域的儿童保护专家队伍，提供决策咨询和技术指导。

（2）工作机制。

监测预防、强制报告、应急处置、评估帮扶、监护干预“五位一体”的基层儿童保护机制有效运行，是《中国儿童发展纲要（2021－2030年）》的主要目标之一。近年来，在顶层制度设计和地方实践探索的共同发力下，“五位一体”的儿童保护机制深入人心并逐步建立，形成了儿童关爱保护的闭环。作为儿童关爱保护体系构建的重要力量，未成年人救助保护机构也应当将自身职能融入“五位一体”的儿童保护机制，参与儿童保护工作组织实施的全过程，对相关个案提供全链条的服务。

监测预防。牵头开展儿童关爱保护系列宣传，普及儿童保护法律法规，凝聚依法保护儿童合法权益的社会共识，在全社会营造关心关爱儿童的良好氛围。通过开展或指导开展儿童基本信息的摸底排查、登记建档、动态更新，全面掌握本区域内各类困境儿童、留守儿童、事实无人抚养儿童的基本情况，对风险儿童及其家庭实施定期走访、动态监测。

强制报告。一方面，作为强制报告的责任主体，未成年人救助保护机构的工作人员应增强敏感性、责任感和保护意识，提高识别发现的能力，对儿童权益遭受或可能遭受侵害的情形及时向民政、公安、教育部门报告。另一方面，作为接受报告的主体，应建立强制报告线索的受理、调查、转介、处置、咨询疏导等规范化的工作流程，及时受理其他部门、组织和个人的报告线索，确保儿童权益遭受侵害的个案得到第一时间响应。

应急处置。对于身心受到严重伤害或处于其他危险情况下的儿童，无论是接受报告还是其他部门在工作中发现转介，未成年人救助保护机构都要在民政部门的指导下，协同公安、教育等有关部门将儿童第一时间带离危险境地，就近护送至其他监护人或亲属处，或带至未成年人救助保护机构，给予临时安置和紧急庇护，确保儿童得到妥善的生活照料。如有必要，未成年人救助保护机构还应协助向人民法院申请人身安全保护令。

评估帮扶。在三级儿童关爱保护体系的构建中，如何精准发现、识别进入二级（支持性关爱保护）、三级（干预性关爱保护）体系中的儿童，并采取合理有效、有针对性的措施，除了定期探访、强制报告，就是要靠开展评估。从很多地方的工作实践来看，监护评估已经融入日常的探访、跟踪和回访之中，通过研究制定科学的评估标准，对儿童身心状况、需求满足情况、家庭监护能力、风险状况进行专业评估，根据评估结果调整个案服务频次，链接社会资源、开展分级服务，支持帮助家庭监护能力不足、意识淡薄、方式不当的家庭，最大程度修复家庭监护功能，提升家庭监护能力。分级服务既要包括针对家庭的支持帮助，如喘息照料、亲职教育、经济帮扶，也要包括针对孩子的引导干预，如心理疏导、行为矫治、社会融入等。

监护干预。对于生活无着的流浪乞讨、遭受监护侵害、暂时无人监护等应当由民政部门临时监护的未成年人，未成年人救助保护机构应及时实施救助并承担临时监护责任。在临时监护期间，除了要为儿童提供养育、教育、基本医疗、心理辅导等支持和服务，还应通过监护评估、个案会商、服务转介等做好后续的安置，对于无合适监护人的儿童及时转入长期监护。必要时，应向人民法院申请撤销监护人资格或申请变更监护人。

三、协同发力，推动儿童关爱保护体系建设

儿童福利机构和未成年人救助保护机构是民政部门开展儿童福利工作的左膀右臂，二者职责不同，工作各有侧重又紧密联系，应当加强沟通合作，既要分工明确、各司其职，又要密切配合、形成合力，共同推动儿童关爱保护体系建设。

（一）找准定位，补齐短板

儿童福利机构工作重心向内，通过推进“养、治、教、康 + 社会工作”，实现对机构中儿童的全方位保障。除进行日常的生活照料外，还要针对儿童数量越来越少、病残程度越来越高的特点，开展高质量的医疗康复和特殊教育，运用儿童社会工作的理论知识和方法技巧，提供安置服务，促使他们进入最有利于其健康成长的环境。同时，依托优势“开门办院”，向机构外有需

求的儿童和家庭拓展服务。未成年人救助保护机构工作重心向外，对临时性遇困儿童进行生活照料，承担临时监护职责，负责开通未保热线、组织开展走村入户的关爱活动、指导培育社会组织、链接社会资源等工作。在基层，其更多的是参与整个儿童关爱保护工作的规划、统筹、协调以及对具体个案的会商和指导，对儿童督导员、儿童主任的培训，工作的重点在于调动各方力量，通过对资源的合理整合和有效配置，完善流程，让儿童关爱保护体制机制运行更加顺畅。现阶段，两类机构应该在明确各自职责定位的前提下，聚焦当前工作重点，补齐短板。

1. 培养专业化人才队伍

儿童福利机构一方面要加强孤残儿童护理员队伍建设，按照一线护理员与儿童的配比要求，科学设置岗位，确保儿童得到妥善照料。开展不同层级的孤残儿童护理员培训，鼓励选拔优秀的护理员参加孤残儿童护理员大赛，以赛促训，切实提高护理服务水平。另一方面要加强专业人才队伍建设，配备医疗卫生、康复保健、特殊教育、社会工作等方面的专业技术人员，对取得相应教师、医护、康复师等资格的工作人员，协助将其纳入民政、教育、卫健等部门的培训、职称评审、褒扬奖励体系，切实留住人才。

未成年人救助保护机构一方面要通过加大培训和宣传力度，加强机构内人员能力建设，不断提高工作人员的专业素质和业务能力，完善专业结构，特别是社会工作专业，提高强制报告、入职查询、申请人身安全保护令等制度的执行率。另一方面要聚焦于儿童保护政策法规、专业知识、业务技能、典型案例，加大对儿童督导员和儿童主任的培训和宣讲力度，提升服务能力，使他们成为基层儿童关爱保护的中坚力量，能够为儿童提供常态化、专业化的关爱服务。

2. 持续优化内部管理

儿童福利机构要进一步细化落实《儿童福利机构管理办法》《儿童福利机构业务档案管理办法》的要求，坚持“最有利于儿童”的原则，不断建立健全具有现实性、严谨性、规范性、可操作性的规章制度，重点加强安全管理、档案管理，将各项工作责任落实到末梢，防范化解风险。

未成年人救助保护机构要在落实安全责任、强化风险防范的前提下，围绕建章立制着重加强内部管理，完善工作流程、工作标准，建立规范化的制度体系和管理体系。如对摸底排查、定期探访、强制报告、分级管理、个案会商等工作建立具体的制度和流程，将服务流程和服务内容精细化、标准化。

3. 充分发挥社会工作的专业优势

儿童福利机构承担兜底监护职责，其社工服务宗旨应从“传统养育”向“最有利于儿童的安置”转变，可贯彻落实《儿童福利机构社会工作服务规范》行业标准，结合收养、寄养、类家庭养育和机构安置等方式，建立健全社会工作制度，使其与养育、医疗、教育、康复等环节衔接顺畅。机构内设置独立的社会工作部或专业的社工岗位，明确岗位职责和专业资质要求，并结合单位实际进行人员配置。

未成年人救助保护机构在现阶段要赋予社工在开展儿童关爱保护工作中的主体地位，不断提高社工所提供服务的有效性和认可度。协助主管部门根据困境儿童、留守儿童数量，科学测算社工岗位的数量配比，在机构内、乡镇（街道）未成年人保护工作站等关爱服务阵地设置与儿童需求相符的社工岗位，明确岗位职责及考核要求，为社会工作专业人才持续有序参加儿童关爱保护工作提供依据和支持。加强对儿童督导员、儿童主任社工知识的培训，鼓励他们考取社工师资格，不断充实壮大儿童关爱保护社工队伍。

4. 有效动员社会力量

儿童福利机构要主动顺应新时代儿童福利工作发展趋势，积极转变观念，通过资源链接的方式最大限度调动社会力量。敢于打开门、走出去，通过加强专项业务培训研讨、适时开展督导和自查、引入外部智力支撑等方式，积极面向社会提供医疗康复、特殊教育等专业化服务，承担更多社会责任，让更多儿童受益。

未成年人救助保护机构要积极推动加大政府购买儿童保护项目力度，孵化培育儿童服务类社工机构和其他专业社会组织，特别是枢纽型社会组织，协助未成年人救助保护机构承担更多统筹协调指导的工作，充分发挥其在特殊儿童群体心理慰藉、行为矫治、监护评估、资源链接等方面的专业优势。未成年人救助保护机构还应当协助民政部门制定优化政府购买服务目录方案，健全购买机制和监督机制，实现政府购买与儿童关爱保护重点工作的有效衔接。研发儿童关爱保护服务项目，精准匹配困境儿童共性和个性的需求。完善评价体系，开展服务项目、服务活动等的评价管理，提升社会组织服务能力。

（二）强化协同，形成合力

儿童福利机构经过多年的积累，工作规范、设施完善，养育、医疗、康复、教育等资源丰富，功能齐全，具有较高的专业水平和独特的优势。未成年人救助保护机构除了民政部门传统的兜底保障和救助，在新时代被赋予了更多儿童保护的职责使命，但整体起步晚，工作力量较为薄弱。新征程上，两类机构要加强配合，优势互补，共同打好儿童关爱保护“组合拳”。

1. 积极推进县级儿童福利机构转型

一方面，要加快县级儿童福利机构转型进度，将县级儿童福利机构的人员、场所、设备等资源用于儿童关爱保护工作中，提高资源使用效率，充实基层儿童关爱保护工作力量。另一方面，在机构转型的同时，工作人员的观念也要转变，要积极更新知识储备，扩大服务范围，主动投入新的儿童关爱保护工作，将工作对象从孤弃儿童向农村留守儿童、困境儿童、事实无人抚养儿童等特殊困难儿童群体及其家庭转变，将工作重心尽快从传统的兜底保障向统筹协调、关爱保护、帮扶救助、链接资源转移。

2. 在三级关爱保护体系中充分发挥各自优势

课题组提出了我国三级儿童关爱保护体系建设的构想，具体到民政两类机构，在面向全体儿童提供的基础性关爱保护中，未成年人救助保护机构发挥主要作用，开展法律、政策、育儿知识、儿童友好理念的宣传倡导和普及，营造儿童友好型的社会环境。开展入户走访、跟踪回访，动态掌握儿童及其家庭的基本情况，及时发现潜在风险。在面向有潜在风险儿童开展的支持性关爱保护中，两类机构各有侧重。儿童福利机构重点面向病残儿童及其家庭，开展养育、康复和特教服务，如发挥养育优势，为家庭提供“喘息服务”、养育指导，为事实无人抚养儿童提供养护和生活照料，接受父母或其他监护人的委托开展委托照护；发挥医疗康复优势，推动纳入残疾儿童定点康复机构，为困难家庭的残疾儿童提供集中养育和康复服务；发挥特教优势，为社会上的残疾儿童在院内特教学校或特教班就读提供便利。未成年人救助保护机构的视角是全体儿童，重点关注困境儿童和留守儿童，发挥其在关爱保护体系中的枢纽地位作用，链接社会资源、开展监护评估、牵头个案会商、进行分级分类的个案管理。在面向已经受到侵害儿童提供的干预性关爱保护中，儿童福利机构和未成年人救助保护机构均可依职责开展监护干预，如申请人身安全保护令、申请撤销监护人资格等，必要时给予替代监护。在替代监护中，儿童福利机构侧重于长期监护，未成年人救助保护机构侧重于临时监护。

3. 在监护兜底中完善衔接机制

在调研中课题组发现，实际工作中儿童福利机构和未成年人救助保护机构在儿童临时安置方面有时存在工作交叉，如服刑人员子女，有的长期安置在未成年人救助保护机构，有的生活在儿童福利机构，民政部门对于安置的时间、监护的性质存在不同的理解和操作。按照《未成年人保护法》的规定，儿童福利机构和未成年人救助保护机构都可以收留抚养民政部门临时监护的儿童，有些地方已经开始探索两类机构之间的工作衔接，但仍需从顶层制度设计层面进行明晰。

课题组认为，承担监护职责与具体的收留抚养是两个概念，在儿童福利机构已经承担长期监护职责的前提下，无论是按照政策法规的规定还是考虑实际工作的需要，都应当由未成年人救助保护机构承担临时监护职责。对于临时监护的时间，《未成年人保护法》没有明确规定，最高人民法院、最高人民检察院、公安部、民政部《关于依法处理监护人侵害未成年人权益行为若干问题的意见》(法发〔2014〕24 号) 规定不超过1 年。从“最有利于儿童”的原则考虑，结合一些地方的实践经验，应当对临时监护设置一定的期限 (如 1 年) 作为临时监护和长期监护的时间分界，超过一定的期限仍无法确定合适监护人的，要转到儿童福利机构进行长期监护。在临时监护期间，未成年人救助保护机构如果囿于客观条件的限制无法实际抚养，可以实行家庭寄养[1]，也可在临时监护职责不变的前提下签订代养协议，明确相关的经费保障来源，就近委托儿童福利机构代为抚养，特别是对于 0 –3 岁的婴幼儿，充分利用儿童福利机构的专业优势为需要临时监护的儿童提供关爱保护服务。

---

〔1〕《家庭寄养管理办法》第三十五条　对流浪乞讨等生活无着未成年人承担临时监护责任的未成年人救助保护机构开展家庭寄养，参照本办法执行。

（三）探索创新，实现高质量发展

儿童福利机构的主要服务对象是孤儿和弃婴，同时也对其他有需求的儿童提供集中养育服务，如无法查明父母或者其他监护人的打拐解救儿童、超过3个月仍无法查明父母或者其他监护人的流浪乞讨儿童、被认定为事实无人抚养且无其他依法具有监护资格的人可以担任监护人的儿童等。未成年人救助保护机构的服务对象，在现阶段主要包括遭受监护缺失、监护侵害的儿童以及数量庞大的留守儿童和困境儿童群体。课题组认为，未成年人救助保护机构作为儿童关爱保护体系的枢纽，应将服务视角投向全体儿童，通过对一整套服务体系的完善，确保关爱保护服务能够触及所有儿童，让他们可以公平地获得这些服务，一旦儿童权益遭受侵害，服务体系能够给予及时响应和有效回应。因此，民政两类机构应将目光放长远，在服务好现有保障对象的前提下，面对新的服务需求和新的职责使命，积极创新、勇于探索，将关爱保护工作做得更加扎实。

1. 聚焦精准服务

在全面优化提质的大背景下，儿童福利机构的优势资源不断聚集，进行更加精准化的管理、提供更加精细化的服务，是当前及今后一段时期儿童福利机构的工作重心。儿童福利机构应考虑儿童个体差异，组织专业人员进行评估，以实现最佳安置为目标，为在院儿童制定个性化的养育方案。对于成年孤儿，要提前加强有针对性的技能培训和必要的心理建设，提升他们的社会适应能力，同时探索建立“安置过渡期”制度，使每一个成年孤儿都能得到妥善有效的安置。要推动信息化建设，搭建综合业务管理信息平台，覆盖儿童动态、档案管理等场景应用，实现儿童入院、接收、转移、服务等动态信息的即时流转和实时共享，提升智能化管理水平。

未成年人救助保护机构应积极回应特殊儿童群体及其家庭的生存需求、权益需求和发展需求，完善快速发现、精准识别、干预帮扶的联动响应机制，积极探索家庭监护能力评估标准，及时筛查出需要给予支持和帮扶的儿童及其家庭，确保第一时间落实救助帮扶政策和开展相关服务。要开发儿童关爱保护信息系统，整合相关部门的数据资源，推动未成年人保护与公检法、教育、司法、卫健、残联等单位信息系统的深度融合，一方面完善儿童数据库，实现即时更新、动态管理；另一方面建设工作流程平台，数字赋能，实现求助、接案、线索流转、线下评估、部门协调及案件受理、处置等线上办理和数据共享，提升工作质效。

2. 聚焦标准引领

儿童福利标准化是推进新时代儿童福利事业高质量发展的重要手段和技术支撑。儿童福利机构工作专业性强，在标准化的框架下进行操作和管理，才能更好地提高服务水平和工作效能。因此，要摒弃经验主义和惯性思维，一方面主动实施已有的儿童福利机构养育、治疗、康复、教育和社会工作服务等方面的国家标准、行业标准，进一步规范儿童入院、在院、离院全过程管理，提升服务水平；另一方面积极推动制定一批适应管理、服务需要的通用基础标准、业务专用标准、技术支撑标准，以标准化赋能儿童福利机构优化提质。

未成年从救助保护机构重点聚焦农村留守儿童、困境儿童等特殊儿童群体，推动儿童关爱保护服务标准的研制，开展心理健康、人文关怀、精神慰藉和社会融入服务。完善政府购买儿童关爱服务业务专用标准，儿童服务类社会组织培育标准，儿童关爱保护业务培训规范，未成年人救助保护机构、乡镇（街道）未成年人保护工作站服务规范和儿童督导员、儿童主任服务流程标准。优化完善留守儿童、流动儿童和监护风险等级较高的儿童家庭走访、监护评估、家庭支持、监护干预等服务的供给规范，运用标准化工具建立关爱服务责任体系、工作体系、监督体系和考核评估体系等，促进关爱服务工作规范化、专业化。

3. 聚焦资源整合

优化提质后的区域性儿童福利机构，要进一步加强与专业医疗机构、康复机构、特教机构的合作，做大做强具有民政特色的院内康复和特教，提高机构的服务水平和院内儿童的生活质量。要发挥专业资源中心的作用，树立“开门办院”理念，推动优质资源外延共享，面向社会提供服务。如宁夏回族自治区儿童福利院组建由康复医师、治疗师、矫形师、特教老师、社会工作者构成的技术团队，制定入户筛查、需求评估、康复治疗、家长培训、跟踪回访、辅具配置“六位一体”服务流程，使最优质资源和管理服务向更多困境儿童延伸。[1] 江苏省要求设立定点康复机构、特教办学点的儿童福利机构主动调查、掌握所在地区困难家庭残疾儿童需求，制定基本服务清单，为社区病残儿童提供集中养护、日间照料、康复训练、康复辅助器具租赁、家庭教育指导等服务。[2]

未成年人救助保护机构在普遍面临缺场地、缺编制、缺人员等问题的情况下，应当转变观念、拓宽思路，探索社会化、项目化的运营方式，通过设置公益性岗位、政府购买服务等方式进行补充，或交由专业的枢纽型社会组织进行运作，赋予该社会组织相应的地位和更多的自主权。如广州市越秀区依托区民政局下属事业单位社区服务中心场地，挂牌设置越秀区未成年人救助保护中心，采取政府购买专业社工机构服务的方式开展未成年人保护工作，通过采取“行政督导+专业社工”的服务形式，为辖区内基层儿童工作队伍提供政策指导，为困境儿童及其家庭提供援助支持，为监护困境儿童提供临时照料。南京市建邺区由未成年人保护服务联盟承接运营区未成年人保护中心。未成年人保护服务联盟有15家社会组织成员，下设日常照料组、康护护理组、法律心理援助组、成长教育组、临时庇护组等5个不同专业组，由具有不同专业优势的社会组织组建网络共同为困境儿童提供不同的专业服务，既是政府与社会组织之间对接项目的桥梁，也是社会组织之间进行专业交流的纽带，是政社合作下多方参与儿童关爱保护模式的新探索。在这个过程中，民政部门要加强对社会组织的监督、管理、引导和评估，为其开展工作提供更多的便利和支持。

---

〔1〕参见《回望2023·宁夏　奋楫笃行新征程　用心用情惠民生》，载民政部网站https://www.mca.gov.cn/n1288/n1290/n1316/c1662004999979996866/content.html，2023年12月29日。

〔2〕参见孙才洋：《体系化推进儿童福利机构提质转型　全力建构儿童福利服务体系》，载《社会福利》2022年第1期，第30页。

第四章 儿童关爱保护体系规范化、专业化、协同化建设的民政实践及完善

李超群 刘根盈*

民政领域的儿童关爱保护体系建构，重点在于儿童福利政策的全面实行和支持性、干预性服务的有效递送。规范化、专业化、协同化是确保政策性支持和专业性服务公平可及的实现手段和匹配机制。三者相互影响、互相促进，共同作用于儿童关爱保护范畴下民政工作的所有业务领域和全部服务流程，对于加快构建儿童关爱保护体系具有重要的作用和价值。其中，规范化是儿童关爱保护工作有序推进的基础，专业化是儿童关爱保护服务保质开展的关键，协同化是儿童关爱保护体系高效运转的保障。

一、规范化、专业化、协同化建设的内容与特点

规范化、专业化、协同化之于民政领域的儿童关爱保护工作，既是现实图景，也是进路选择。规范化建设的整体推进，专业化建设的重点突破，协同化建设的快速发展，实现了政府主导、专业支撑和社会参与的组合式运用，也使得儿童关爱保护体系的内容和机制从单一性、无序性到多元化、制度化，主体和对象从特殊性、选择性到普遍化、全程化，质量和水平从维持性、补缺性到均等化、优质化。

（一）规范化建设

规范化是指从事儿童关爱保护工作的个体或者组织，就儿童关爱保护体

* 李超群，中国儿童福利和收养中心儿童福利部职员，研究方向为儿童福利与未成年人保护；刘根盈，中国儿童福利和收养中心儿童福利部主任，研究方向为儿童福利与未成年人保护。

系所涉及的概念、原则、流程，通过制定、发布和实施制度、规范、标准等方式，达到组织管理、服务管理统一协调的实践活动。随着规范化建设的整体推进，关爱保护的对象更加精准，关爱保护的措施更加有力，关爱保护的质效更加暖心。

1. 关于儿童关爱保护的制度内容不断明确和完善

民政领域的儿童关爱保护工作既有法律支撑也有制度架构。关于儿童关爱保护的法律渊源、制度要素在已有的法律法规、政策文件中是散见和泛在的，共同为民政部门开展儿童关爱保护工作提供了客观实在的法治保障。

（1）顶层设计加强制度供给。《民法典》《未成年人保护法》从基础性、综合性法律的高度赋予民政部门生活兜底和监护兜底的法定职责，确立了民政部门在儿童关爱保护体系建设中的重要地位。国务院关于加强孤儿保障、农村留守儿童关爱保护、困境儿童保障等工作的意见，以及民政部联合其他部委出台的关于进一步健全、加强和做好有关工作的意见等，为民政部门加强诸如孤儿保障、农村留守儿童关爱保护、困境儿童保障、事实无人抚养儿童保障和因突发事件影响造成监护缺失未成年人救助保护等工作提供了主要依据。法律与政策相互衔接，以民政部门为主责单位的关于支持性、干预性儿童关爱保护工作的治理思路得以建立。

（2）地方探索加速制度完善。地方民政部门积极对接教育、公安、卫生健康、医保等部门，持续在防范化解儿童福利领域重大风险、儿童福利机构优化提质和创新转型、基层未成年人保护工作网络建设、儿童福利保障和救助保护等方面加强制度建设。上位规定通过工作意见的出台、工作通知的下发转换为详尽的实施细则和具体要求，推动儿童关爱保护工作走深走实。

以收养工作为例，收养事关被收养儿童的监护权转移，也是针对生父母有特殊困难无力抚养、打拐解救儿童安置等特殊情形的制度化因应，涉及支持性与干预性关爱保护的贯通与兼容，是民政视域下儿童关爱保护体系建设的重要发力点。各地通过创新措施不断完善收养相关制度机制。比如，江苏省民政厅印发《关于收养登记管理若干问题的意见》，明确监护权确认、收养能力评估、血亲关系认定等疑难问题的解决途径，为基层把握政策提供工作指南。上海市民政局从加强依法行政的角度出发，与市高级人民法院、人民检察院、公安局联合制定出台《上海市儿童福利院抚养的未成年人送养和收养工作操作规程》，专门为送养经人民法院指定由民政部门或儿童福利机构监护和收留抚养的未成年人提供政策支持。

2. 关于关爱保护的政策对象更为细化和精准

适度普惠型儿童福利制度的政策演进为民政部门开展儿童关爱保护工作提供了有利环境和施展空间。儿童福利制度的保障范围不断扩大，福利对象从孤儿、艾滋病病毒感染儿童等“标准的小众”扩展为农村留守儿童、困境儿童和事实无人抚养儿童等“精准的大众”。在此基础之上，儿童关爱保护工作既面向群体，也聚焦个体。在传统的当然对象之外，面对日益增多的特殊儿童群体及其差异化、分侧重的关爱保护需求，民政部门及时作出系统性的政策回应，重点在儿童群体及其需求的精准化识别方面不断扩围拓面。

以重病儿童保障为例，山东、江苏等省将重病儿童放在困境儿童分类保障的框架下强化基本生活保障，实现对《国务院关于加强困境儿童保障工作的意见》（国发〔2016〕36号）仅限于因自身残疾致困规定的超越。山东省将父母一方死亡或失踪，另一方经济困难无法履行抚养义务的儿童以及经诊断身体重残、患重病或者罕见病需要长期治疗的贫困家庭的儿童作为扩面保障的重点困境儿童，2022年平均保障标准为每人每月1392元。与山东省主要指向低保家庭不同，江苏省将重病重残儿童纳入省级保障范围发放生活补贴且不设家庭条件限制，2022年为大约5.26万名此类儿童提供了平均每人每月1034.5元的保障。

再以监护困境儿童保障为例，上海市深化推进困境儿童安全保护和保障工作，将因家庭监护缺失或监护不当遭受虐待、遗弃、意外伤害、不法侵害等导致人身安全受到威胁或侵害的困境儿童作为重点保障对象，参照社会散居孤儿保障标准给予包括基本生活保障在内的综合保障，2022年的平均保障标准为每人每月1900元。其针对监护缺失或监护不当的困境儿童所作出的分类[1]，相当于给出了关于监护困境儿童的上海版官方定义。天津市则把“因

〔1〕《上海市人民政府关于深化推进本市困境儿童保障工作的实施意见》（沪府规〔2022〕4号）：监护缺失或监护不当的困境儿童具体包括：父母双方均符合重残、重病、服刑在押、强制隔离戒毒、被执行其他限制人身自由的措施、失联、被撤销监护资格、被遣送（驱逐）出境情形之一的儿童；父母一方死亡或失踪，另一方符合重残、重病、服刑在押、强制隔离戒毒、被执行其他限制人身自由的措施、失联、被撤销监护资格、被遣送（驱逐）出境情形之一的儿童；因遭受监护人虐待、遗弃、意外伤害、不法侵害等监护不当情形导致人身安全受到威胁或侵害的儿童。

突发事件等紧急情况正在接受治疗、被隔离观察或者参与相关应对工作，无法履行监护职责的”也作为监护缺失的一类情形，[1] 对包括监护缺失在内的监护困境未成年人给予应急处置、监护和保障等关爱保护措施，织密兜牢救助保护网。上海、天津两市的规定不仅罗列了实务中最为常见的情形，而且也和事实无人抚养儿童、因突发事件影响造成监护缺失的未成年人以及受监护侵害的未成年人实现了概念上的整合。

3. 关于关爱保护的服务内容更为科学和完整

在儿童关爱保护体系的三层级架构中，民政部门精准聚焦特殊儿童群体的现实需求和实际困难，依据资源赋予和服务介入的强度建立起由支持到干预的层进式服务结构，综合运用社会救助、儿童福利和未成年人保护等儿童关爱保护政策强化全维关爱，切实保障儿童对象的生存、发展和受保护等各项权益。

（1）强调综合关爱。民政领域的儿童关爱保护服务，在内容提供上更为兼顾物质保障和精神关爱，在服务策略上更加强调儿童需求的特殊性和进阶性。心理疏导、社会适应、家庭融合和家庭教育等非物质性帮扶项目的供应成为制度化保障的重要组成部分，关于关爱保护的资金支持、物质保障、服务开展更加立体和高效。

江苏省民政厅出台省级地方标准《困境儿童风险评估规范》（DB 32/T 4361 - 2022），根据儿童“监护、生理、行为”风险进行综合评估和预判，划分“红色、黄色、蓝色、绿色”不同等级，针对风险等级和困境类别，加强个案流程管理，提供相应的精神关爱、心理疏导、权益维护、慈善捐赠等服务。截至 2022 年底，全省共对 52.6 万名困境儿童实行分级分色动态管理，一人一档，一人一策，并对其中的 1.66 万名红色高风险困境儿童进行实时监测和重点干预。张家港市从兜底线和促发展两端发力，精准匹配困境儿童共性和个性需求，安排专职儿童社工定期开展“一对一”个案服务。服务内容涵盖个人成长、家庭支持和社会发展等层面，包括健康评估、心理疏导、行为矫治、认知干预、学科辅导、生命教育、生涯规划、呼叫服务、社群融入、

---

〔1〕《市民政局等 13 部门关于印发〈天津市监护困境未成年人救助保护工作操作规程（试行）〉的通知》（津民规〔2022〕7 号）。

兴趣拓展、运动康复、潜能开发、家居改造、喘息照料、养育指导、亲职辅导、影像记录、生活辅导、情绪管理、协助医疗、法律援助、就学援助、经济援助、康娱活动等。“N 重关爱”的地方经验极大丰富了儿童关爱保护体系关于服务内容和服务层次的想象空间。

（2）注重项目创新。根据《国家基本公共服务标准（2023 年版）》，以民政部作为牵头负责单位并以“儿童”或“未成年人”作为服务对象的服务项目共有 7 个，分别是特殊儿童群体基本生活保障、困境儿童保障和农村留守儿童关爱保护，以及涉及大量儿童群体的最低生活保障、特困人员救助供养、残疾人康复服务、困难残疾人生活补贴和重度残疾人护理补贴。关于这 7 类基本公共服务事项的规定，成为现阶段民政领域幼有所育和弱有所扶儿童类民生底线的汇总和集合。以此为基础，多地强化政策创制工作，在照料护理补贴、医疗补助、就学支持等政策议题上进行针对性设置，强化资金统筹和推动长效机制建立，为孤儿、事实无人抚养儿童等提供含金量十足的新增服务项目。

江西省民政厅、省财政厅结合党史学习教育“我为群众办实事”实践活动，建立残疾孤儿（含残疾事实无人抚养儿童）照料护理补贴制度，成为全国首个向残疾孤儿和残疾事实无人抚养儿童发放专项照料护理补贴的省份。2021 年省定标准为每人每月 1200 元，2022 年则提高到 1380 元。天津市通过参保资助、大病倾斜和医疗补助等措施进一步巩固、提升孤儿医疗保障水平。孤儿医疗补助所需资金按照“以支定收、收支平衡”原则，由天津市民政局会同市财政局根据年度实际支出情况确定。辽宁省从 2022 年 9 月开始，将在普通全日制高、中等院校就读的事实无人抚养儿童和未满 18 周岁孤儿全部纳入孤儿助学保障范围，资助标准为每人每学年 1 万元助学金，成为全国首批制定孤儿、事实无人抚养儿童全覆盖、同标准助学政策的省份之一。

4. 关于家庭监护的支持、干预更为周到和有力

监护支持、监护监督和监护干预是民政领域儿童关爱保护体系建设的重要切入点，实现了支持性与干预性关爱保护的统一。对于家庭监护所存在的功能缺位或实现障碍问题进行调适和重整，是民政部门在儿童关爱保护体系建设中关于干预性工作的大部分甚至全部内容。

（1）加大支持性帮扶力度。民政部门采取以提高家庭监护能力为目标导

向的补救和援助措施，从家庭、家长端入手优化和改善儿童发展环境。各地在儿童关爱保护体系的建设中加大福利资源投放力度，及时对出现弱功能化问题或存在风险的家庭进行支援。比如，重庆市潼南区在全国范围内首先创设区县级散居孤儿、事实无人抚养儿童监护人照护服务补贴制度，在2022年每月为监护人发放100元补贴。甘肃省、山西省和内蒙古自治区分别印发鼓励依法收养机构内病残孤弃儿童的实施意见，对收养儿童福利机构内大龄及病残儿童的家庭，通过继续发放生活补贴、继续执行助学助医项目等方式加大收养后支持服务力度。河北省民政厅、广西壮族自治区民政厅推动出台省域内照顾性政策，对依法收养孤残儿童、非生父母履行监护职责的家庭给予在水电气、电视、网络等公共服务方面的多项优待。

（2）强化行政性干预。民政部门对于监护侵害等家庭监护功能严重紊乱的情形，第一时间启动针对不适格父母或者其他监护人的监督指导和撤销监护人资格等干预性程序，做到早发现、早阻断和早干预，共同构筑行政保护和司法保护相衔接的防治屏障。比如，上海市民政局等10部门联合印发《上海市未成年人特别保护操作规程》（沪民规〔2022〕7号），通过明确部门职责、规范工作流程和理顺基层工作机制，从监护干预入手，为受到监护侵害的儿童提供特别保护，实行应急处置、临时监护和保障、撤销监护人资格、判后安置等特别保护措施。

（3）注重标准化介入。民政部门重视家庭监护类标准的研制和应用工作，为推进政府、社会两大外部主体介入亲职过程和家庭内部关系提供规范性指引和程序化路径。最近几年来，省级地方标准的标志性成果包括上海市《未成年人家庭监护能力评估指南》（DB 31/T 1305－2021）、湖北省《困境儿童家庭监护干预服务规范》（DB 42/T 1849－2022）、江西省《未成年人监护评估规范》（DB 36/T 1635－2022）、贵州省《社会散居孤儿、事实无人抚养未成年人监护照料状况评估规范》（DB 52/T 1703－2022）、湖北省《困境儿童家庭监护能力评估》（DB 42/T 1969－2023）等。家庭监护类标准的制定和实施，为实现支持性与干预性服务的及时触发和适时切换，也即开展相应的调查、评估、介入、转介和跟踪等实务工作提供了技术支撑和工具补充。

5. 关于关爱保护的工作机制、形态不断健全和创新

民政部门通过健全工作机制、创新工作形态等方式，全力做好政策落实、

实践创新、依法行政和依规服务等各项工作，力争把中央和地方的政策资源进行最大化利用，为各类政策对象提供优先安排和特殊保障。

（1）落实保障机制，提标增效。各地将建立和完善保障标准的常态化动态调整机制、补差发放措施和价格补贴联动机制作为保障和改善民生重点任务，确保孤儿、艾滋病病毒感染儿童、事实无人抚养儿童等纳入国家保障范围的儿童群体的基本生活保障水平不断提高，各项福利待遇兑现到位。比如，广东省民政厅联合省财政厅印发专门通知，一次性确定 2021 年至 2023 年的孤儿基本生活最低养育标准。[1]持续将提高孤儿、艾滋病病毒感染儿童、事实无人抚养儿童基本生活最低养育标准列入省"十件民生实事"清单，并将提标任务列为省"十件民生实事"督办事项和民政年度重点工作综合检查事项，在省级层面进行重点推进。北京市民政局加强与市发展改革委、财政局等部门沟通，及时测算孤儿和事实无人抚养儿童的价格临时补贴标准并调整补贴拨付方式，由"市财政先拨付，区财政后发放"改为"区财政先垫付，市财政再拨付"，第一时间将价格临时补贴发放到保障对象手中，提高发放效率。

2022 年，全国集中养育孤儿、社会散居孤儿和事实无人抚养儿童的基本生活保障平均标准依次为 1802. 3 元/（人·月）、1364. 7 元/（人·月）、1359. 5 元/（人·月），较 2021 年分别增长 6. 2%、8. 6%、8. 9%，[2] 涨幅均超过 2022 年全国居民人均可支配收入 5. 0% 的增长率。[3] 截至 2023 年第三季度，集中养育和社会散居孤儿的保障标准已增长为 1885. 4 元/（人·月）、1439. 9 元/（人·月）。

各地加大事权财权匹配力度，对孤儿、事实无人抚养儿童的生活保障工作进行重点安排，三项基本生活保障标准都高于全国平均水平的省份达到 12 个（见图 4－1），儿童福利保障的高地不断形成。其中，江苏省集中养育孤

---

〔1〕 参见《广东省民政厅　广东省财政厅关于提高我省 2021 年至 2023 年孤儿基本生活最低养育标准的通知》（粤民发〔2021〕25 号）。

〔2〕 此部分关于 2021 年、2022 年集中养育孤儿、社会散居孤儿、事实无人抚养儿童基本生活保障平均标准的数据均来自《2023 年民政事业发展统计提要》。

〔3〕 《中华人民共和国 2022 年国民经济和社会发展统计公报》，载中华人民共和国中央人民政府网 https：//www. gov. cn/xinwen/2023－02/28/content_ 5743623. htm，2023 年 12 月 25 日。

儿的基本生活保障平均标准为 2690.0 元/（人·月），天津市社会散居孤儿、事实无人抚养儿童的基本生活保障平均标准均为 2590.0 元/（人·月），分别为省均最高标准。

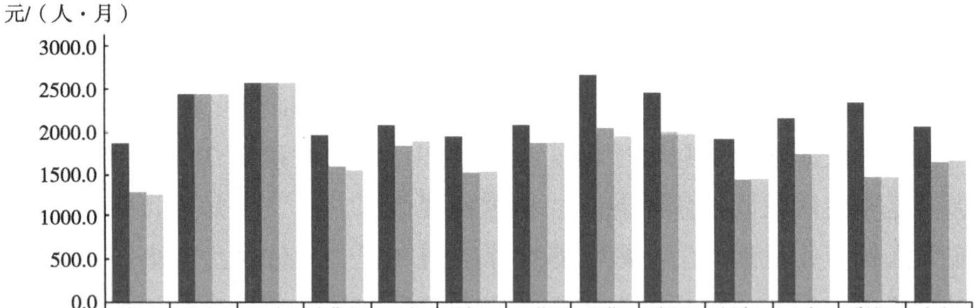

	全国	北京	天津	内蒙古	辽宁	黑龙江	上海	江苏	浙江	福建	山东	湖北	广东
事实无人抚养儿童	1359.5	2450.0	2590.0	1655.6	1793.4	1521.3	1900.0	1934.9	1992.4	1479.0	1756.3	1446.9	1711.9
社会散居孤儿	1364.7	2450.0	2590.0	1669.2	1782.6	1518.5	1900.0	2060.7	2003.2	1478.7	1756.3	1446.9	1707.1
集中养育孤儿	1802.3	2450.0	2590.0	1960.0	2134.5	1906.1	2100.0	2690.0	2475.6	1843.6	2192.9	2311.4	2141.3

■ 集中养育孤儿　■ 社会散居孤儿　■ 事实无人抚养儿童

图 4－1　2022 年全国集中养育孤儿、社会散居孤儿和事实无人抚养儿童基本生活保障平均标准

（2）创新工具运用，求质求变。民政领域治理体系的不断健全和治理能力的快速提升以及数字化手段和标准化工具的综合运用，助力儿童关爱保护工作的方式和手段不断创新，相关的政策执行和服务介入更为统一、规范和高效，行政效率和服务水平不断提高。

一是推广大数据在加强困境儿童主动发现和认定工作中的运用。各地破解“信息孤岛”“数据烟囱”难题，通过信息共享和数据比对等方式持续推动“主动发现”机制见行见效，依靠技术手段提高福利资格扫描和识别的精准度，减少靶向不准和福利叠加现象，变“人找政策”为“政策找人”和“数字找人”。比如，江苏省深入推进困境儿童精准排查和全面保障工作，通过多部门大数据比对碰撞，形成困境儿童初筛名册，然后逐级分解至村（居），实现儿童发现工作的自上而下，由“被动救助”向“主动服务”转型升级。

二是升级“互联网＋”在儿童关爱保护领域的服务应用。各地通过数据互认、在线核查等方式着力推动相关政务服务跨地区、跨部门、跨层级协同办理，提升识别和保障工作的主动性、精准性和包容性。自 2021 年 6 月 30 日起，民政部门依托全国儿童福利信息系统在全国范围内全面实施孤儿、事实无人抚养儿童认定申请受理“跨省通办”工作。截至2023年9月底，已累计申请416例，受理410例，成功办理205例。通过异地远程办理，为服务对象提供暖心服务，让数据多跑路，群众少跑腿。上海市依托“一网通办”创新服务模式，将发放社会散居孤儿基本生活费作为32个市级“免申即享”事项之一，“零材料、零跑动、免申请”，实现政策红利的直达直享，推动儿童福利工作的数字化转型。[1]重庆市和四川省立足减证便民，将“被收养人生父母无完全民事行为能力并对被收养人有严重危害的证明”和“被收养儿童残疾证明”列入第一批20项川渝地区实行告知承诺制证明事项目录。[2]民政部门不再索要相关证明材料，通过告知承诺制在线核查支撑体系进行及时核查和有效核验，降低核查成本，为办理有关收养登记事项的送养人和收养人提供高效便捷的服务。

三是推动标准化工具在儿童关爱保护业务领域的普及应用。民政部门围绕提升儿童福利保障水平，加强儿童福利、未成年人保护等重点领域，加速标准研发编制，强化标准推广使用，推动儿童关爱保护工作的标准化、本土化发展。特别是在不断加强儿童福利机构建设的时代背景下，关于儿童福利机构的规范化、标准化建设不断提档升级。在部级层面，《儿童福利机构管理办法》、《儿童福利机构抚育工作指导纲要（试行）》、《儿童福利机构基本规范》（MZ 010－2013）、《儿童社会工作服务指南》（MZ/T 058－2014）、《儿童福利机构社会工作服务规范》（MZ/T 167－2021）、《儿童福利机构标准体系建设指南》（MZ/T 194－2022）等管理规章和标准规范相继出台。在地方层面，广东、四川、江苏和山西等省的民政厅分别制定儿童福利机构管理办

〔1〕《上海市人民政府办公厅关于印发〈依托“一网通办”加快推进惠企利民政策和服务“免申即享”工作方案〉的通知》（沪府办字〔2022〕4号）是全国省级层面关于“免申即享”工作的首个制度性文件。“免申即享”是指企业和群众全程无须主动提出申请，直接享受或确认意愿后即可享受政策和服务。有关政策和服务的精准推送、意愿确认、告知承诺等，均通过市民主页或企业专属网页进行，避免企业群众线下跑动。同时按照政策和服务的实施范围和条件，通过数据共享、大数据分析、人工智能辅助，精准匹配符合条件的企业和群众，依托“一网通办”，做到“免申不免审”。

〔2〕《重庆市人民政府办公厅　四川省人民政府办公厅关于印发川渝地区实行告知承诺制证明事项目录（第一批）的通知》（渝府办发〔2022〕9号）。

法实施细则，进一步规范各自省域内儿童福利机构管理工作。重庆市民政局有序推进儿童福利机构标准化建设，指导重庆市儿童福利院顺利通过国家标准化试点验收、重庆市儿童爱心庄园完成全国第五批社会管理与公共服务综合标准化试点项目中期评估，打造推动儿童福利机构优化提质高质量发展的“山城”品牌。

（二）专业化建设

专业化是指从事儿童关爱保护工作的个体或者组织，其专业素质、工作能力、工作效率不断提高以及专业素质和工作能力得到社会认可并被接纳的动态变化过程。民政领域儿童关爱保护体系专业化建设在三个方面取得重点突破，一是儿童福利机构专业化水平的提升，二是服务儿童类社会组织专业优势的发挥，三是基层专业力量的加强。

1. 儿童福利机构“养、治、教、康＋社会工作”专业化服务能力明显提升

儿童福利机构是民政部门针对孤弃儿童等特殊群体进行支持性、干预性关爱帮扶的实体要素和直接手段，与未成年人救助保护机构一起成为民政领域专门从事儿童关爱保护工作的主要阵地。养育、医疗、教育、康复、社会工作的一体化、专业化发展成为儿童福利机构专业化属性的内在要求和外在显现。

（1）加快专业化服务机构建设。为了改善儿童福利机构的软硬件环境、提升专业化服务能力，各地将建设专业化机构的定位与追求同优化提质和创新转型工作的总要求、时间表、路线图进行对标对表，分层次、分阶段持续推进。比如，河北省内各儿童福利机构在2022年共投入约1400万元，按照“提素质、强基本、防风险、控疫情、抓规范”的基本要求，通过改扩建床位、购买设施设备、招录专业人员、购买服务、签订医疗合作协议等方式，着力推动“养、治、教、康＋社会工作”一体化发展，不断丰富服务内容和提高服务质量。内蒙古自治区民政厅与上海市民政局深化儿童福利领域的交流合作，促使呼和浩特市儿童福利院、乌兰察布市儿童福利院与上海市儿童福利院结成“姐妹院”，通过“沪蒙合作”，从培训、管理、服务、康复、教育等多方面进行精准对接和紧密合作，全面提升两家儿童福利机构的专业服

务能力。

（2）提供丰富的专业化服务。伴随民政部门兜底监护职能的明确和加强，儿童福利机构收留抚养的儿童类型也相应增加，除了弃婴（儿童）、孤儿，还有事实无人抚养儿童、人民法院指定由民政部门担任监护人的儿童、打拐解救儿童等。儿童来源和需求的多样性，儿童创伤经历的复杂性，以及各类儿童在心理、性格和行为等方面的差异性，都对儿童福利机构实现专业化养育目标构成现实挑战。儿童福利机构的专业化服务提供，包括生活照料、医疗服务、康复服务、教育服务、社工服务等，具有较强的专业性、技术性和较显著的人文关怀特征，正是对上述挑战的精准解题，也是整个儿童关爱保护体系对上述儿童群体的特殊关爱。儿童福利机构的专业化服务不仅直接作用于机构内儿童对象，还辐射到机构外儿童群体，在家庭教育指导、社会力量培育、心理健康关爱、监护侵害干预等方面发挥作用，具有宽领域、多层次的优势，对于基础性、支持性、干预性三级服务体系具有立体式的对应关系。

加强社会工作服务是儿童福利机构优化提质的重要内涵之一。《儿童福利机构社会工作服务规范》于 2021 年 3 月 11 日由民政部发布实施，为儿童福利机构开展社会工作服务提供科学规范，对儿童福利机构的标准化建设和专业化发展具有重要的指导意义。儿童福利机构社会工作专业化发展的可行路线是以该规范为全面参照，通过配备与儿童数量相适应的专职社工、明确专职社工的整合职能、建立个案管理机制等方式，确立以社会工作专业为主导的安置服务工作模式。通过将分散在不同科室的收养、寄养、类家庭养育等业务进行有机归并，实现养治教康等服务按照协商一致的安置目标和服务计划与社工服务形成支持配合、顺畅高效的专业互动，让社会工作与养治教康彼此适应和相互接纳。社会工作专业服务机制的落地和运转，有助于摆脱儿童福利机构内社会工作专业作用不能充分发挥和专业地位未获普遍认可的实践困境，对于社会工作人才队伍建设和专业服务制度建设也会产生积极影响，能够改善儿童福利机构的服务环境和服务品质，[1] 确保机构内每名儿童都能获得全人全程的专业社工服务。

---

〔1〕 参见童小军：《从社会工作专业服务落地看儿童福利机构优化提质》，载《中国民政》2022 年第 13 期，第 59 页。

（3）形成专业化的工作队伍。儿童福利机构内残疾儿童数量多，重度残疾占比高。2023 年 6 月针对儿童福利机构的问卷调查显示，机构内弃婴（儿童）的病残率已经高达 98.68%，常见疾病以脑瘫（19.9%）、先天性心脏病（10.64%）、唐氏综合征（10.64%）等居多。服务对象的特殊性对儿童福利机构的护理、营养保障、医疗、康复、特教等专业化水平提出了更高要求，既要“养好”，还要“养成”。儿童福利机构的干部职工需要紧跟时代发展，进一步倾注真情爱心、磨炼过硬技术、积累专业经验。为此，儿童福利机构不断调整优化专业人才组成结构，配齐配强孤残儿童护理员、教师、护士、社工师、医生、康复师（士）、心理咨询师等专业工作人员。儿童福利机构中取得职业（执业）资格的工作人员已经占到全部工作人员的 77.3%，为提升专业水平和服务能力提供了人才和技术保障。

以孤残儿童护理员为例，孤残儿童护理员承担孤弃儿童的日常照料和基础护理职责并协助开展康复、教育、保健等服务，其工作内容即是对于机构内儿童“养、治、教、康”需求的总括式满足，对于能否“养育好”、“治疗好”和“康复好”孤弃儿童具有直接影响。孤残儿童护理员已成为民政特色领域重要的人才队伍之一。2023 年 6 月针对儿童福利机构的问卷调查也显示，孤残儿童护理员是儿童福利机构中取得职业（执业）资格占比最高的工作人员，达到 19.3%（见图 4－2）。

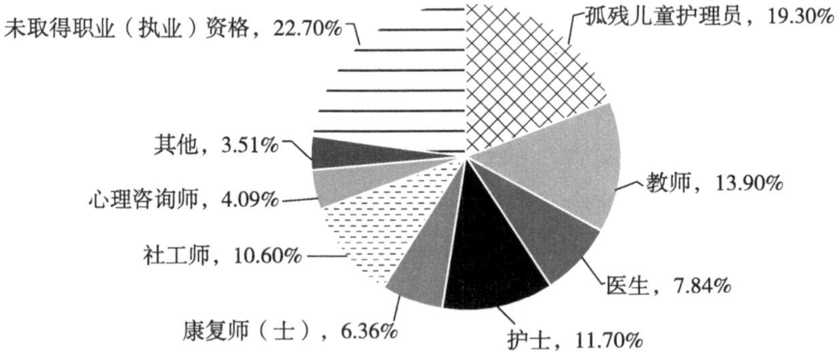

图 4－2　2023 年 6 月针对儿童福利机构问卷调查显示
儿童福利机构取得职业（执业）资格情况

民政部门从“基础建设、技能培训、考核评价、竞赛选拔、表彰奖励”

等关键环节入手，抓好“建、管、用、培”，积极推动孤残儿童护理员人才队伍建设，孤残儿童护理员的从业行为不断规范，技能水平和业务素质持续提升。队伍的专业化、职业化和规范化建设取得重大进展。人力资源社会保障部、民政部共同制定了孤残儿童护理员的国家职业技能标准。全国民政行业职业技能竞赛（孤残儿童护理员赛项）成为国家职业二类职业技能竞赛。在第三、四、六、八届决赛中共产生12名全国技术能手和1名“全国五一劳动奖章”获得者，[1] 集中展现了孤残儿童护理员队伍的专业水准和精神风貌。

2. 服务儿童类社会组织的专业优势不断发挥

社会组织既是开展儿童关爱保护工作的服务主体，也是构建儿童关爱保护体系的关键载荷，具有资源丰富、主体多元、服务专精、潜力巨大等显著特点。

（1）社会组织参与的主要形式。社会组织作为专业性力量的深度参与是儿童关爱保护体系建设的重要主张之一。作为技术载体、组织载体和服务载体，服务儿童类社会组织主要包括社会工作服务机构、公益慈善组织和志愿服务组织等。在健全农村留守儿童评估帮扶机制、建立健全困境儿童保障工作体系、加快形成困境儿童心理健康关爱服务工作格局、完善事实无人抚养儿童关爱服务机制、做好受监护侵害未成年人临时安置等方面，相关文件都对积极发挥社会组织作用有着明确的规定和要求，也为社会组织参与儿童关爱保护工作提供了合法性授权。

民政部门主要通过政府委托、项目合作、重点推介、孵化扶持等方式引导和支持社会组织参与儿童关爱保护工作，包括捐赠物资、实施慈善项目和提供专业服务等。政府力量和社会力量的跨域式联动，加长了民政工作臂膀，丰富了民政工作手段，使儿童关爱保护的工作力量得以深度下沉，服务关口实现有效前移，施与儿童的政策性支持和专业性服务变得更加公平可及。比如，上海市民政局持续开展“为义务教育阶段家庭监护缺失或不当的儿童提供支持服务”困境儿童个案帮扶品牌项目。该项目通过政府购买专业社工组

[1] 参见《虽非亲骨肉　依然父母心——第十一届全国民政行业职业技能竞赛（孤残儿童护理员赛项）总决赛印象》，载民政部网站 https：//www. mca. gov. cn/n152/n166/c1662004999979992953/content. html，2023年12月25日。

织服务的形式，委托专业社会组织和儿童福利社工以社会工作个案干预方式，在2022年共为374名义务教育阶段的事实无人抚养儿童、社会散居孤儿及其家庭提供了监护指导、教育帮扶、日常照料、心理疏导、行为矫治和社会融入等监护评估和个案管理支持服务。

（2）社会组织的优势与特征。社会组织作为儿童关爱保护体系中服务支持系统的参与主力，具有明显的规模优势和专业优势，推动了儿童关爱保护服务向深处和广处不断延伸。2023年6月针对服务儿童类社会组织的问卷调查显示，在参与调查的社会组织中，现有工作人员数量的均值为13.09人，专职从事儿童工作的人员数量均值为7.89人，专职人员的比例为60.28%。专职人员的学历为大专和本科的比例分别为41.82%、27.60%，合计69.42%。服务儿童类社会组织在人员构成上具有从业人员数量多，专职人员占比高、学历状况好的特点。

在参与调查的社会组织中，排在前三的服务群体分别是困境儿童、农村留守儿童和事实无人抚养儿童。目前正在为儿童提供的服务主要包括家庭走访核查和基础数据收集、政策宣传和业务培训、陪伴关怀和成长辅导、家庭监护评估和监护监督、心理健康服务和行为矫治等。为儿童提供服务的方式主要包括社区活动、专业的社会工作、宣传教育和政策倡导、志愿服务和走访巡查等。51.33%的社会组织观察到在其服务的儿童对象中存在失范行为，[1] 62.47%的社会组织观察到在其服务的儿童对象中存在心理或精神问题。[2] 社会组织来自社会并且具有专业性，因此能够对儿童问题实现敏锐和科学的观察与体认，在选择服务群体时也能与我国儿童关爱保护体系的政策对象保持高度一致。社会组织所提供的服务内容以儿童需求为导向并紧跟政策倡导，在服务过程中重视心理干预和监护支持。社会组织“差异化满足”“高效能治理”“个性化联结”的服务优势和行动优势，[3] 不仅与儿童关爱保护体系自

〔1〕最为常见的五类失范行为从多到少依次是：“沉迷网络”、“多次旷课、逃学、无故夜不归宿、离家出走”、“经常吸烟、饮酒”、“与社会上具有不良习性的人交往，组织或参加实施不良行为的团伙”和“进入营业性娱乐场所、酒吧、网吧等不适宜未成年人活动的场所”。

〔2〕最为常见的五种心理或精神问题从多到少依次是：“情绪低落”、“缺乏兴趣”、“专注度低”、“自闭”和“焦躁不安”。

〔3〕参见徐丽敏、陶真：《社会组织参与困境儿童保护的内在机理与路径选择》，载《华东理工大学学报》（社会科学版）2020年第5期，第78页。

带的人性化柔软属性非常契合，也让支持性、干预性的服务输出更具适配性和满足度。

3. 以儿童主任为代表的基层专业力量不断加强

儿童主任构成加强儿童关爱保护工作的一线执行力量和服务递送终端，贯穿于从发现到干预的完整业务链条。其服务理念和态度、服务方式和方法、服务能力和程序，直接影响到儿童关爱保护的效果和质量，也是儿童关爱保护工作均衡性、可及性得到实现的重要保证。

（1）儿童主任的组成结构不断优化。2023 年 6 月针对儿童主任的问卷调查显示，儿童主任为女性的比例为 73.2%，年龄为 30－50 岁的比例为 67.3%，学历为大专及以上的比例为 54.7%，任职时长为 3 年及以上的比例为 46.9%，表示非常愿意或愿意做儿童主任的比例为 95.5%，表示能够胜任儿童主任工作的比例为 83.5%。这些关于儿童主任的硬性指标，包括性别构成、年龄结构、学历层次、工作稳定度等都较为可观，儿童主任对所从事的工作也具有较高的价值认同。此外，74.5% 的儿童主任在入职前接受过相关培训，85.4% 的儿童主任每年接受 1 次培训。自身禀赋的优化加上能力培训的强化，使得儿童主任服务能力的上限不断提高。其信息摸排、家庭走访、监护指导、工作报告、政策落实、资源链接、场所管理的工作内容极具张力和弹性，既可以针对农村留守儿童和困境儿童提供政策所预设的关爱服务，也可以面向更为广泛的儿童群体协助提供信息普查、宣传倡导等具有基础性色彩的服务，在三级儿童关爱保护体系的建设中越来越成为不可或缺的力量。

（2）各地加强儿童主任队伍建设。为了打造有爱心、有责任心、有能力的儿童主任队伍，各地通过加大技术支持和资金支持力度等形式参与对儿童主任及其岗位的塑造。

一是按照“分层级、多样化、可操作、全覆盖”的要求，采取“理论＋实践”“线上＋线下”“培训＋督导”的形式，开展切口准、接地气、易复制的日常培训、示范培训和专题培训，提升儿童主任队伍专业能力和整体素质。比如，河北省民政厅牵头组织 11 个设区市民政局开展儿童主任示范性培训，围绕儿童主任如何做好家庭走访、排查报告、链接资源、委托照护、评估帮扶、宣传教育、监护监督等工作内容，制作 11 节培训视频课程，在“河北民政”开设儿童主任培训专栏，以“网课”的全新形式组织集中学习。

二是通过编印业务书籍和制定服务标准的形式加大业务指导力度。比如，江苏省民政厅编印《儿童主任实务手册》《儿童主任培训与考核试题库》等“口袋书”，规范儿童主任定期走访、发现报告、关爱帮扶等工作细节，提高儿童主任实务操作技能以及风险防范能力。广西壮族自治区民政厅推动将儿童主任定期走访纳入广西基本公共服务标准，[1] 增强儿童主任专业意识并提升其政策执行和服务保障能力。

三是通过典型宣传和实务技能竞赛等形式提高儿童主任的身份认同感、职业荣誉感。比如，安徽省民政厅联合省委宣传部、省文明办等多家单位于2023年3月启动第二届“最美儿童主任”选树宣传活动，对基层儿童工作者的感人故事和美好形象进行挖掘和推广。江苏省在2023年举办的村（居）儿童主任实务技能竞赛是全国儿童福利领域首次举办的全省性大型赛事，[2] 通过让优秀的儿童主任同台竞技，一方面展示了他们扎实的政策理论和熟练的实践实务技能，另一方面提升了儿童主任的影响力和社会知晓度。

四是尝试建立儿童主任绩效考核和岗位补贴制度。比如，湖南省民政厅等5部门印发《关于进一步加强村级儿童之家建设和管理工作的通知》，明确“对儿童主任给予岗位补贴，补贴标准为每人每月200元，有条件的地方可适当增加，由县市区按工作绩效分等次发放”。截至2022年底，全省已有55个县市区发放了儿童主任岗位补贴，部分地区将儿童主任岗位补贴纳入财政预算。浙江省民政厅等11部门印发《浙江省儿童之家建设三年计划（2020－2022年）》，明确“各地可结合工作任务、管理服务等情况对儿童主任给予适当服务报酬，所需经费从村（社区）组织运转等有关经费中列支”。贵州省在600多个村（居）通过购买服务、实施公益项目等方式设置专职儿童主任，按照每年2万元至5万元的标准发放工作报酬。江苏省兴化市依托其在全国率先开发使用的未成年人关爱保护信息平台，建立爱心积分褒奖机制，对儿童主任、专兼职社工等参与关爱保护工作人员的关爱服务履职情况和工作绩效进行考核考评并定期通报表彰。

---

〔1〕参见《广西壮族自治区发展和改革委员会等21部门关于印发〈广西基本公共服务标准（2021年版）〉的通知》（桂发改社会〔2021〕1233号）。

〔2〕2023年11月8日至9日，首届“福彩杯”江苏省村（居）儿童主任实务技能竞赛总决赛在泰州举办。

五是积极开发儿童主任探访数字化应用，利用信息化手段实现定期探访精准化、关爱帮扶闭环化。比如，江苏省为推进事实无人抚养儿童摸排工作，开发设计入户调查巡访微信小程序，具备分派排查任务、采集排查信息、自动汇集数据等功能。浙江省诸暨市在浙政钉上线“儿童主任探访”应用，面向全市儿童主任推广使用，实现儿童主任走访关爱任务向网格化、可视化和可考核化转变。

（三）协同化建设

协同化是指民政部门在儿童关爱保护体系的建设和治理过程中，为提高儿童关爱保护工作的质量和效率，通过协调使用各方面的力量和资源以及促进各主体之间的协作和配合等方式，不断形成工作和机制合力的实践活动。协同化建设的快速发展，实现了多元主体能动性和互动性的有效结合，使得资源配置更加优化、权责关系更加明晰、服务效能更加提升。

1. 多元参与和力量集聚

民政部门在儿童关爱保护体系的建设中打开工作联动之门，坚持群众性和协同性原则，通过梳理政府部门、群团组织、社会组织儿童关爱保护资源，形成关爱保护资源库，将分属于不同条块并由不同主体提供的服务力量和福利资源进行统一扎口，在资源投放和服务供给上形成相互填补、互为策应的工作局面。

（1）注重部门间数据资源的打通使用。各地在儿童关爱保护体系的建设中推动民政与其他部门间进行数据资源的整合共享，初步实现了儿童数据的深度挖掘和高效利用。通过数据开放、信息比对、动态监测等方式完善困境儿童主动发现机制的数字化应用场景已经成为儿童关爱保护工作的亮点。比如，浙江省推动相关部门开放数据权限，由省级儿童信息管理系统对公安、司法、卫生健康、残联等部门的数据进行有效拟合，依靠大数据的比对排查机制主动发现符合条件的儿童对象，彻底解决因未能主动、及时发现而造成的保障不到位问题，实现应保尽保和动态管理。内蒙古自治区民政厅与自治区公安厅、司法厅、卫生健康委、医保局、残联等部门签订信息共享备忘录，全量共享户籍成员、服刑人员、戒毒人员、残疾人等级等信息，用于开展大数据核查比对，通过数据交换汇聚，对儿童保障对象及时发现、精准识别，送政策上门。

（2）统筹使用民政救助和康复救助工具。民政部门与残联组织加强合作，通过整合康复资源、完善设施设备、加强人才储备等方式，持续强化民政领域康复服务能力建设，儿童福利机构及机构内残疾儿童进入康复救助工作体系和服务网络的比重显著提升。比如，江苏省把“支持将区域性儿童福利机构纳入残疾儿童定点康复机构，逐步探索向低收入家庭残疾儿童开放”写入《江苏省“十四五”残疾人事业发展规划》。江苏省民政厅联合省教育厅、卫生健康委、残联等部门出台2022年至2024年推进儿童福利机构提质转型工作阶段性实施方案，在其中进一步加强了对儿童福利机构强化康复特教功能建设的指导。截至2022年底，全省开展集中养育工作的20家区域性儿童福利机构，已有12家被纳入残疾儿童定点康复机构目录，占比达到60%。

（3）积极指导村（居）民委员会履行职责。村（居）民委员会作为基层群众性自治组织，其自我管理、自我教育、自我服务的功能天然地包括儿童关爱保护工作。关于儿童关爱保护的法律法规和政策文件对于村（居）民委员会在加强法定监护和未成年人保护工作中的职责也多有规定。此外，儿童主任的身份大多附加在村（居）两委委员的本职身份之上，人选确定和身份赋予也主要在村（居）民委员会层面完成。村（居）民委员会已成为儿童关爱保护工作的前沿阵地。

为了充分发挥村（居）民委员会广覆盖、深嵌入的体量优势，就近就地做好儿童关爱保护工作，民政部门与妇联组织加强沟通对接，引导村（居）民委员会设立妇女和儿童工作委员会，强化组织体系建设。妇女儿童专门委员会的成立有利于推动在基层社会治理中构建“党政主导、各方参与、齐抓共管、同向发力”的妇女儿童工作格局，也顺带为儿童关爱保护工作夯实了一线基础。比如，福建省民政厅会同省妇联于2022年9月在全国率先出台设立村（居）民委员会妇女和儿童工作委员会的通知。[1] 其中关于主要职责的八项规定，完全可以视作监测预防、发现报告、应急处置、评估帮扶、监护干预等儿童关爱保护工作职责的再现和重申，而关于强化责任落实、健全保

---

〔1〕《福建省民政厅　福建省妇女联合会关于设立村（居）民委员会妇女和儿童工作委员会的通知》（闽民规〔2022〕10号）。

障机制、强化工作督导、加强能力建设的四项工作要求则在事实上成为加强儿童关爱保护工作的系统性支持。截至2022年10月底，村（居）民委员会中设立妇女和儿童工作委员会已占到福建全省村（居）总数的70.0%。

（4）推动基层队伍与专业力量的结对配合。民政部门在儿童关爱保护体系的建设中将加强基层儿童工作者队伍建设与鼓励和引导社会力量广泛参与进行有机结合。2023年6月针对儿童主任的问卷调查显示，有专业社工、固定的志愿者辅助儿童主任开展活动的比例为65.6%，74.0%的儿童主任认为社工、志愿者的服务非常有效果。鉴于儿童主任在职能发挥上的限度以及深入推进农村留守儿童和困境儿童关爱保护工作的难度，推动二者的融合式发展无疑已成为建立健全儿童关爱保护体系中关于构建“服务机制城乡联动、服务设施城乡衔接”目标的坚实基础和现实路径。

以社工、志愿者、社会组织为代表的社会力量具有“灵活高效的组织优势”、“需求为本的专业优势”和“多主体参与的协作优势”。[1] 儿童主任作为在地力量，具有鲜明的社区属性，更易被困境儿童及其家庭接受。两者的工作互动既可以实现专业性的提升，也可以开拓专业力量进入村（居）的通道。比如，江苏省为做好困境儿童精准排查和全面保障工作，通过政府购买服务的形式引入专业服务儿童类社会组织并使之与镇（街）儿童督导员、村（居）儿童主任混合编组，以“三结合”的形式确保了入户排查标准的统一，制度性地解决了基层工作力量专业性不足的现实问题，同时引导承接购买服务的社会组织优先聘请儿童主任协助开展儿童关爱服务项目，在项目实际运行中提高儿童主任的工作能力。

2. 治理重构和关系理顺

协同化是儿童关爱保护工作的显性议题。坚持全民关爱、社会参与和多元共治既是加强儿童关爱保护工作的基本原则也是重要的工作机制。民政部门在儿童关爱保护的治理场域中十分注重政府治理和社会调节的互洽共融，追求实现多元主体能动性和互动性的有效结合，极大改善了“碎片化”“分散化”的工作生态。

---

〔1〕 参见赵记辉：《社会组织参与未成年人保护的现状、挑战与对策研究》，载《中国未成年人保护发展报告蓝皮书（2022）》第321页。原文中主要指社会组织所具有的优势。

（1）明确加强基层建设的捆绑式发展路径。民政部门在儿童关爱保护体系的建设中推动未成年人保护工作站、儿童主任队伍与其他基层服务机构、工作力量的相互嵌套，实行一体管理、一体服务、一体推进。各地重点依托社工站、民政办、党群服务中心、便民服务中心、新时代文明实践站等加快乡镇（街道）未成年人保护工作站的设置工作，通过一室多用、多站合一，把不同条线的场地资源、服务资源进行打包使用，更好地普及专业优质的社工服务，提升儿童关爱保护工作的规范化、专业化水平。

四川省眉山市注重现有工作力量的延伸使用，由市民政局与市委政法委合作在全市村（社区）建立“未保小组长”制度，通过让网格管理员兼任“村（社区）未成年人保护工作小组长”，充分发挥网格管理员的“吹哨”作用，加强对农村留守儿童、困境儿童的监护、就学等基本情况的日常巡查、走访和信息排查；通过落实范围定格、网格定人、人员定责，切实将未成年人保护触角延伸至村（社区）一线，实施群防群护。“未保小组长”制度形成了“1个儿童主任＋N个未保小组长”的村（社区）未保工作开展模式，儿童主任有了更多的工作助手和信息发现渠道，打通儿童关爱保护的“神经末梢”。

（2）搭建加强部门间横向协同的互动平台。民政部门在儿童关爱保护体系的建设中加强未成年人救助保护机构的实体化、平台化运行，使之成为强化横向协同的枢纽。未成年人救助保护机构按照“政府主导、民政牵头、部门联合、家庭尽责、社会参与、共同关爱”的工作原则，通过完善资源链接、服务介入、个案会商和反馈调节等工作机制，将多部门、多领域、多层次参与的临时监护、个案处置、政策宣讲、指导培训等关爱保护工作做精做新。

以个案会商为例，各地依托未成年人救助保护机构建立“一门受理、协同处置”个案帮扶模式，使得部门间的工作协调和联动响应更为顺畅，达到“解决个案、规范类案、善后处置、舆情引导”的积极效果。[1] 比如，张家港市未成年人关爱保护中心推动构建突发困境未成年人联动保护模式，强化与法院、检察院、公安、司法、妇联、区镇（街道）、村（社区）的纵横联

〔1〕参见《沈阳市出台两项未成年人保护工作制度》，载《沈阳日报》官网 https://epaper.syd.com.cn，2023年12月25日。

动，针对重点个案集中相关职能部门力量开展个案会商，通过科学分析研判形成最佳解决方案并转介至具体责任区镇（街道）或责任部门，确保应急处置和干预服务的落实落细。2021 年、2022 年该中心已牵头组织个案会商 28 次。

（3）促进“政社”的广泛联动和优势互补。民政部门的儿童关爱保护工作同加强未成年人保护工作中有效落实政府监护职责、加强困境未成年人关爱服务等强化政府保护职能方面的内容高度重叠，具有政府治理的意义。其优势在于公共服务输送的标准化和通用性，以及对于工作网络铺设、工作队伍建设的全域推开和强力推进，着眼于行政效率的提高，胜在力度。社会组织及其专业的社会工作和志愿服务具有“服务专业化”“宗旨人格化”的独特优势，以及“受众多元化”“领域广泛化”的放大效应，[1] 使得推动社会组织参与承接支持性、干预性服务项目的实施和运作已成为实践层面推进儿童关爱保护工作的重点，也是立足于儿童群体规模巨大现实情况的必然选择。其长处在于准度，即提供服务的精准化、个性化以及相对于由政府直接提供个案服务所带来的行政成本效益化。

政府力量和社会力量的良性互动和优势集成，使得儿童关爱保护工作既有执行力度也有服务准度，推动儿童关爱保护体系从结构搭建到内容输出的全方位建构。比如，截至 2022 年 10 月，山东省各级民政部门连续 4 年累计投入 6700 余万元，购买儿童类服务项目 823 个，培育孵化儿童类社会组织 515 家，引导超 33 万名志愿者参与困境儿童关爱帮扶工作。[2] 江苏省推行未成年人保护工作站项目化运营方式，共引进、培育专业社会组织 521 家，确保服务常态化。在 2022 年，专业社会组织共开发服务类项目 1864 个，开展活动 19760 场次，服务儿童 107797 人。[3] 两省的儿童关爱保护工作得益于政社之

---

[1] 参见王先明：《充分发挥社会组织在慈善事业发展中的作用》，载杭州发展研究会微信公众号 https://mp. weixin. qq. com/s? _ _ biz = MzI3MjA1NTUzNA = = &mid = 2650557969&idx = 1&sn = 8c71f2a4bed277b34eeb6a93d37cc8ca&chksm = f3308390c4470a861ba887015e0922ce090d497687dd3cd8459bef670338e3d8f74daaf6d4d7&scene = 27，2023 年 12 月 25 日。

[2] 《山东省 1825 个乡镇（街道）设立未成年人保护工作站》，载《工人日报》https: // baijiahao. baidu. com/s? id = 1748449625987161198&wfr = spider&for = pc，2023 年 12 月 25 日。

[3] 《120 个省级未保站今年将改造升级——小站大爱，撑起儿童“保护伞”》，载中国江苏网 https://jsnews. jschina. com. cn/jsyw/202302/t20230205_ 3157149. shtml? isappinstalled = 0，2023 年 12 月 25 日。

间的系统化、规模化联结，服务网络更加健全，服务供给更趋普惠。

（4）实现院内院外资源与服务的双向交流。民政部门在儿童关爱保护体系的建设中充分发挥儿童福利机构公共服务资源优势，全力打造专业机构和开放机构，通过开门办院辐射社区，由院内孤弃儿童扩展到社区残障儿童，不断扩大服务半径，为机构外贫困家庭的重病和残疾儿童提供康复评估、康复医疗和康复训练等惠民服务。“康复一个孩子，解困一个家庭”，服务外展取得良好社会效益，彰显了新时期民政服务机构的福利属性和公益属性。比如，浙江省民政厅于2015年开始实施“添翼计划”，依托儿童福利机构设施设备和专业人才等资源优势，为贫困家庭重病和残疾儿童提供3个月至9个月的集中养育和康复治疗服务。截至2022年10月，这一政策性支持和帮扶项目已惠及3000余名儿童。[1]

二、规范化、专业化、协同化建设的困境和问题

作为儿童关爱保护体系整体建构的配套工程，民政领域儿童关爱保护工作的规范化、专业化、协同化建设在工作推进与治理延伸过程中仍然存在短板弱项，面临制度性、专业性和保障性方面的困难挑战。

（一）缺少刚性支持

规范化、专业化、协同化建设在宏观的制度、机制层面存在制约因素。相关的制度设计和机制建设存在创新性不足、完备性不够的问题，没有对规范化提出更严的要求、对专业化提出更高的标准、对协同化提出更实的举措，直接影响了儿童关爱保护工作的精准化管理和精细化服务水平。

1. 在工作机制方面的建设较为滞后

一是现行政策中关于规范化、专业化、协同化建设的规定更多的是作为一种延伸性的要求存在，多属于理念主张或原则表述，在适用性、延续性和可操作性等方面缺少带有规制性的明确条款。二是针对规范化管理、专业化服务、协同化推进等方面缺少相应的配套机制，包括足够对应的流程化、制

---

〔1〕《“添翼计划”优秀实践案例 | 孩子由“不会走”到“自己走”》，载浙江民政微信公众号 https://www.thepaper.cn/newsDetail_forward_20222451，2023年12月25日。

度化的实施机制，关于执行力度、成效评估的监测机制、激励机制以及与之配套使用的标准体系。三是在有效防治违反财经纪律、政策落实偏差等方面缺乏用制度管人管事的长效机制，需要继续在补短板、堵漏洞、除隐患上提升规范化、标准化管理服务质量，从源头上防止老问题反弹、新问题产生。

2. 缺少统筹推进工作的有力抓手

儿童关爱保护工作并不是简单地通过多头供给“做加法”，而是需要对儿童群体分化的差异性需求及其满足情况做系统性分析并加强部门整合和资源整合。随着工作形势的变化，民政部门此前主导的协调机制和牵头职能发生变化，民政领域关于儿童关爱保护工作的实现机制和发力方向相应减少。如何克服平级部门间由于多部门分割而导致的治理主体“碎片化”以及服务供给“分散化”“低效化”的问题，提高特殊儿童群体关爱保护工作的整体性和系统性，是民政领域儿童关爱保护体系建设亟待解决的难题。

3. 监护制度的作用发挥存在局限

建立完善的未成年人监护制度体系是加强儿童关爱保护工作的前置性条件。我国的监护制度强调家庭监护的先在性，除了监护侵害的特殊情形，政府和社会对于家庭关系、家庭事务的介入缺少突破性权限，也没有给予其充分的正式性关注，尚未将解决困境儿童及其家庭所经常遭遇的家庭功能失调、亲子关系紧张以及社会支持不足等问题纳入政策范围。与之相关的支持性、干预性服务缺乏穿透式进入的时机和通路，儿童关爱保护的行动主体在面对家庭内部存在权益保障盲点或健康成长风险的儿童时往往陷入或无权限或无资源的尴尬境地。

（二）存在执行偏差

针对特殊儿童群体进行分层分类关爱保护的政策内容虽然对关爱保护的主体分工、工作实施、机制搭建等作出了必要的安排，但其政策目标和治理要求仍然具有原则性、概括性的特征。在政策的实际执行过程中，关于如何将政策构想进行规范化、专业化、协同化的高效实现，在一定程度上出现实务表现与文本呈现之间的脱节、错位等区隔现象。

1. 资源配置力度有限

儿童关爱保护工作很多属于地方事权，地方政府面临制度整合空间小、资源统筹能力差的双重约束，缺乏加大资金投入力度和加强实践创新的积极性。政府购买服务投入有限，工作力量分布不均衡，导致基层儿童关爱保护的服务网络不健全、不匹配，所开展工作也多限于完成规定动作，主要是保障对象的发现识别、系统数据的收集上报、福利供给的现金支付等，在推动各方资源开展个案层面的合作上则动能不足，缺少对于服务供给和监护支持的执行过程。此外，2023 年 6 月针对儿童福利机构的问卷调查显示，35% 的儿童福利机构存在经费缺口，需要加大经费投入力度。

2. 制度落实存在落差

上级政策的“模糊性”与下级政府的自由裁量权之间的拉扯，[1] 使得政策设定与具体执行之间出现“怎么做”“做多少”的落差和偏离。在服务对象的选择上可能局限于有明文规定的特殊儿童群体，在服务内容的递送上没有做到物质与精神兼顾，在工作目标的考量上偏重于风险防控、社会稳定而不是维护权益和促进发展。此外，2023 年 6 月针对儿童福利机构、未成年人救助保护机构、服务儿童类社会组织的问卷调查显示，仅有 36% 的儿童福利机构、50.2% 的未成年人救助保护机构、31.87% 的服务儿童类社会组织建立了履行强制报告职责的相关工作程序。儿童福利机构、未成年人救助保护机构和服务儿童类社会组织及其工作人员均为强制报告的责任主体，但是相关工作程序、工作制度仍有待全面铺开，需要强化责任落实，加强机制建设。

（三）在队伍建设上需要继续做专做强

关于儿童关爱保护的政策安排对于夯实基层工作力量多采用实用主义的做法，先建立再提升，在一定程度上造成了儿童关爱保护工作重“量”轻“质”的结构性矛盾。

1. 儿童主任的专业服务能力仍需进一步加强

现行的政策目标还是以建立儿童主任工作模式为主，主要考虑工作队伍的建成，而较少顾及其服务专业性的问题。人选范围的宽泛性设定以及岗位能力的模糊性要求，导致儿童主任更像一个附加的身份，而非专职专岗的

---

[1] 参见刘玉兰：《城市基层福利治理与困境儿童福利供给偏差的地方实践——基于 7 个民政部试点地区的调查》，载《社会工作与管理》2020 年第 3 期，第 11 页。

职业定位。〔1〕

2023年6月针对儿童主任的问卷调查显示，儿童主任绝大多数由村（居）两委委员兼任，比例高达81.2%。叠加的身份，兼职的属性，意味着儿童主任面临多重身份的主次博弈。在实际情境中，儿童关爱保护工作往往被置于从属地位。另外一项研究结果显示，儿童主任“只有5%－20%的时间用于儿童工作”〔2〕。儿童主任作为儿童关爱保护政策理论上的落实者，承担六项职责，责任重大。但是，政策身份的模糊定位导致儿童主任入职门槛较低，仅有“有能力、有爱心、有责任心”的泛道德要求，在开展服务的现实场景中，其理念、知识、技能水平明显不足。

2. 社会组织的专业服务水平仍需进一步提高

在民政领域的儿童关爱保护工作中，服务儿童类社会组织总量偏少，专精型社会组织极为稀缺。2023年6月针对服务儿童类社会组织的问卷调查显示，在参与调查的社会组织中没有参加社会组织等级评估或正在评估中的比例达到61.68%（见图4－3）。这些社会组织可能在基础条件、内部治理、工作绩效和社会评价等方面存在不足，普遍需要完善内部治理，也亟须提高专业技术服务能力。

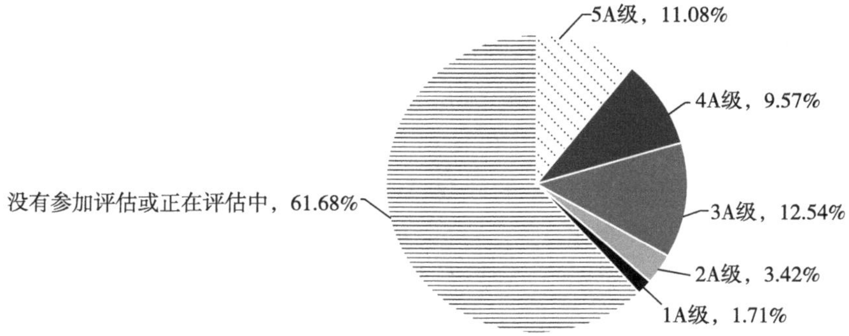

图4－3　2023年6月针对服务儿童类社会组织问卷调查显示社会组织等级评估情况

〔1〕参见任晓璐：《儿童主任岗位设置及发展困境研究——以S市A区为例》，华东理工大学2022年硕士论文。

〔2〕参见中国儿童福利和收养中心、陕西妇女儿童发展基金会团队于2021年7月完成的《护童成长——儿童关爱服务体系建设试点项目基线调研报告》。

2023年6月针对服务儿童类社会组织的问卷调查也显示，专职且具备社会工作、医学、心理、法律等专业背景或者从事相关工作2年以上的人员数量仅占全部工作人员的20.6%。根据赵记辉的研究，在参与未成年人保护工作的社会组织中，其工作人员的社会工作师、心理咨询师、家庭教育师、律师执业资格证书的持有率分别仅为34.3%、8.05%、2.10%和0.57%。[1] 这些数据都表明社会组织的专业人员匮乏，从规模数量到专业水平均与构建儿童关爱保护体系需求存在明显差距。社会组织所开展服务同质化严重，在资金筹集、项目策划、服务开展等方面创新性不足，关爱保护服务的专业性和服务成效难以保证。

（四）在资金保障、项目支持上需要继续做好做实

民政领域儿童关爱保护体系规范化、专业化、协同化建设在微观的治理和技术层面存在不足，需要通过持续的资金投入、稳定的项目延续以及顺畅的政社联动加以完善。

1. 社会组织面临资金保障方面的困境

2023年6月针对服务儿童类社会组织的问卷调查显示，参与调查的社会组织认为在日常运营中面临的主要困难是经费困难或不足，然后是缺少专业人才和政府购买服务项目缺乏延续性、稳定性。关于目前最急需的政府支持，参与调查的社会组织多选择资金支持，然后是政策引导和专业督导。社会组织关于政府支持的需求内容与其在日常运营中面临的困难事项具有高度的对应性。而接近七成（69.03%）的社会组织以政府资助及购买服务作为主要的资金来源，更是表明社会组织的经费渠道单一，存在依赖性。社会组织的资源依赖使得政府与社会组织之间难以形成顺畅的合作关系，社会组织的自主性不足，“大多围绕政府项目设计服务”，“其是否参与、参与程度、参与方式等大多由政府决定”[2]。

---

〔1〕 参见赵记辉：《社会组织参与未成年人保护的现状、挑战与对策研究》，载《中国未成年人保护发展报告蓝皮书（2022）》第323页。

〔2〕 参见刘玉兰：《城市基层福利治理与困境儿童福利供给偏差的地方实践——基于7个民政部试点地区的调查》，载《社会工作与管理》2020年第3期，第11页。

2. 政府购买服务的周期性特征影响服务项目的实施成效

政府购买服务项目大多以一年为执行周期，缺乏延续性和稳定性，政府部门和社会组织可能出于节约时间或资金成本考虑而减少个案化的专精型服务。而依托项目化运行的支持性、干预性服务也必然具有“阶段性”特征，随着项目的结束和调整，可能会造成服务的中断和重启。2023 年 6 月针对服务儿童类社会组织的问卷调查显示，对于一些即将结束或已经结束的项目，尽管儿童对象仍有服务需求，参与调查的社会组织却未建立案件交接、持续跟进等工作机制的比例约为 27.45%。缺少专精型个案服务，加上服务时长受到限制，专业关系也无法稳定维持，这些都会影响服务成效，使得服务与需求无法完全适配。

3. 儿童关爱保护工作在评估、督导等环节存在缺陷

评估和督导涉及儿童关爱保护工作政策执行的“监管和信息流通”环节，是构建“环型反馈”的重要机制，[1] 也是保障社会工作专业质量的关键机制。但是，作为购买方的政府部门对于社会组织所承接的支持性、干预性服务项目往往遵循技术治理逻辑，[2] 要求公共服务类项目的产出能够凸显和量化，财政资金的使用效益能够计量和审核。这一机械式评价导向使得社会组织更愿意开展能够将服务成效计量化和成果化的服务形式，比如提供日常慰问、开展课业辅导和进行安全教育宣传等，而较少开展系统有效的儿童关爱保护个案管理服务。即便是个性化服务，由于大部分属于限定性经费项目，其服务频次、服务时长受到具体指标的严格限制，也无法保证作为案主的儿童能够获得更为密集和稳定的服务。

2023 年 6 月，针对服务儿童类社会组织的问卷调查显示，参与调查的社会组织选择购买服务或者委托开展项目的政府部门或单位作为直接开展服务成效评估主体的占比达到 66.85%，而选择第三方机构的占比仅为 32.74%。虽然政府部门或单位直接开展服务成效评估具有正当性，但是可能会影响评估的客观性和科学性，引入第三方评估可以对此进行校正。规范化评估和专

---

[1] 参见张冬、胡善平：《留守儿童关爱保护政策基层执行困境及优化对策研究》，载《渭南师范学院学报》2019 年第 9 期，第 64 页。

[2] 参见刘玉兰：《城市基层福利治理与困境儿童福利供给偏差的地方实践——基于 7 个民政部试点地区的调查》，载《社会工作与管理》2020 年第 3 期，第 10 页。

业化督导的缺失，导致儿童关爱保护工作的实际成效、目标实现不能被科学评价，也会使得社会组织及其工作人员的实务过程缺少专业的督促、训练、反馈和指正，不利于工作人员的专业成长和价值实现。

三、规范化、专业化、协同化建设的对策与建议

规范化、专业化和协同化建设事关民政领域儿童关爱保护体系的高起点谋划、高效率推进、高标准建设和高质量服务，应该成为整个体系建设的优先序课题，需要继续在理念倡导、机制建设、财政支持、标准指引等方面进行补充和改善。

（一）创新制度机制建设

一是继续完善未成年人监护制度、儿童关爱保护政策，将规范化、专业化、协同化建设写入有关加强儿童福利工作的文件中，制定关于社会组织、儿童主任等行为主体参与儿童关爱保护工作的规范和标准，为儿童关爱保护工作提供更多的工具包，不断夯实儿童关爱保护体系建设的法治基石和标准化基础。二是推动建立儿童关爱保护领域的数据库和标准库，建立社会组织间引进或者转让智力成果的撮合机制，开展儿童关爱保护工作的品牌塑造、形象推广等工作。三是总结推广各地的成功经验，梳理宣传工作中形成的有效做法和协作方式，将好的经验和做法上升固化为全国政策。

（二）加强专业能力建设

一是强化未成年人救助保护机构阵地建设，充分发挥其平台枢纽职能作用，协调推进儿童关爱保护工作专业化开展。二是提高县级服务儿童类社会组织的覆盖率，放开社会组织参与领域的限制，将更多的儿童关爱保护服务列入政府购买服务目录清单，提高社会组织的参与活性。加强督导和评估工作，提高督导评估的教育指导意义和支持功能。三是促进职业提升和专业发展。推进民政领域儿童关爱保护工作的职业道德建设，规范职业操守和职业行为。加强政策争取和经费争取工作，提高儿童关爱保护工作者从业待遇，减少人才缺失和人才流失恶性循环现象，既引得进来也留得住，为专业素养的提升和服务效果的增强增添内部动力和外部保障。四是加强与儿童关爱保

护相关的学科建设和学术研究工作，为儿童关爱保护体系的建构提供充足的理论参考和智力支持。

（三）明确政府支出责任

一是合理划分各级财政在加强儿童关爱保护工作中的支出责任和补助比例，减轻区县财政对于“提标扩面”工作的压力，在各个层面提升儿童福利待遇均等化改革的激励相容性，提高儿童关爱保护基本公共服务体系的供给水平。二是加大对政社合作的资金支持力度，优化绩效考核和资金审计办法，增强政府购买服务的稳定性和延续性，确保合作推进和项目执行的连贯性、长效性。

（四）加大工作统筹力度

一是积极参与各层级的妇女儿童工作议事协调机制，切实履行流动儿童和留守儿童权益保障牵头职责，强化政府主导责任，链接多方协同力量，扩大社会参与。二是充分利用现有的市、县、乡、村四级关爱服务平台建设成果，继续按照“实体化、标准化、专业化”要求加快布局嵌入式布点、叠加式保护的儿童关爱保护服务矩阵，不断巩固以市、县两级未成年人救助保护机构和乡镇（街道）未成年人保护工作站为主要阵地的基层工作网络。

第五章　我国儿童关爱保护服务体系建设构想

——基于基本公共服务的研究

黄　悦　张金晶*

公共服务是政府治理的重要载体和依托，关系人民福祉，受到社会高度关注。中国共产党坚持“以人民为中心”的发展理念，积极推动健全中国特色的公共服务体系，创新性地将整个公共服务体系按照基本与非基本进行分类[1]，并以基本公共服务作为民生保障制度的核心构成，优先保障、重点发展。党的十八大以来，国家不断推进基本公共服务改革，通过完善制度体系、制定标准清单、强化资源保障、加强监督评估、实施数字赋能等措施，实现了基本公共服务从“普惠化”、“均等化”到“优质化”的跨越式发展。[2]同时，随着我国经济社会的发展，基本公共服务与非基本公共服务的内涵和外延不断发生变化，以基本公共服务为基础的公共服务日益丰富，质量稳步提升。[3]儿童是全社会的重要关切，关乎千家万户的幸福，关乎中华民族的伟大复兴。儿童关爱保护是以政府为主导的，旨在保障儿童基本权益的公共服务，其服务体系的健全应以儿童关爱保护基本公共服务为核心，辅之以相关非基本公共服务的供给，以更好地满足儿童需求。但是，从现实情况来看，

---

* 黄悦，中国儿童福利和收养中心儿童发展部主任，研究方向为未成年人保护，儿童福利；张金晶，中国儿童福利和收养中心儿童发展部职员，研究方向为未成年人保护，儿童福利。

〔1〕参见陆娅楠：《围绕群众关注领域快速增加普惠性服务供给，2025年——更好的公共服务便利可及》，载中华人民共和国中央人民政府网 https://www.gov.cn/zhengce/2022-01/12/content_5667736.htm，2024年1月26日。

〔2〕参见姜晓萍，吴宝家：《人民至上：党的十八大以来我国完善基本公共服务的历程、成就与经验》，载《管理世界》2022年第10期，第56页。

〔3〕参见沈佳暄：《用政府“责任清单”换百姓“幸福清单”》，载《新华日报》2022年3月9日。

我国儿童关爱保护基本公共服务缺少体系建构，在服务内容、服务标准、服务流程、服务递送、服务保障等方面存在不足。因此，基于基本公共服务发展研究思考健全我国儿童关爱保护服务体系是非常必要的，这不仅有利于创新发展思路，还有利于协同更多资源，提高管理质效，从而进一步推动儿童关爱保护工作高质量发展，更好地满足人民的期盼。

一、相关概念

（一）公共服务的概念

公共服务（Public Service）首先是一个政治学概念，天然地与国家和政府的基本功能紧密相连。[1] 英国经济学家亚当·斯密（Adam Smith）在论及国家义务时，第一次提出公共服务的公平供给是国家的义务和不可推卸的职责，社会公众对公共服务的需求，使政府有义务提供最低限度、必要的公共服务。[2] 法国法学家莱昂·狄骥（Leon Duguit）认为，公共服务就是指那些政府有义务实施的行为。[3] 之后，也有西方学者萨缪尔森、马斯格雷夫等更多侧重从公共物品理论的角度对其作出诠释，认为它是“由人民建立起来的，为公民提供服务、维护集体利益，并承担相应义务的相关活动”。[4] 《科林斯经济学词典》给出的定义是：由国家提供物品和服务，为所有或大多数百姓的利益服务（教育、卫生、住房等）。与私人物品不同，社会产品的消费与为其支付的价格之间不存在直接联系。社会产品从普通税收中支出，而不是由在市场中购买产品的消费者个人支付。[5] 我国的学者对此也有不同的归纳，比如有的认为所有公共部门向公众提供的服务都可以理解为公共服务，有的

---

〔1〕 参见张润君：《公共服务体系现代化：政府、社会和市场》，载《西北师大学报》（社会科学版）2022年第6期，第204页。

〔2〕 参见孔薇：《中国基本公共服务供给区域差异研究》，中国社会科学出版社2020年版，第一章导论，第二节国内外研究现状。

〔3〕 参见张润君：《公共服务体系现代化：政府、社会和市场》，载《西北师大学报》（社会科学版）2022年第6期，第204页。

〔4〕 参见姜晓萍、吴菁：《内外基本公共服务均等化研究述评》，载《上海行政学院学报》2012年第5期，第4-16页。

〔5〕 参见孔薇：《中国基本公共服务供给区域差异研究》，中国社会科学出版社2020年版，第二章相关概念梳理与内容界定。

认为公共服务应是政府为满足社会公共需要而提供的各类公共物品。[1] 综合各方论述，可以看出对于公共服务的内涵是没有统一界定的。本章认为公共服务是以政府为主的公共部门为满足社会公共需要而提供的产品和服务的总称，它是以政府为主的公共部门的责任与义务，既包括有形的公共物品，比如交通设施、赈灾物资等，也包括无形的服务，比如医疗卫生服务等。根据这个定义，应该是发展地而不是僵化地认识并看待公共服务，其内涵会随着国家经济社会发展以及社会需求的变化而变化，不能将其限定于政府等公共部门正在提供的服务，还应该包括政府等公共部门应该提供但尚未提供的公共服务，也就是所谓"缺位"的公共服务。

（二）基本公共服务和非基本公共服务

基本公共服务是公共服务的子概念，它是中国基于自身实践对公共服务理论的创新。根据《国家基本公共服务体系"十二五"规划》，基本公共服务是指建立在一定社会共识基础上，由政府主导提供的，与经济社会发展水平和阶段相适应，旨在保障全体公民生存和发展基本需求的公共服务。享有基本公共服务属于公民的权利，提供基本公共服务是政府的职责。基本公共服务一般包括保障基本民生需求的教育、就业、社会保障、医疗卫生、住房保障、文化体育等领域的公共服务，还包括与人民生活环境紧密关联的交通、通信、公用设施、环境保护等领域的公共服务，以及保障安全需要的公共安全、消费安全和国防安全等领域的公共服务。由此可以看出，基本公共服务是对公共服务的适度"收敛"，它实质上是"量力而行"的结果。[2] 正如前文所述，公共服务的概念比较宽泛，因此在实践中需要根据经济社会发展水平，按轻重缓急，对其范围进行适当调整。

与基本公共服务对应的是非基本公共服务。根据《"十四五"公共服务规划》，非基本公共服务是为满足公民更高层次需求、保障社会整体福利水平所必需但市场自发供给不足的公共服务。非基本公共服务包括普惠性非基本公

---

〔1〕 参见王丽娅、吴伟雄：《海南省城乡统筹基本公共服务均等化问题研究》，中国经济出版社 2017 年版。

〔2〕 参见范逢春、田昭：《城乡基本公共服务均等化：历史、现实与未来》，中国社会科学出版社 2021 年版。

共服务和多层次多样化生活服务，其中，普惠性非基本公共服务主要由社会组织、社会工作者、志愿者、慈善组织等社会力量提供，政府给予一定的政策支持。生活服务是为了满足公民出现的多样化、个性化、高质量的服务需求，它是完全由市场提供的服务，政府主要负责创建一个公平的市场竞争环境。

综上，基本公共服务、普惠性非基本公共服务、生活服务共同构成了我国公共服务体系。在三类公共服务中，基本公共服务是核心、基础，政府承担兜底保障责任，在后两类非基本公共服务中，政府主要是提供支持引导。

二、近年来我国基本公共服务发展概况

党的十八大以来，以习近平同志为核心的党中央高度重视民生工作，“以人民为中心”的发展理念不断得到强化。针对新时代我国社会主要矛盾已经转化为人民日益增长的美好生活需要和不平衡不充分的发展之间的矛盾，我国大力推进以基本公共服务为核心的民生改善工程，出台了一系列政策。2012 年，我国首部国家级基本公共服务专项规划《国家基本公共服务体系“十二五”规划》颁布实施，第一次明确了基本公共服务以及基本公共服务均等化的概念及内容，按照“把基本公共服务制度作为公共产品向全民提供”这一核心理念，设定基本公共服务体系建设的目标和重点任务。2017 年，《“十三五”推进基本公共服务均等化规划》印发，更加突出强调推进基本公共服务均等化对助力决胜全面建成小康社会的重要意义，提出到 2020 年基本公共服务均等化总体实现的战略目标。2018 年，中共中央办公厅、国务院办公厅印发《关于建立健全基本公共服务标准体系的指导意见》，对基本公共服务提出明确的质量标准要求；国务院办公厅出台《基本公共服务领域中央与地方共同财政事权和支出责任划分改革方案》，明确基本公共服务领域中央与地方共同财政事权范围，制定基本公共服务保障国家基础标准，规范中央与地方共同财政事权的支出责任分担方式，以及调整完善转移支付制度。[1]

---

〔1〕 参见《国务院办公厅关于印发基本公共服务领域中央与地方共同财政事权和支出责任划分改革方案的通知》（国办发〔2018〕6 号），中华人民共和国中央人民政府，国务院公报 2018 年第 6 号。

2019 年，多部委联合印发《加大力度推动社会领域公共服务补短板强弱项提质量　促进形成强大国内市场的行动方案》《关于进一步推动进城农村贫困人口优先享有基本公共服务并有序实现市民化的实施意见》《“十三五”社会服务兜底工程实施方案》等文件，在推进基本公共服务均等化的基础上，加大对基层、农村、边远地区和困难群众的资源倾斜力度。总体来说，“十二五”“十三五”时期，我国基本公共服务主要是从体系建设向促进均等化发展，聚焦“公平可及”的目标，通过标准化建设优化基本公共服务供给。“十四五”时期，我国基本公共服务进入高质量发展阶段。2021 年，《“十四五”公共服务规划》明确将“扎实推动公共服务高质量发展”作为核心目标，以惠民生兜底线，促均等保公平为前提，针对各类公共服务提出均等化、提质扩容、多样化升级等发展指标；科学界定基本公共服务与非基本公共服务范围，推动将普惠性非基本公共服务内容纳入国家规划，多元扩大普惠性非基本公共服务供给，丰富多层次、多样化生活服务供给。为配合“十四五”规划，国家发展改革委等部门先后颁布《国家基本公共服务标准（2021 年版）》《国家基本公共服务标准（2023 年版）》，将服务项目、服务对象、指导标准、支出责任等内容向社会公开，进一步明确了以基本公共服务标准化推进优质共享的政策导向。由上述发展历程可以看出我国基本公共服务发展的脉络是，从健全服务体系入手，解决“有没有”的问题，到推进基本公共服务均等化，解决“公平不公平”问题，再到以标准化促进基本公共服务实现优质共享。在这样的发展脉络下，我国基本公共服务发展呈现如下规律。

一是基本公共服务的发展越来越多地受到重视。中国共产党始终把人民根本利益摆在至高无上的地位，党的十八大以来，更是将基本公共服务作为民生保障制度的核心构成，在推动基本公共服务发展方面取得举世瞩目的成就，一方面丰富了基本公共服务理论，创新了基本公共服务和非基本公共服务概念，另一方面持续加大财政投入、不断深化体制改革、积极创新供给机制、逐步健全服务体系，推动基本公共服务提质扩容，实现了基本公共服务总体均等化，并朝着优质化提升，有力地增进了民生福祉。

二是基本公共服务的内容越来越契合社会需求。“十四五”时期，我国经济社会进入高质量发展阶段，为了积极回应人民群众对医疗、教育、托育、养老等基本公共服务的更高要求，基本公共服务的范畴从“十二五”时期的公共教育、劳动就业服务、社会保障等8个类别，进一步扩展细化为幼有所育、学有所教、劳有所得、病有所医、老有所养、住有所居、弱有所扶、优军服务保障、文体服务保障9个大类21个子项[1]。与之相适应，《国家基本公共服务标准（2023年版）》对《国家基本公共服务标准（2021年版）》也进行了调整，涉及调整服务事项共计48项，占总项目数的60%，[2] 其中在“义务教育阶段免除学杂费”这一项中，将小学生均公用经费基准定额由650元提高到720元，初中生均公用经费由850元提高到940元，寄宿制学校公用经费补助的标准由每名寄宿生200元上调至300元；在“农村义务教育学生营养膳食补助”中，国家基础标准由原来的每生每天4元提高至每生每天5元。[3]

三是基本公共服务的供给越来越注重均衡性和可及性。习近平总书记在党的二十大报告中强调，“健全基本公共服务体系，提高公共服务水平，增强均衡性和可及性”，这为新时代基本公共服务的发展提供了新的导向。所谓均衡性是对均等性的进一步拓展，它更加关注区域、城乡、群体之间公共服务资源的有效配置，减少社会成员获得公共服务的差异性。比如，我国的基本公共服务供给正在把更多服务资源向基层延伸、向农村覆盖、向边远地区和生活困难群众倾斜。可及性则突出了需求端的获得感，包括权利可及、空间可及和内容可及等。其中权利可及指法律、政策全方位、多维度保障社会公众公平享有；空间可及指公共服务设施的便利可达；内容可及指公共服务产品可利用、价格可承受、质量标准化、安全有监管。[4] 因此，必须综合服务半径、服务人口、资源承载能力以及人民群众实际需求进行更加科学的配置，才能实现基本公共服务真正的均衡可及，让社会公众对基本公共服务有得用、用得起、用得到、用得好。

---

〔1〕 参见唐仁敏：《做好大宗商品和重要民生商品保供稳价》，载《中国经贸导刊》2021年第24期，第4－8页。

〔2〕 参见国家发展改革委：《事关就医、入学、养老　新版国家基本公共服务标准公布》，载《西安晚报》官方账号 https：//baijiahao. baidu. com/s? id = 1774124302715729816&wfr = spider&for = pc，2024年1月5日。

〔3〕 参见李心萍：《兜住兜牢民生底线》，载《人民日报》2023年8月21日。

〔4〕 参见《坚持以人民为中心　增强公共服务均衡性和可及性》，载国际在线网 https：//baijiahao. baidu. com/s? id = 1775821929339759407&wfr = spider&for = pc，2023年11月21日。

四是基本公共服务的供给格局越来越多元化。政府、市场、社会的职责界限始终是基本公共服务供给中的核心议题。从西方国家的发展实践来看，关于公共服务的改革先后经历了从政府为主、私营部门为主到第三部门为主，再到政府、私营部门、第三部门共同参与发展的过程。[1] 我国基本公共服务的供给也是在强调以政府为主的基础上，积极探索如何引导协同市场主体、社会组织等力量补充供给。并且近年来，越来越重视引入市场机制，如采用政府购买服务等方式，让更多主体参与基本公共服务供给竞争，不断提升供给效率。

五是基本公共服务供给的重心越来越下沉。近年来，我国一直致力于进一步优化基本公共服务供给的基层治理制度结构，科学厘清中央和地方尤其是县乡政府之间公共服务事权和支出责任，构建以乡镇（街道）为中心、辐射村（社区）和村民小组（小区）、遍及城乡的基层公共服务供给网络。党的十八大以来，我国制定《社区服务体系建设规划（2011－2015 年）》、《城乡社区服务体系建设规划（2016－2020 年）》和《“十四五”城乡社区服务体系建设规划》，开展了“新时代新社区新生活服务质量提升行动”，相关资源优先向社区就业、养老和托育等基本公共服务下沉，社区综合服务设施覆盖率和社区工作者人均比例得到全面提升。

六是基本公共服务的监督评估机制越来越完善。对基本公共服务进行监督评估，可以及时掌握基本公共服务的执行绩效和公众对基本公共服务的满意度，也有利于及时回应基本公共服务发展过程中存在的问题与公共需求。我国从“十二五”时期便开始对基本公共服务实施监督评估。党的十八大以来，国家发改委牵头，协同国家统计局等部门，发布《国家基本公共服务统计指标》《基本公共服务满意度调查方案》，建立基本公共服务基础数据库，实施年度监测；委托第三方开展了《“十三五”推进基本公共服务均等化规划中期评估》《“十三五”基本公共服务均等化规划实施情况总结评估》，并实施以行业或地区为主体的专项基本公共服务发展绩效监测，如《国家基本公共卫生服务项目绩效评估》《国家义务教育质量监测》等。同时，为建立基本

---

〔1〕张润君：《公共服务体系现代化：政府、社会和市场》，载《西北师大学报》（社会科学版）2022 年第 6 期，第 205 页。

公共服务监督评估的科学依据，我国先后制定《国家基本公共服务标准（2021 年版）》和《国家基本公共服务标准（2023 年版）》，借助标准化技术工具对基本公共服务进行规范。

三、以基本公共服务为核心健全儿童关爱保护服务体系的相关逻辑分析

（一）以基本公共服务为核心健全儿童关爱保护体系的政治考量

习近平总书记强调，“孩子们成长得更好，是我们最大的心愿。党和政府要始终关心各族少年儿童，努力为他们学习成长创造更好的条件”[1]。2023 年召开的第七次全国妇女儿童工作会议指出，“要深化对发展妇女儿童事业、做好妇女儿童工作重要性的认识，坚持男女平等基本国策和儿童优先发展，深入实施妇女、儿童发展纲要，提升妇女、儿童综合素质，积极为妇女参与经济社会发展创造条件、搭建平台，保障妇女、儿童合法权益，努力让尊重妇女、关爱儿童在全社会蔚然成风”[2]。由此可以看出，党和政府对于儿童关爱保护肩负着非常重要的职责使命，这就使得我国的儿童关爱保护具有十分鲜明的公共服务属性。以基本公共服务为核心健全儿童关爱保护服务体系，是以人民为中心发展思想的本质要求。

（二）以基本公共服务为核心健全儿童关爱保护体系的法律依据

我国于 1989 年、1990 年分别签署了联合国《儿童权利公约》和《儿童生存、保护和发展世界宣言》，向国际社会庄严承诺，为儿童健康成长创造良好的环境。此后我国不断建立并逐步完善儿童权益保护法律体系，在《中华人民共和国宪法》的基础上，制定并完善了《未成年人保护法》《中华人民共和国收养法》《中华人民共和国母婴保健法》《预防未成年人犯罪法》《中

---

〔1〕 参见《习近平在同全国各族少年儿童代表共庆“六一”国际儿童节时强调　让孩子们成长得更好》，载《人民日报》2013 年 5 月 31 日。

〔2〕 参见 Shen：《让尊重妇女、关爱儿童在全社会蔚然成风》，载北京市女女联合会网 http：//www.bjwomen. gov. cn/fnw_ 2nd_ web/static/articles/catalog_ ff8080818b380220018b3d2a5bc90 06c/article_ ff8080818b380220018b4b2be850021f/ff8080818b380220018b4b2be850021f. html，2024 年 2 月 1 日。

华人民共和国残疾人保障法》《义务教育法》等一系列基本的法律法规。国家层面对儿童关爱保护相关法律政策的不断完善正是遵循了未成年人保护的国家责任理论，全方位地明确了国家保障未成年人的生存权、发展权、受保护权和参与权，这为以基本公共服务为核心健全儿童关爱保护体系提供了法律依据。

（三）以基本公共服务为核心健全儿童关爱保护体系的经济因素

人口是重要的经济因素，人口数量和结构的变化对经济发展有着重要的影响，这也是我国一直以来面临的全局性、战略性问题。近年来，中国新生儿数量急剧减少，生育率持续走低，整体人口数量呈减少趋势。从出生人口看，国家统计局数据显示，2023 年我国出生人口 902 万人，死亡人口 1110 万人，人口自然增长率为 -1.48‰。为了应对人口减少问题，国家采取了一系列生育刺激政策，但是全面二孩政策没有达到预期效果，三孩政策效果也尚未显现，总人口数量仍呈减少趋势。与人口减少相伴的是社会老龄化程度正在进一步加深。截至2023 年末，全国 65 周岁及以上老年人口 21676 万人，占总人口的 15.4%。这标志着我国将正式进入老龄社会阶段。[1] 根据国务院发展研究中心课题组预测，2035 年我国老龄化率将达到 20.5%，将进入超老龄社会阶段（仅差 0.5 个百分点）。在如此严峻的人口形势下，儿童之于国家可持续发展具有更加重要的战略意义。研究发现，为弱势儿童提供的高质量早期教育项目可以带来 7% -10% 的人力资本回报。这一投资回报包括儿童学业成绩的提高，成年后的事业成就更加突出，同时能减少用于补偿教育、卫生及社会犯罪控制的成本。[2] 因此，关爱保护儿童成为提高人口素质的关键，是在为实现中华民族伟大复兴积聚宝贵的战略资源。再者，从国家财力来看，我国已经全面建成小康社会，具备了一定经济实力，这为发展儿童关爱保护基本公共服务奠定了经济基础。从 2012 -2020 年期间，我国保障民生财政的支出只增不减，其中，国家财政教育支出从 2.12 万亿元增加到 3.76 万亿元，

〔1〕 根据联合国的定义，如果一个国家或地区 65 岁及以上的老人占总人口率达到 7% 就称之为老龄化社会，达到 14% 称之为老龄社会，达到 21% 就称为超老龄社会。

〔2〕 参见张东：《儿童成长期的关爱与保护更重要》，载中国教育新闻网 http：//paper. jyb. cn/zgjyb. /html/2017 -05/19/content_ 478882. htm，2024 年 1 月 8 日。

医疗卫生支出从 0.72 万亿元增长至 1.92 万亿元，社会保障和就业支出从 1.26 万亿元增长至 3.26 万亿元，文化体育与传媒支出从 0.23 万亿元增加至 0.42 万亿元（见图 5 – 1），多数领域民生支出占 GDP 比重持续攀升。[1] 按照国务院办公厅《关于印发基本公共服务领域中央与地方共同财政事权和支出责任划分改革方案的通知》相关要求，在所有民生财政支出中，基本公共服务支出保障具有优先性。因此，推动发展儿童关爱保护基本公共服务，有利于为儿童关爱保护服务争取更充足、更持续的财力保障。

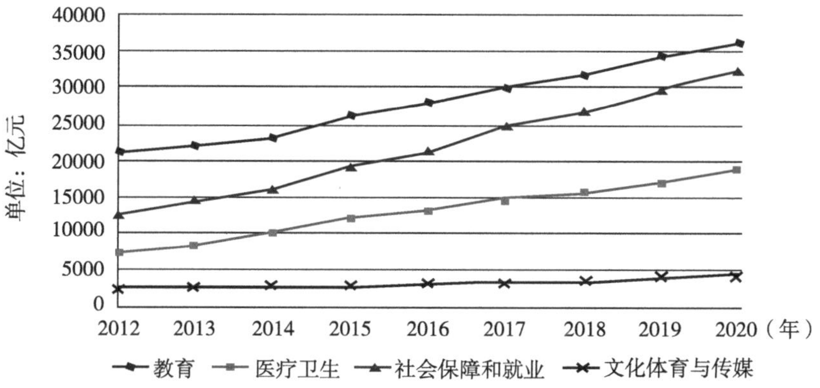

图 5 – 1　2012 – 2020 年我国民生财政保障支出情况

（四）以基本公共服务为核心健全儿童关爱保护体系的社会需求

儿童的成长是一个不断社会化的过程。随着年龄增长，儿童与社会的接触越来越多，可能面临的外部危险情况也会越来越复杂。根据《2022 儿童乘车安全及儿童安全座椅使用情况调研报告》，近 10 年来，虽然我国儿童道路交通伤害总体呈现下降趋势，但儿童道路安全问题依然严峻，每 23 名交通事故死者中就有 1 名儿童。[2] 根据《未成年人检察工作白皮书（2023）》公布的数据分析，全国检察机关共批准逮捕侵害未成年人犯罪嫌疑人 53286 人，

[1] 参见姜晓萍、吴宝家：《人民至上：党的十八大以来我国完善基本公共服务的历程、成就与经验》，载《管理世界》2022 年第 10 期，第 56 页。

[2] 参见《近七成家庭儿童乘车存隐患：每 23 名交通事故死者中就有 1 名儿童》，载腾讯汽车网 https://new.qq.com/rain/a/20220527A06S0K00，2024 年 1 月 5 日。

提起公诉 67103 人，同比分别上升 35.3%、14.9%。其中，起诉未成年犯罪嫌疑人侵害未成年人 16972 人，同比上升 24.9%，占侵害未成年人犯罪的 25.3%。然而由于目前儿童关爱保护服务不足，当儿童群体遇到危险、出现问题时，他们能从周围环境获得的帮助十分有限，绝大多数社区仅能在临时救助等资金领域提供一些帮助。在一项针对社区服务的调查研究中，儿童家长田女士[1]说："社区现在什么照护服务都没有。孩子寒暑假全得我自己带，像我这样的情况就得带着孩子去工作。"在访谈中也听到社区工作人员表示，除非是社区内特别困难的儿童，其他较为普惠的儿童服务项目都处于严重不足的状态，而且现有的各项儿童服务普遍需要与户籍高度绑定。[2] 与此同时，儿童自身的健康问题也日益突出，国家卫生健康委数据显示，2022 年全国儿童青少年总体近视率为 53.6%；[3] 据《中国居民膳食指南（2022）》，我国 6 岁以下儿童和 6－17 岁儿童青少年超重肥胖率分别达到 10.4% 和 19%，[4] 也就是说在我国平均每 5 个孩子中就有一个"小胖墩"，肥胖已经成为威胁我国儿童青少年身体健康的一个重要公共卫生问题。[5] 在心理方面，学生群体因面临学业、就业等压力的增大，健康问题也日益突出，中国科学院发布的《中国国民心理健康发展报告（2019－2020）》显示，2020 年我国未成年人的抑郁检出率是 24.6%，重度抑郁率是 7.4%。[6] 凡此种种，从外部社会环境到儿童自身的健康状况都反映出社会对以基本公共服务为核心健全儿童关爱保护体系的诉求。

---

〔1〕访谈对象是上海、天津这两座全国中心城市及南京、合肥、苏州、威海这四座区域中心城市约 100 名访谈对象中的随机人员。

〔2〕参见万国威：《我国城市流动儿童关爱保护研究》，民政部社会福利与社会进步研究所 2022 年委托课题，2023 年 9 月 30 日，第 129 页。

〔3〕参见《2022 年全国儿童青少年总体近视率为 53.6%》，载每日经济新闻网 https://baijiahao.baidu.com/s?id=1767932628489147977&wfr=spider&for=pc，2023 年 11 月 20 日。

〔4〕参见解磊：《儿童青少年应不喝或少喝含糖饮料》，载人民咨讯 https://baijiahao.baidu.com/s?id=1702146402939055573&wfr=spider&for=pc，2023 年 5 月 31 日。

〔5〕参见《每 5 个孩子中就有一个"小胖墩" 儿童超重肥胖要早发现、早干预》，载央广网 https://baijiahao.baidu.com/s?id=1787032760979661884&wfr=spider&for=pc，2024 年 1 月 3 日。

〔6〕参见《如何让青少年远离抑郁症》，载《科普时报》2021 年 12 月 3 日。

（五）以基本公共服务为核心健全儿童关爱保护体系的实践基础

从“十二五”我国开始建立基本公共服务制度起，儿童关爱保护服务就陆续纳入国家基本公共服务，比如在基本公共教育方面，提出重点巩固提高九年义务教育，基本普及高中阶段教育和学前一年教育，完善以政府为主导、多种方式并举的家庭经济困难学生资助政策，建立健全基本公共教育服务体系；[1] 在基本社会服务方面，提出建立健全孤儿保障体系，合理确定孤儿养育标准，建立自然增长机制，拓宽孤儿安置渠道，鼓励家庭养育。此外，在劳动就业服务、公共文化体育、残疾人基本公共服务中也都有关于儿童关爱保护服务的内容。到“十三五”时期，随着基本公共服务的提质扩容，可以看到更多与儿童关爱保护相关的制度安排。同时，我国儿童关爱保护体系开始加快建设，省、市、县三级未成年人保护工作协调机制基本建立起来。截至2023年底，全国共有儿童督导员4.3万人，儿童主任58.2万人。[2] 这些都为以基本公共服务为核心健全儿童关爱保护体系打下基础。

四、以基本公共服务为核心健全儿童关爱保护体系的实现路径

（一）明确目标导向

1. 强调协调统一

从目前儿童关爱保护工作的实际来看，相关政策主要聚焦重点群体，“碎片化”“分散化”特征较为明显。以民政领域的政策为例，2010－2011年，国务院办公厅《关于加强孤儿保障工作的意见》《关于加强和改进流浪未成年人救助保护工作的意见》分别出台。2016年，国务院又下发《关于加强农村留守儿童关爱保护工作的意见》和《关于加强困境儿童保障工作的意见》。2019年前后，民政部联合多个部门印发《关于进一步加强事实无人抚养儿童保障工作的意见》《关于进一步做好事实无人抚养儿童保障有关工作的通知》，2024年民政部联合多个部门印发《加强流动儿童关爱保护行动方案》。在民

---

〔1〕 参见李天天：《穿越理想　行走在现实中的城镇化》，载《中华建筑报》2013年1月18日。

〔2〕 参见中华人民共和国民政部发布《2023年民政事业发展统计公报》第6页，https：//www.mca.gov.cn/n156/n2679/c1662004999980001204/attr/355717.pdf，2024年10月9日。

政领域至少有6个儿童政策群体，这6个群体概念有交叉，服务有重合，给基层落实政策造成一定困难。在开展服务时，相关工作人员的注意力多放在辨别儿童类别上，然后根据类别提供规制化的服务，而不是按照儿童需求开展服务。这种条块分割的服务体系已经不能适应高质量发展的形势，建立面向全体儿童协调统一、普适通用的儿童关爱保护基本公共服务体系迫在眉睫。

2. 强调均衡可及

党的二十大报告提出“增进民生福祉，提高人民生活品质”，就“着力解决好人民群众急难愁盼问题，健全基本公共服务体系，提高公共服务水平，增强均衡性和可及性”作出部署。以基本公共服务为核心的儿童关爱保护服务体系，也应将均衡可及作为目标导向，在“均衡”方面，重点解决区域、城乡、人群之间基本公共服务的差距问题。需要注意的是，“均衡”绝非“平均”，并非“完全相等”，可能会存在适当差异，但这种差异以不影响社会公平正义为前提。[1] 这也就是说，“均衡”的儿童关爱保护基本公共服务依然要突出对贫困地区和特定儿童群体的重点扶持，精准施策、补齐短板。“可及”则强调提升儿童关爱保护基本公共服务在内容、时空、经济、方式和使用等多个维度的便利程度，即所有儿童都能方便可及地享受到儿童关爱保护服务。“均衡”和“可及”是对基本公共服务效果的不同要求。以义务教育为例，城乡儿童都能接受义务教育，这项基本公共服务的“可及”性即已实现，但城乡之间的教育质量仍然存在差别，也就是其“均衡”性依然存在问题。再以残疾儿童康复为例，相关的补贴标准实现了这项基本公共服务在城乡之间的“均衡”，但是康复机构在农村或者偏远地区的覆盖范围较小，这就使得康复服务对农村残疾儿童的“可及”性还没有完全实现。可以说，均衡可及是对既有的基本公共服务“均等化”模式的拓展和提升。

3. 强调儿童需求

儿童的需求具有多个层次。按照马斯洛的需求层次理论，人类需求通常被描绘成金字塔形状的5个等级，从层次结构的底部向上，需求分别为：生理（食物和衣服），安全（工作保障），社交需要（友谊），尊重和自我实现。

---

〔1〕参见钱振明：《新时代基本公共服务体系的现代化发展：基于均衡性和可及性的考察》，载《中国行政管理》2023年第10期，第57页。

儿童关爱保护基本公共服务要切实回应儿童的不同需求，提供精准服务。首先最重要的是为儿童提供生理和安全方面的基本保障，然后再根据儿童所处的不同情况，对其他方面的需求予以回应。比如，对于事实无人抚养儿童，除了发放生活补贴，可能还需要为其提供心理疏导、学业辅导等其他方面的关爱保护服务。所以，以需求为导向的儿童关爱保护基本公共服务不是因儿童类别设定服务项目，而是要根据儿童需求提供服务内容。另外，儿童关爱保护基本公共服务的内容还要不断适应儿童需求发展的变化。比如随着网络时代的到来，儿童网络安全问题日益突出，儿童关爱保护基本公共服务对此如何予以回应也成为重要议题。这就要求儿童关爱保护基本公共服务根据经济社会发展情况变化，对服务范围和保障标准等进行常态化动态调整，以更好地回应儿童需求。

4. 强调家庭支持

良好的家庭是儿童健康成长的最佳环境。家庭通过发挥抚养照料、经济保障、情感支持、人格培养并保护其免遭伤害等功能，为儿童提供直接、快捷、全面的保护。《未成年人保护法》《家庭教育促进法》相继出台，在强化家庭保护功能的同时，明确提出“国家采取措施指导、支持、帮助和监督未成年人的父母或者其他监护人履行监护职责”，助推家庭保护责任不断夯实。[1] 《中国儿童发展纲要（2021－2030年）》中特别增加“儿童与家庭”部分，明确“要发挥家庭立德树人第一所学校作用”，详细提出促进家庭切实履行责任的主要目标和策略措施。因此，儿童关爱保护基本公共服务聚焦于儿童，但更多是通过为家庭提供指导和支持来实现。在为家庭提供指导方面，要引导家长按照科学的方法和理念教育孩子。2021年7月，中宣部、中央文明办等7个部门印发《关于进一步加强家庭家教家风建设的实施意见》，要求构建覆盖城乡的家庭教育指导服务体系，健全家庭学校社会协同育人机制，到2025年城市社区家长学校建设率达90%、农村社区达80%。[2] 但是，目前仅有少数经济发达省份有条件探索将家庭教育指导服务纳入城乡公共服务

---

〔1〕 参见《中国未成年人保护发展报告蓝皮书2022（首卷）》，中国社会出版社2022年版，第99－100页。

〔2〕 参见王杰：《推动家庭家教家风建设高质量发展》，载《中国党政干部论坛》2021年第7期，第85－86页。

体系，[1] 下一步，需要在儿童关爱保护基本公共服务中进行完善。除了为家庭提供指导，还要为家庭提供支持，赋能家庭更好地养育孩子，特别是当家庭遇到困难和问题时，可以从公共服务体系获取相应帮助，学习相关知识，提高养育能力。在现有的基本公共服务内容中，优生优孕服务、学前教育服务等，都是基于家庭支持开展的服务。

5. 强调主动预防

儿童关爱保护会涉及儿童伤害事前预防、事中干预、事后处置这三方面的内容，事前预防是儿童关爱保护基本公共服务的出发点及关键。儿童作为权利的主体，具有弱势性、不自主性和权利易受侵害的特征，侵害儿童权利的行为会给儿童自身及其家庭造成十分严重甚至无法挽回的伤害。近年来，侵害儿童权利的犯罪行为持续增多、案件发现难的问题直接影响着对犯罪的惩处，在社会各界的高度关注下，最高人民检察院等9个部门共同建立的关于侵害未成年人案件强制报告制度，以第三方举报的方式对即将出现的侵害儿童权利的行为予以报告、加以预防。同时在村（居）一级设置儿童主任，通过入户探访、信息摸排、跟踪服务、监护督导和指导等方式开展儿童关爱服务，这些都是基于主动预防制定的措施。

（二）规划体系架构

1. 三级体系架构

按照上述目标导向，借鉴联合国儿童基金会倡导的儿童虐待防治“三级预防”模式（初级预防是面向所有社会成员，提升儿童保护意识和儿童虐待防治能力；次级预防是面向有受虐风险的高危儿童和家庭，提供风险监测和家庭服务；三级预防是面向已发生受虐的儿童及家庭，提供紧急处置、心理疏导、司法援助、社会福利服务），[2] 我国儿童关爱保护基本公共服务体系也可按照三级体系进行架构（见图5－2）。

---

〔1〕 参见《中国未成年人保护发展报告蓝皮书2022（首卷）》，中国社会出版社2022年版，第107页。

〔2〕 参见乔东平、谢倩雯：《中西方“儿童虐待”认识差异的逻辑根源》，载《江苏社会科学》2015年第1期，第25－31页。

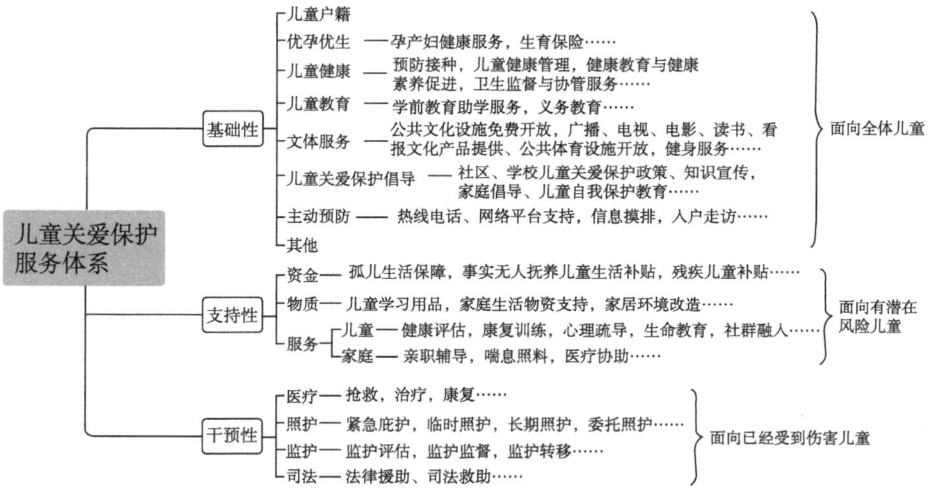

图5－2　我国儿童关爱保护基本公共服务三级体系架构

（1）第一级是基础性关爱保护，面向全体儿童提供。主要内容有：公安部门为每名儿童登记户籍，办理身份证件；卫健部门提供的优学优生、儿童健康等方面的服务；教育部门提供的学前教育、义务教育等服务；文化、体育等部门提供的文体设施、文化产品等服务；相关部门开展的儿童关爱保护倡导，即面向儿童、家庭以及社区开展儿童关爱保护法律、政策以及知识技能等的宣传；相关部门提供的主动预防服务，即通过提供热线电话、网络平台支持，信息摸排、入户走访等主动服务，及时发现有潜在风险或已经受到侵害的儿童；其他普惠性服务。基础性关爱保护服务，重点关注保障儿童基本权益，提高全社会的儿童关爱保护意识，筑牢儿童关爱保护的基础防线，营造儿童健康成长友好环境。

（2）第二级是支持性关爱保护，对象是有潜在风险的儿童。主要包括根据儿童具体需求，提供资金、物质及服务支持等，比如为一些儿童发放孤儿、事实无人抚养儿童生活保障费、残疾儿童补贴；提供学习用品、家庭生活物资支持、家居环境改造；开展健康评估、康复训练、心理疏导、生命教育、社群融入等支持服务。现有的关爱保护更侧重于资金、物质方面，对服务重视不够，专业化水平也有待提高。同时，必须强调的是，为了确保儿童能够在良好的家庭环境中成长，不仅要针对儿童提供各种支持，也要为家庭提供支持，如亲职辅导、喘息照料、医疗协助等。总体来讲，支持性关爱保护的目标是消除侵害儿童权益的风险隐患。

（3）第三级是干预性关爱保护，对象是已经受到伤害的儿童。干预性关爱保护不仅是对儿童生活方面的照料，也可能是对儿童心理或其他更多方面的干预，其具体内容要根据儿童伤害的不同情况决定，比如为遭受性侵害的儿童提供专业的心理疏导；对存在监护不当或监护侵害等问题的家庭进行监护评估、监护监督、监护转移等监护干预；为经济困难或特殊案件涉案儿童提供无偿法律服务；民政部门为处于危机状态的儿童提供紧急庇护；公检法部门对儿童权益受到侵害案件的法律援助、司法救助，都属于干预性关爱保护，其目的是帮助受害儿童尽快摆脱权益侵害的困境，尽早回归正常生活。

2. 三级体系之间的关系

一是三级体系不分先后，应兼顾完成。这就是说，除保证儿童普遍享受第一级的基础性关爱保护外，一旦儿童基本权益面临风险或遭受侵害，周边要有必要的设施、专业的人员，确保该儿童能够及时获得有效的支持乃至干预。

二是三级体系可能会相互转化。比如目前仅免除普通高中家庭经济困难学生学杂费，将来随着国家经济实力增强，其可能会成为所有高中学生的一项普惠性福利，这就是从第二级支持性关爱保护转化为第一级基础性关爱保护。再比如对于农村留守儿童和困境儿童的父母或其他监护人不依法履行监护职责或侵犯儿童合法权益的，公安机关可责令其接受家庭教育指导，这是干预性关爱保护，但目前已经有地方将其作为支持性关爱保护，针对有监护风险隐患的家庭开展，并且将来社会发展到一定水平后，也可能将其转变为基础性关爱保护，面向所有家长提供。

三是三级体系相互影响。在第一级基础性、第二级支持性关爱保护完全开展、全面落实的情况下，需要干预性关爱保护的儿童就会自然减少，这体现了儿童关爱保护服务的主动预防性，也是儿童关爱保护发展的方向和目标。同时，第三级的干预性关爱保护也会倒逼第二级的支持性关爱保护，甚至是第一级的基础性关爱保护。比如，每个儿童都应该享有户籍，这是第一级的基础性关爱保护服务内容，但是现实生活中，还是有儿童因为各种原因不能拥有户籍，这时候就需要提供第二级的支持性关爱保护服务帮助这些儿童获得户籍。为此，2015 年国务院办公厅下发《关于解决无户口人员登记户口问题的意见》，公安机关深入社区、村庄，截至 2017 年底，协助约 18 万名无户籍农村留守儿童登记落户。[1] 再比如儿童轻生等极端行为的频发，引发了人们对儿童心理问题的关注，人们意识到如果儿童出现心理危机后再去干预已经为时已晚，有必要从第一级基础性、第二级支持性关爱保护方面采取措施。为此，在第一级基础性关爱保护方面，2023 年教育部等 17 个部门印发《全面加强和改进新时代学生心理健康工作专项行动计划（2023－2025 年)》，将心理健康教育引入中小学课程，要求学校配备专（兼）职心理健康教育教师，为学生开展心理健康监测，提供咨询服务。在第二级支持性关爱保护方面，2023 年 12 月民政部联合 14 个部门印发《农村留守儿童和困境儿童关爱服务质量提升三年行动方案》，针对农村留守儿童和困境儿童的心理健康问题，提供更精准高效的精神关爱服务。

（三）以基本公共服务为核心健全儿童关爱保护体系需要解决的几个关键问题

1. 统筹服务规划，建立儿童关爱保护基本公共服务目录

为了让各级政府对儿童关爱保护公共服务“优先保什么”“保到什么程度”做到“案头有账”，让广大人民群众对享有的公共服务“心中有数”，应组织卫健、教育、民政、司法等部门按照“尽力而为、量力而行”的基本原则，统筹制定儿童关爱保护基本公共服务规划，按基础性、支持性、干预性进行分级，对于应纳入基础性关爱保护内容，但尚不具备条件的，可先考虑列为支持性关爱保护，解决部分儿童群体的急迫需求，待条件成熟后再列为基础性关爱保护，面向全体儿童提供。对于服务内容更丰富、需求层次更高的、暂时不能纳入基本公共服务的儿童关爱保护，可先列入普惠性非基本公共服务，同步进行统筹规划，为儿童关爱保护基本公共服务打造进一步发展提升的蓄水池。同时，要协调儿童关爱保护基本公共服务规划与儿童发展纲要、民政事业发展规划等规划之间的关系，实现相互支持、相互补充。

---

〔1〕参见人民网：《民政部：2017 年帮助 18 万名农村留守儿童落户 1.6 万名复学》，载中国扶贫在线网 http：//f. china. com. cn/2018－01/05/content_ 50192293. htm，2024 年 1 月 18 日。

建立基本公共服务标准清单是国家推进基本公共服务最重要的制度之一。基本公共服务标准清单明确了服务对象、服务指导标准、支出责任、牵头负责单位等，目的是推动基本公共服务实现公开化、普惠化、便利化和规范化。如表5－1所示，《国家基本公共服务标准（2023年版）》在幼有所育类别下，设立了儿童关爱服务清单，但服务项目仅有三项内容，包括特殊儿童群体基本生活保障、困境儿童保障、农村留守儿童关爱保护，且牵头部门仅有民政部。这种设定采用的是狭义的儿童关爱保护服务概念，范围过窄；针对生育及养育儿童成本过高、服务设施不够、服务供及不足等问题，没有很好的回应。为此，笔者参照《中国儿童发展纲要（2021－2030年）》架构，从儿童与健康、儿童与安全、儿童与教育、儿童与福利、儿童与家庭、儿童与环境、儿童与法律保护7大领域，按照三级体系架构进行梳理，列出了儿童关爱保护基本公共服务建议目录，详见附表。

表5－1　《国家基本公共服务标准（2023年版）》儿童关爱服务项目

		服务项目	服务对象	服务内容	服务标准
幼有所育	儿童关爱服务	特殊儿童群体基本生活保障	孤儿、艾滋病病毒感染儿童、事实无人抚养儿童	为孤儿、艾滋病病毒感染儿童发放基本生活费。为事实无人抚养儿童发放基本生活补贴。	各省、自治区、直辖市按照保障孤儿的基本生活不低于当地平均生活水平的原则，合理确定孤儿基本生活标准。艾滋病病毒感染儿童基本生活费发放标准参照当地孤儿基本生活费标准，事实无人抚养儿童基本生活补贴标准按照与当地孤儿保障标准相衔接的原则确定。
		困境儿童保障	因家庭贫困导致生活、就医、就学等困难的儿童，因自身残疾导致康复、照料、护理和社会融入等困难的儿童，以及因家庭监护缺失或监护不当遭受虐待、遗弃、意外伤害、不法侵害等导致人身安全受到威胁或侵害的儿童	为困境儿童提供基本生活保障、基本医疗保障、教育保障，落实抚养监护责任。为残疾的困境儿童提供康复救助等福利服务。	按照《国务院关于加强困境儿童保障工作的意见》及地方相关标准执行；困境儿童信息系统一季度更新一次；村（居）委会建立困境儿童信息台账，一人一档，村（居）委会儿童主任定期走访，并有详细走访记录。

续表

		服务项目	服务对象	服务内容	服务标准
幼有所育	儿童关爱服务	农村留守儿童关爱保护	父母双方外出务工或一方外出务工另一方无监护能力、未满16周岁的农村户籍未成年人	指导落实家庭主体监护责任，提供家庭监护指导、心理关爱、行为矫治等服务。	按照《国务院关于加强农村留守儿童关爱保护工作的意见》及地方相关标准执行，农村留守儿童信息系统一季度更新一次；村（居）委会建立农村留守儿童信息台账，一人一档，村（居）委会儿童主任定期走访，并有详细走访记录。

2. 优化供给机制，提升儿童关爱保护基本公共服务供给质量

（1）统筹协调机制。统筹协调机制包括两个层面，第一个层面是需要健全领导协调机制，儿童关爱保护涉及民政、教育、卫健等多个部门，如何打通部门壁垒，建立跨部门的统筹协调机制是建立健全儿童关爱保护服务体系的关键。可将其嵌入现有的未成年人保护领导协调机制中，把推进儿童关爱保护基本公共服务作为未成年人保护领导协调机制的一项重要工作职责。目前，全国省、市、县均建立了未成年人保护工作领导小组，但从实际运行情况来看，多数通过联席会议的方式进行沟通协调，工作职责没有得到很好的明确，一些工作推动力度不大，效率不高。对此，四川省眉山市提供了很好的借鉴。眉山市成立了未成年人保护委员会，制定了《眉山市未成年人保护工作委员会工作职责》，明确未成年人六大保护的牵头部门，即在市未成年人保护委员会内设立综合协调组、家庭保护组、学校保护组、社会保护组、网络保护组、政府保护组、司法保护组，分别明确由市民政局、市妇联、市教体局、市委政法委、市委宣传部、市民政局、市人民检察院牵头负责（见图5-3）。同时，建立以不同层级会议为主要内容的工作规则，明确了全市未成年人保护工作会议、委员会办公室主任会议、委员会联络员会议召开方式、频次及议事内容（见表5-2）。再者，明晰各未成年人保护委员会成员单位的工作职责，并对各单位履职情况进行考核。以上举措是对公共部门协同的创新，将眉山市未成年人保护领导协调机制落到了实处，打造出齐抓共管、协调一致、各司其职的工作局面。

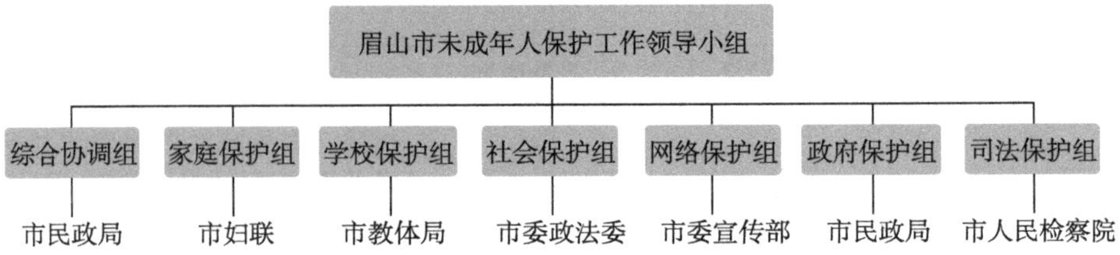

图 5－3　眉山市未成人保护工作委员会统筹协调机制

表 5－2　眉山市未成年人保护工作委员会工作规则

名称	会议内容	召集人	频次
全市未保工作会议	1. 总结交流全市未保工作的经验和成效 2. 研究部署下一年度或阶段性工作任务	市未保委主任或委托副主任召集	每年 1 次
委员会办公室主任会议	1. 调度通报 2. 研究部署未保日常工作 3. 参会单位根据需要确定	市未保委办公室主任召集	每半年 1 次
委员会联络员会议	1. 通报工作情况 2. 安排筹备委员会相关会务 3. 安排起草相关政策措施文件 4. 会商未保工作个案和问题	市未保委办公室副主任召集	每季度 1 次

统筹协调机制的第二个层面是资源的统筹协调机制。首先是财政资源，这是基本公共服务的根基。要力争在财政投入“总量”上做大儿童关爱保护的“蛋糕”，再从“分量”上公平配置财政资源，以缩小地区、城乡、人群差距，保证全体儿童可以均衡可及地享受到儿童关爱保护服务。其中，在地区方面，除了进一步推进解决城乡差别问题，对新出现的“中部塌陷”问题也要给予重视，提高中央财政对“中部”地区的财政支出比例。另外，县（市）级及以下公共部门承接着儿童关爱保护服务供给的主要责任，但往往陷于“有心无力”的困境中。如何加强对各级财政收入、财政事权与支出责任的科学、精准划分，保证基层必要的公共服务投入，也是财政资源需要统筹协调解决的。其次是财政资源与社会资源的统筹协调。随着“十四五”时期普惠性非基本公共服务被纳入重点领域，以及增强公共服务均衡性和可及性的提出，公共服务供给主体的多元化成为必然。这在客观上要求打造“政府保基本、社企同参与”的公共服务多元供给格局。为此，应在强化政府保障

供给主导责任的基础上，创新财政兜底的常态化供给方式，引导市场主体、公益性社会组织以及公民补充供给，构建儿童关爱保护服务共建共享共治的发展格局。

（2）需求响应处置机制。《“十四五”公共服务规划》提出“逐步完善精准服务、主动响应的公共服务提供机制，实现从‘人找服务’到‘服务找人’的转变”，以基本公共服务为核心健全儿童关爱保护体系也应该朝着这样的精准模式去发展和完善。如何构建儿童关爱保护基本公共服务的响应处置机制，可从以下两个方面着手。

一是积极回应社会诉求。政府积极了解人民的需求，实现与社会的良性互动，有助于增强基本公共服务供需双方目标的耦合性，提升基本公共服务的质效以及促进社会和谐。儿童关爱保护基本公共服务是以儿童需求为导向的，因此各级政府部门既要深入了解儿童关爱保护服务的热点、难点、堵点问题，也要积极跟进新现象、新问题、新需求，并做出及时回应。比如中国城镇化的速度之快、规模之大，在世界上绝无仅有，预计到2030年中国的城镇化率将达到68%左右，2050年将超过80%。[1]2023年4月19日，国家统计局、联合国儿童基金会、联合国人口基金共同发布的《2020年中国儿童人口状况：事实与数据》显示，2020年，中国受人口流动影响的儿童合计1.38亿人，这是近一半中国儿童的数量。从儿童的抚养情况看，2020年全国共有1.08亿儿童不能与父母共同居住，其中8922万人是受人口流动影响的儿童，在这个群体中，学前教育阶段的流动儿童人口达到1147万，此阶段子女与父母“在一起”的指数仅为46.99%。[2] 以上数据说明，伴随着城镇化的人口迁移造成了数量庞大的留守儿童和流动儿童。目前，农村留守儿童关爱保护已经被纳入国家基本公共服务，但是城镇留守儿童、流动儿童也面临很多权益保障问题，如何回应他们的关切，是儿童关爱保护基本公共服务需要积极响应的。

---

〔1〕 参见魏后凯：《中国城镇化的进程与前景展望》，载《中国经济学人》2015年第2期。

〔2〕 参见魏佳羽：《中国近半儿童受人口流动影响，1.08亿儿童不能与父母双方一起居住——中国流动人口子女教育领域回顾2022》，载新公民计划 https://m.163.com/dy/article/I5H4C9B505560ZWH.html，2023年10月24日；国家统计局：《2020年中国儿童人口状况：事实与数据》，http://www.stats.gov.cn/zs/tjwh/tjkw/tjzl/202304/t20230419_1938814.html，2023年10月24日。

二是细化个案响应处置。在儿童关爱保护服务中，对儿童个案需求的主动响应以及响应后的妥善处置是影响服务精准化的重要因素。可以将响应处置机制细化为以下流程（见图5－4），主要包括信息收集摸排、线索筛选核实、需求评估、分级分类、个案服务、持续跟进等流程。第一步是信息收集摸排，在组织儿童主任、社区工作者、网格员等采取入户走访、信息摸排等主动方式的同时，通过建立热线电话、手机App、网络平台等，被动接收来自社会各方的线索举报。最好是设立全国统一的报告热线及受理平台，方便让更多人记住报告方式，以利于及时、全面收集线索。第二步是将收集的信息及线索分享流转给各儿童关爱保护相关部门。第三步是牵头受理部门主动认领，如涉及人身侵害的由公安部门牵头、涉及教育问题的由教育部门牵头、涉及监护问题的由民政部门牵头。第四步是由牵头受理部门对信息及线索进行筛选核实。第五步是对儿童及家庭的需求进行评估。评估时，应首先对紧急程度做出判断，如果属于儿童被遗弃、遭受性侵或家庭暴力等紧急案件，需先提供紧急庇护或采取送医抢救等紧急处理措施，在解除紧急状况后，再按非紧急状况进行处理；如果是非紧急状况，可从儿童身心情况、监护情况、家庭环境、学校教育、社区环境等方面进行评估，给出风险等级及服务分类，确保后续服务“对症下药”“因情而异”。第六步是开展个案服务，个案服务除了创伤治疗、心理疏导等，还要有符合儿童需求的安置措施，比如亲属照护、机构养育、家庭寄养等。第七步是持续跟进，在个案服务启动后，持续跟进儿童的安置情况，根据儿童需求，提供必要的服务或支持。第八步是服务终结，对被服务儿童的案情内容进行整理归档，供日后查询。在整个流程中，每一步都要求以儿童需求为重要考量，每一项措施也都以满足儿童需求、实现儿童利益最大化为目标。

（3）监测评价机制。对儿童关爱保护基本公共服务进行监测评估，可根据服务过程中的问题与需求，进行过程控制、及时调适、持续优化，从而形成“需求—供给—反馈”闭环。同时，还有利于将儿童关爱保护基本公共服务供给绩效纳入政府绩效考核，加大对各级政府的约束激励力度，增强公共服务质量提升动机。但是，就目前理论研究与工作实践看，关于儿童关爱保护服务的监测评价基本处于空白状态。因而科学建立监测评价机制也成为以基本公共服务为核心健全儿童关爱保护服务体系的重要内容，一是从监测评价主体看，应包括国家统计局、市场监督管理局以及相关职能部门开展的政府监测，即内部监测，也应包括由第三方机构、社会公众（包括被服务的儿童及家庭）做出的外部监测，还应包括政府与社会公众合作开展的合作监测。二是从监测评价的时空维度看，应包括全国监测与区域监测、时点监测与时段监测。三是从监测评价工具看，目前，医疗卫生、旅游、教育等多领域较多应用 SERVQUAL 模型评价公共服务质量，[1] 它是通过捕捉受访者对服务质量的可靠性、保证性、切身性、移情性和响应性这五个维度的期望和感知来测量服务质量。儿童关爱保护服务也可借鉴这些做法，通过深入研究，开发建立符合儿童关爱保护工作客观规律，具有普适性与可检验性的监测评价工具。四是从监测评价方法看，应根据不同监测情景，综合运用文件审核法、访谈法、问卷调查法、统计分析法、大数据法等基本公共服务质量测量的方法。[2] 五是从监测评价结果看，除了要进行考核问责，还要注重保持一定的开放性，接受社会的监督与评议。

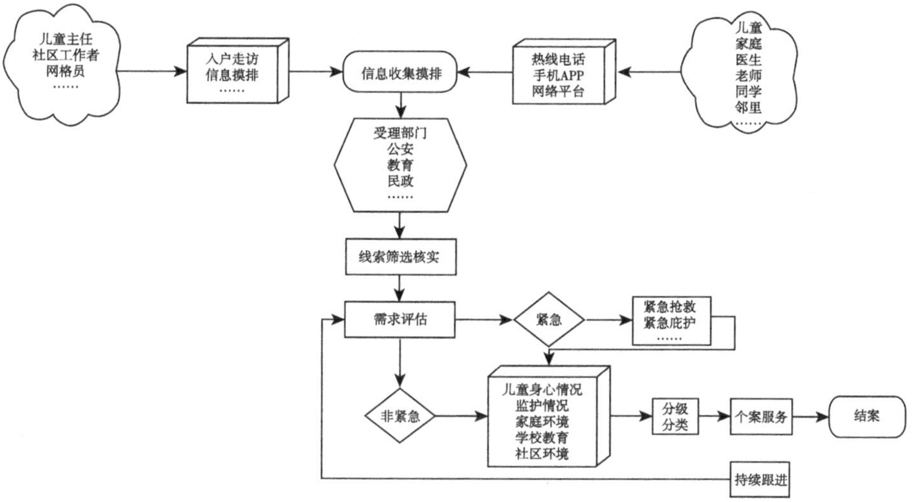

图 5-4　个案响应处置机制细化流程

---

〔1〕 参见赵阳光：《基本公共服务质量监测：特性、原则与分类》，载《标准科学》2022 年 7 月 16 日。

〔2〕 参见国家认证认可监督管理委员会：《合格评定服务质量测量方法和应用指南》，国家认证认可监督管理委员会，2020 年 8 月 26 日。

3. 夯实基层基础，强化儿童关爱保护基本公共服务供给效能。

习近平总书记指出："在我们党的组织结构和国家政权结构中，县一级处在承上启下的关键环节，是发展经济、保障民生、维护稳定、促进国家长治久安的重要基础。"夯实儿童关爱保护服务的基层基础，也要从县域抓起，首先要建立健全县级儿童关爱保护的领导协调机制，关键是要落实牵头部门职责以及议事规则，形成齐抓共管的工作局面，具体可以参见前文眉山市相关做法。在此基础上，聚焦基层服务在机构、工作力量、服务质量等方面的突出问题，通过补短板、强弱项、提效能，将服务资源更多向基层延伸，打通服务递送的"最后一米"。

（1）强化机构建设。首先要抓实县、乡未成年人救助保护机构建设。《"十四五"民政事业发展规划》提出，要依托未成年人救助保护机构搭建民政和相关部门联动响应的一体化平台，到2025年底，实现地级未成年人救助保护机构全覆盖，县级未成年人救助保护机构覆盖率总体达到75%，乡镇（街道）未成年人保护工作站或工作专干实现全覆盖。在中国儿童福利和收养中心针对未成年人救助保护机构的基本情况和工作现状进行的专题调研中发现，目前相当一部分未成年人救助保护机构存在机构建设滞后、缺少专职工作人员以及缺乏专项经费等问题，在制度建设方面，未成年人救助保护机构也有职能定位不明确、职责划分不明晰、制度落实不到位的问题。在发现问题的同时，也有一些来自基层的鲜活经验让人耳目一新，比如张家港，以本市未成年人保护中心为枢纽，推动建立健全该市儿童关爱保护服务体系。张家港市未成年人保护中心，对上，按照市民政局的部署，建立未成年人数据库，定期共享与未成年人保护相关的数据；对下，指导区镇、街道开展针对各自辖区内困境未成年人、困难涉案涉诉未成年人的信息摸底、登记建档、定期探访和动态更新工作。同时，张家港市未成年人保护中心还负责协调包括政府部门、群团组织和社会机构等在内的儿童关爱保护资源，组织建立了涵盖家庭教育、司法鉴定、法律援助、社会工作、心理健康、医疗康复和新闻传播等不同领域的专家团队，形成多方资源合力，为权益受侵害的儿童提供相应的支持与保障，具体到儿童个案服务方面，张家港市建立如图5-5所示的工作流程，从协助市民政局通过政府采购第三方专业机构，组织社工和儿童主任共同开展信息采集录入；到召集社工、儿童主任、儿童督导员、相关专家等组成评估团队，对儿童进行风险等级评估；再到将个案转介镇区（街道），通过购买服务，组织开展儿童个案服务，并对服务进行动态监测；最后，委托聘请第三方专业机构，对年度个案服务情况进行总结评估，张家港市未成年人保护中心自始至终都参与其中，负责统筹协调，发挥枢纽作用，将儿童个案服务有序衔接起来。张家港市做强、做实、做专未成年人救助保护机构的做法取得了很好的效果，值得其他地方借鉴。

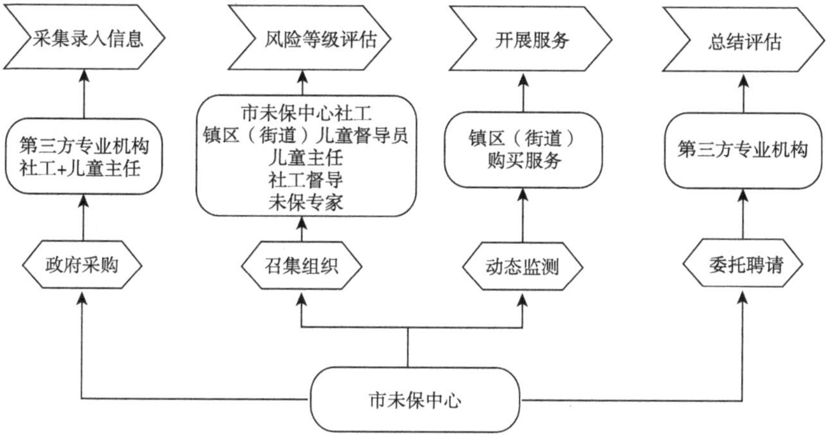

图 5－5　张家港市未成年人救助保护机构工作流程

二是要抓好县域儿童医疗卫生机构建设。县域儿童医疗资源短缺、医疗服务供给不足，影响了儿童关爱保护基本公共服务的均衡可及。2024 年 1 月，国家卫健委等部门联合下发《关于推进儿童医疗卫生服务高质量发展的意见》，要求到 2025 年，完善功能明确、布局合理、规模适当、富有效率的国家、区域、省、市、县级儿童医疗卫生服务体系。到 2035 年，基本形成城乡均衡、协同高效的儿童医疗卫生服务体系，更好满足儿童医疗健康服务需求。[1] 实现这一目标，一方面是推进县域医疗康复机构的建设，统筹考虑县域儿童人口数量，加强儿科门诊和病房配置，特别应重视儿童心理健康和精神卫生服务，提高对抑郁、孤独症、多动症等心理行为问题和常见精神障碍

〔1〕 参见金振娅：《国家卫健委等 10 部门：推进儿童医疗卫生服务高质量发展》，载《光明日报》2024 年 1 月 11 日。

的筛查识别和处置水平。[1] 另一方面，在总体儿童医疗资源有限的情况下，更直接、快速、有效的途径是强化医疗联合体（以下简称“医联体”）建设，即通过把一个区域内的三级医院与二级医院、社区医院、村卫生室组成一个医联体，对该区域内的医疗资源进行整合，建立医联体内的医疗急救、转诊和转运等有效衔接的工作机制，充分发挥三级医院的优势，促进医疗工作重心下移和资源下沉，更好地满足区域内儿童看病就医需要。在强化医联体建设的同时，还应组建儿科专科联盟，以优质的儿童医院牵头，发挥其在区域内的辐射带动作用，帮助县域儿科疑难危重症诊断与治疗、培养骨干力量，同时通过远程医疗等方式，扩大儿科优质医疗资源覆盖面。

三是要抓好县域基础教育机构建设。我国的基础教育包括幼儿教育、小学教育、普通中学教育（初中、高中）。[2] 加强这些基础教育机构的建设，必须科学匹配适龄儿童的基础教育需求与服务供给。从目前我国人口变化情况看，县域儿童数量总体呈下降趋势，并且越来越向城镇集中。以学前教育学龄人口为例，根据学者贺芳、彭虹斌估算，2022－2027 年是学前教育学龄人口快速减少期，城镇减少约 1500 万人，年均减少 300 万人左右；农村减少约 507.54 万人，年均减少 101.5 万人。2028－2035 年是学前教育学龄人口缓慢下滑期，城镇减少 33 万人左右，2035 年约为 2359.16 万人；农村减少 152 万人，2035 年约为 401.51 万人。[3] 考虑上述人口变化趋势，对于目前出现的“乡村空、城镇挤”的问题，应建立与常住人口相协调的基础教育供给机制，在城镇人口聚居地区留足教育空间，适度超前规划布局学校。在此基础上，为更好满足乡村儿童进城读书的需求，应在县城或乡镇布局建设一批寄宿制学校，科学配置教学专业人员、教学辅助人员和教育管理人员，建立健全学业辅导和生活帮扶机制，提升寄宿制学校教育教学质量。对于乡村小、散、弱的小规模学校，科学稳妥地进行整合，保留并继续办好必要的乡村小规模学校，通过建设城乡学校共同体，确保乡村学校都有城镇学校对口帮扶，促进优质学校辐射带动乡村薄弱学校。

---

[1] 参见郭祥倩：《推进儿童医疗卫生服务高质量发展》，载《中国家庭报》2024 年 1 月 15 日。
[2] 参见赵琼：《新课程理念下中学数学教学中的创新教育探究》，载《考试周刊》2014 年第 55 期。
[3] 参见贺芳、彭虹斌：《2022－2035 年城乡学前教育学龄人口预测及资源需求分析》，载《教育与经济》2023 年第 6 期，第 80 页。

（2）整合基层力量。在村（居），除了医生、教师等人员，儿童主任也是工作在儿童关爱保护的前沿的一支队伍，承担着走访排查，留守儿童、困境儿童关爱服务等工作职责，肩负着畅通儿童关爱保护“最后一米”服务递送的重任。从2023年中国儿童福利和收养中心开展的儿童主任履职情况专题调研看，目前儿童主任只是解决了“有没有”的问题，履职能力和履职情况仍然存在较大不足。除其本身职责身份模糊外，儿童主任按照村（居）进行配置，但是村（居）覆盖范围、人群数量差异极大，如在广西壮族自治区隆安县的震东移民搬迁社区，有10万名多居民，1万多名儿童，如仅配备1名儿童主任，明显不够。因此，受上述情况影响，儿童主任服务效能不足。提升的途径一方面要解决人员能力不足问题，也就是要提升儿童主任的服务能力，这是基础，主要方式有定期开展系统培训、乡镇督导员加强行政督导、购买社工服务建立社工督导等，前文对此已有论述，本章不再赘述。另一方面要解决人员不足问题，也就是要对儿童主任进行合理配置。鉴于《未成年人保护法》对村（居）委会在关爱保护方面的职责提出了明确要求，且目前大部分儿童主任由村（居）委委员兼任的实际情况，建议从村（居）层面对儿童关爱保护工作进行整合强化，通过网格化管理将儿童关爱保护责任落实落细。

一是强化村（居）委会的责任意识，将儿童关爱保护工作纳入村（居）委会的工作重点，督促其加大推进力度，加强工作保障，并针对其工作开展情况进行考评。儿童主任的定位则是在村（居）委会指导下，协助（村）居委会履行相关工作职责，而不是独自开展工作。二是通过“儿童主任＋网格员”方式，推动儿童关爱保护建立网格化管理。在2003－2023年的20年时间里，“城市管理网格化”逐步演变为“社区治理网格化”。目前“社区治理网格化”基本覆盖全国城乡，成为推动我国基层社会治理现代化的重要抓手。[1] 在大数据背景下，网格化在精准采集数据、精准分析数据、精准提升社区服务方面有很多优势。研究发现，社区系统本身对城市社区管理问题的发现率达到90%以上，而过去只有30%左右，任务派遣准确率达到98%；问

[1] 参见朱瑞、张青青：《网格化政策演变逻辑和优化路径》，载《社会政策研究》2023年第3期，第112页。

题处理率为90.09%，问题平均处理时间为12.1小时，而过去要1周左右；结案率为89.78%，平均每周处理问题360件左右，而过去每年只能处理五六百件，城市管理水平明显提高。[1] 走访摸排儿童信息是儿童主任的重要工作职责，融入网格化管理，由网格员一并进行，可以提高信息收集的效率，同时有效减轻儿童主任工作负担，让儿童主任的工作精力更多投入根据辖区内各网格收集的信息，精准确定服务对象，制订服务计划，开展服务中。对于“儿童主任+网格员”的工作模式，四川眉山市进行了积极探索。2021年眉山市委政法委会同市民政局联合制发《关于建立“未保小组长”制度加强未成年人保护网格化服务管理的通知》，在全市各村（社区）建立“未保小组长”制度，[2] 由全市2590名专职网格管理员兼任“村（社区）未成年人保护工作小组长”，将未成年人保护工作纳入全市网格化服务管理体系。[3] “未保小组长”每年至少组织1次业务培训，其工作内容包括协助乡镇（街道）儿童督导员和村（社区）儿童主任，收集本网格内农村留守儿童、困境儿童等未成年人信息，分类建立重点未成年人信息台账；定期走访本网格的农村留守儿童、困境儿童等重点未成年人，及时向当地公安机关、村（社区）儿童主任报告有关情况；协助儿童主任、社工组织开展农村留守儿童、困境儿童等未成年人保护政策宣传教育，为城乡困境未成年人及其家庭提供政策咨询、转介帮助服务；[4] 支持配合村（社区）委员会、儿童主任、相关部门和社会力量开展未成年人关爱保护活动。在日常工作过程中，网格员会穿上印有“未保小组长”字样的工作制服，统一的着装一方面能够增强网格员对未保工作的使命感，另一方面也能在社区最广的范围里宣传儿童关爱保护工作，让社区居民在遇到任何与儿童相关的情况时，都能直接与网格员联系、汇报，为信息的收集提供了极大的便利。眉山市“儿童主任+网格员”的工作模式

[1] 参见姜爱林、任志儒：《网格化：现代城市管理新模式——网格化城市管理模式若干问题初探》，载《上海城市规划》2007年第1期，第9-11页。

[2] 参见《时讯快递》，载《社会福利》2021年第6期。

[3] 参见肖伟：《眉山市在全国率先建立“未保小组长”制度加强未成年人保护网格化服务管理》，载四川新闻网眉山频道网 http://ms.newssc.org/system/20210605/003147491.html，2024年1月26日。

[4] 参见姜爱林、任志儒：《网格化：现代城市管理新模式——网格化城市管理模式若干问题初探》，载《上海城市规划》2007年第1期，第9-11页。

因地制宜，加强了信息资源的共享，保证了儿童关爱保护服务的日常网格化运行，确保儿童关爱保护工作高质量扎实开展。当然，除了积极探索建立“儿童主任＋网格员”模式，还有必要对儿童关爱保护基层工作力量进行优化布局，科学规划儿童主任服务半径。可参照网格员的模式，根据服务人群数量、覆盖地域范围等因素科学配置儿童主任工作力量，其中，服务人群应打破户籍限制，不应仅计算户籍人口，还要计算流动人口。只有这样，才能确保儿童关爱保护服务对户籍人口、流动人口都能实现均衡可及。

（3）推进数字赋能。在互联网和信息技术普及的大数据时代，儿童关爱保护服务需要借助先进的技术，特别是要借助大数据技术的动态反馈能力、精确的数据处理能力和强大的资源整合能力，提升服务效能和精准性。山东省汶上县通过“数字赋能”儿童关爱保护服务，建立县域未保智慧云平台（以下简称“云平台”）系统，创新开展“线上＋线下”联动服务，实现了儿童关爱保护全链条闭环式服务。[1] 一是依托“云平台”构建全县“一张网”，统一规范管理全县儿童各类数据，如儿童类型、健康状况、保障情况、受教育情况、风险等级等，方便进行快速检索，[2] 高效汇总。二是在互通的“云平台”之上，儿童主任录入走访信息，乡镇儿童督导员对其进行核查，及时给予督导评价，提高了儿童主任走访的实效性。三是推动“云平台”与O2O服务管理平台、12345政务热线等平台对接，与网格员数据共通共享，加强了部门协同，拓宽了获取发现报告信息的渠道。四是“云平台”实现了群众线上点单、干部线下服务的线上线下双联动，即确定专人担任信息管理员，对群众提出的诉求，信息管理员要在1小时内受理，责任人要在15日内办理，逾期未办结平台自动警示，县未成年人保护中心实时监控群众诉求办理进度，督促相关单位及时处理。[3] 五是“云平台”开设学习培训、政策讲解、爱心捐赠等功能，丰富了儿童关爱保护服务的供给。从山东省汶上县的经验可以看出，数字赋能已成为打通儿童关爱保护服务“最后一米”的强有力抓手，

---

[1] 参见《山东汶上县：智慧赋能注活水精准服务护蓓蕾》，载《社会福利》，2022年4月15日。

[2] 参见姜爱林、任志儒：《网格化：现代城市管理新模式——网格化城市管理模式若干问题初探》，载《上海城市规划》2007年第1期，第9－11页。

[3] 参见姜爱林、任志儒：《网格化：现代城市管理新模式——网格化城市管理模式若干问题初探》，载《上海城市规划》2007年第1期，第9－11页。

通过数据共享可推动摆脱部门协同困境，实现公共服务多元化供给，同时依靠大数据广泛、快速、精准的特性，可对服务需求实现更及时的预测、更精准的识别，再通过线上线下联动，使各项服务更准确、更高效落实到位。因此，“循数治理”正在成为儿童关爱保护服务发展的新方向之一。

（4）加快标准化建设。标准化建设是基本公共服务的一项核心制度安排，它是政府对基本公共服务供给责任、数量质量要求作出的公共承诺。我国也正是借助标准化建设这一技术理性工具，来确保基本公共服务实现对均衡、可及、优质的价值追求。但是，从儿童关爱保护服务现实情况来看，其标准化建设存在非常大的差距。下一步，应借鉴养老服务标准化建设经验，从几个层面着手加强儿童关爱保护服务标准化建设。一是加快推动标准体系建设。加强对儿童关爱保护服务标准化建设的规划，研究建立儿童关爱保护服务标准体系，明确儿童关爱保护服务标准应该按照什么逻辑去谋篇布局，哪些应该制定国家强制标准，哪些应该出台行业标准，哪些应该鼓励建立团体标准，哪些重点领域急需什么样的标准，对于这些问题要认真考量。二是加快推动标准制定。在行业层面，要加强民政领域儿童关爱保护相关标准建设，比如在《国家基本公共服务标准（2023 年版）》中，明确村（居）委会要建立农村留守儿童信息台账，一人一档。但是对留守儿童采集哪些信息，哪些信息需要归档，档案如何管理，这些都亟待建立民政行业标准去落实落细。在地方层面，应鼓励地方对接国家、行业基本公共服务标准，根据经济发展水平、区划布局、文化习俗、人口结构与需求状况等因素，制定出地方具体实施标准，比如对于儿童风险等级的评估。下一步，随着越来越多的地方性行业标准不断出台，应更好地归纳总结地方实践经验，为建立相关国家标准或行业标准提供借鉴。三是大力推动标准实施。通过标准化试点，探索总结儿童关爱保护服务标准化管理模式，以点带面推动整体水平提升。同时，加强已有标准应用推广，通过标准规范儿童关爱保护服务事项、服务过程以及服务效果，也为建立科学的绩效评价机制提供支撑。

附表：

儿童关爱保护基本公共服务建议目录

类别	层级	服务项目	服务对象	服务内容
儿童与健康	基础性	妇幼健康信息平台建设	全体儿童	建设统一的妇幼健康信息平台，推行“互联网+妇幼健康”服务模式，实现儿童健康全周期、全过程管理和服务的信息化、智能化
		儿童健康服务体系建设	全体儿童	构建国家、区域、省、市、县级儿童医疗保健服务网络
		儿童健康知识宣传普及	全体儿童及家长	在医院设置“孕妇学校”和家长课堂，开展健康科普活动
		新生儿安全与健康	新生儿	新生儿规范化访视服务
		出生缺陷综合防治	孕妇及新生儿	实施出生缺陷三级防治，推广婚前医学检查，提供免费孕前优生健康检查
		儿童保健服务	全体儿童	加强儿童保健门诊建设；按标准配备校医、幼儿园及托育机构卫生保健人员和必要保健设备
			全体儿童	开展0－6岁儿童眼保健和视力检查；建立儿童视力电子档案
			0－12岁儿童	开展0－12岁儿童口腔保健服务
			全体儿童	加强儿童重大传染性疾病、新发传染病管理以及艾滋病、梅毒、乙肝母婴阻断
		儿童免疫规划疫苗管理和预防接种	全体儿童	制定国家免疫规划，维持较高水平的国家免疫规划疫苗接种率
		儿童营养	0－6岁儿童	实施母乳喂养促进行动，强化爱婴医院管理，加强公共场所和工作场所母婴设施建设
			0－6岁儿童	实施学龄前儿童营养改善计划；开展儿童生长发育监测和评价，加强儿童营养指导
		提高儿童身体素质	6－18岁儿童	全面实施《国家学生体质健康标准》，开展学生健康体检和体质监测服务

续表

类别	层级	服务项目	服务对象	服务内容
儿童与健康	基础性	儿童心理健康服务	全体儿童	构建儿童心理健康教育、咨询服务、评估治疗、危机干预和心理援助公共服务网络及体系
			6－18岁儿童	中小学校配备心理健康教育教师，开展生命教育和挫折教育
		为儿童提供性教育和性健康服务	6－18岁儿童	为儿童提供性教育，并将其纳入基础教育体系和质量监测体系；提供适宜儿童的性健康服务，保护就诊儿童隐私
	支持性	危重新生儿救治	危重新生儿	开展危重新生儿筛查与评估，对高危新生儿开展专案管理、危急重症救治，对新生儿死亡进行评审
		残疾儿童医疗康复	残疾儿童	建立筛查、诊断、康复、救助相衔接的服务机制；对0－6岁残疾儿童开展抢救性康复
		预防接种异常反应补偿	预防接种异常反应儿童	预防接种异常反应补偿
		特殊孕产妇支持	农村计划怀孕生育妇女	提供叶酸等营养品支持，优生优育辅导
			困难单亲妈妈	协助孕检、助产服务
		特殊儿童早期发展服务	农村边远地区儿童、困境儿童	开展入户家访指导等服务
		特殊儿童心理支持	孤儿、事实无人抚养儿童、留守儿童和困境儿童等	为孤儿、事实无人抚养儿童、留守儿童和困境儿童等提供心理支持服务
	干预性	儿童健康干预服务	未成年人救助保护机构救助儿童、儿童福利机构养育儿童等	为未成年人救助保护机构救助儿童、儿童福利机构养育儿童开展健康评估、医疗康复
				为未成年人救助保护机构救助儿童、儿童福利机构养育儿童提供心理调适、心理支持服务

续表

类别	层级	服务项目	服务对象	服务内容
儿童与安全	基础性	创建儿童安全环境	全体儿童	加强学校、幼儿园、托育机构等安全管理
			全体儿童	完善公共场所急救设施配备
			全体儿童及家长	开展安全自护教育，提高儿童及其看护人的安全意识，帮助其掌握安全知识技能，培养儿童安全行为习惯
		学生欺凌综合治理	全体儿童	强化校园周边综合治理，将学生欺凌专项治理纳入社会治安综合治理工作
		预防和控制儿童溺水	全体儿童	消除家庭及校园环境的溺水隐患，加强开放性水域、水上游乐场所、船只等安全管理并配置适用于儿童的应急救援装备
		预防和控制儿童道路交通伤害	全体儿童	考虑儿童年龄特点规划道路建设，完善校园周边安全设施
			全体儿童	提供规范、安全的校车服务
		加强儿童食品安全监管	全体儿童	完善儿童食品安全标准体系
			全体儿童	落实学校、幼儿园、托育机构食品安全管理主体责任，消除儿童集体用餐各环节食品安全隐患，加强校内及周边食品安全监管
		预防和减少产品引发的儿童伤害	全体儿童	强化产品质量安全监管，健全儿童用品强制性国家标准体系，完善产品安全警示标识
		加强未成年人网络保护	全体儿童	定期开展儿童网络保护影响评估，每年发布儿童网络保护社会责任报告
			全体儿童	建立健全儿童网络保护合规制度，提供儿童上网模式；建立网络欺凌特征信息库，加强对网络欺凌信息的识别；依法为儿童及其监护人提供查阅、复制、更正、补充、删除儿童个人信息的相关服务
		预防和控制针对儿童的暴力伤害	全体儿童	宣传倡导对儿童暴力零容忍理念，提升公众的法治意识和儿童保护意识，增强儿童的安全意识和自我保护能力
			全体儿童	对密切接触儿童的机构和人员开展强制报告培训

续表

类别	层级	服务项目	服务对象	服务内容
儿童与安全	支持性	特殊儿童群体伤害防控支持服务	流动儿童、留守儿童、困境儿童等	为流动儿童、留守儿童、困境儿童等提供伤害防控教育
		因产品受伤害的儿童	农村儿童	加强农村地区相关水体的防护隔离和安全巡查
	干预性	儿童遭受意外和暴力伤害监测体系	因产品受伤害的儿童	对造成儿童伤害的产品开展信息监测、分析、监督检查和缺陷产品召回工作
			遭受意外和暴力伤害儿童	建立健全儿童遭受意外和暴力伤害监测体系；建立多部门、多专业参与的数据共享、分析、评估和利用工作机制
儿童与教育	基础性	儿童早期发展	0－3 岁儿童	建设普惠性托育机构，提高 0－3 岁儿童入园率；建立健全托育服务质量检测体系
			3－6 岁儿童	完善城乡学前教育布局和公共服务网络，切实保障适龄幼儿入园；注重科学保教，建立健全幼儿园保教质量监测体系
		儿童义务教育	适龄儿童	普及 9 年义务教育，免除义务教育学生学杂费；健全精准控辍保学机制；实施素质教育，完善德智体美劳全面培养的教育体系；试点推行建立包括高中 3 年在内的 12 年义务教育体系
		教育评价	适龄儿童	树立科学的教育质量观，建立健全以发展素质教育为导向的科学评价体系
			适龄儿童	完善初高中学生学业水平考试和综合素质评价制度
		师资队伍建设	0－18 岁儿童	完善教师资格准入制度，组织教师进修培训
		友好型学校建设	6－18 岁儿童	校园无障碍环境建设和改造；保证学校、幼儿园、托育机构室内采光、照明和课桌椅、黑板、饮用水、厕所等达到规定标准
		家、校、社教育结合	6－18 岁儿童	教师定期家访
			6－18 岁儿童	建设中小学、幼儿园、社区家长学校、家长委员会，普及家庭教育知识，推广家庭教育经验

续表

类别	层级	服务项目	服务对象	服务内容
儿童与教育	支持性	支持幼儿园建设	农村儿童、流动儿童	加强村级幼儿园建设，支持城市新增人口、流动人口集中地区新建、改扩建一批幼儿园
		支持民族地区教育	民族地区儿童	提高民族地区教育质量和水平，加大国家通用语言文字推广力度；深化民族团结进步教育
		支持农村教育	农村儿童	全面加强乡村小规模学校和乡镇寄宿制学校建设，进一步改善农村学校办学条件，加强乡村教师队伍建设，提升农村义务教育质量
		特殊教育	残疾儿童	大力发展残疾儿童学前教育；进一步提高残疾儿童义务教育水平；加快发展以职业教育为重点的残疾人高中阶段教育
		心理帮扶和学业辅导	流动儿童	加强对流动儿童的心理指导和学业辅导
		经济困难学生资助	经济困难学生	为家庭经济困难学生提供精准资助，发放助学贷款
		留守儿童、困境儿童教育	留守儿童、困境儿童	加强对留守儿童和困境儿童的法治教育、安全教育和心理健康教育，优先满足留守儿童寄宿需求
		县域教学评价	县域儿童	建立实施县域义务教育质量、学校办学质量和学生发展质量评价标准
	干预性	专门教育服务	行为有偏差的儿童	为存在行为不端或出现行为偏差的儿童提供工读学校教育资源
儿童与福利	基础性	儿童优惠	全体儿童	实施儿童乘坐公共交通工具和游览参观票价优惠
		儿童医疗保障	全体儿童	儿童参加城乡居民基本医疗保险，为儿童提供基本医疗保险、大病保险、医疗救助保障
		儿童之家	全体儿童	完善儿童之家建设，配备专兼职工作人员
		建立健全基层儿童保护机制	全体儿童	完善县（市、区、旗）、乡镇（街道）、村（社区）三级儿童保护机制；建设儿童保护热线、网络平台、手机软件
		多孩津贴	生育多孩的家庭	对生育超过一个儿童的家庭给予一次性生育补贴和可持续供养儿童完成学年教育的养育补贴，增加父母双方育儿假

续表

类别	层级	服务项目	服务对象	服务内容
儿童与福利	支持性	困境儿童保障	困境儿童	完善困境儿童分类保障政策，加大困境儿童保障力度
		低收入家庭儿童保障	低保和特困救助供养儿童	提供低保和特困人员救助供养，并建立动态调整机制
			低收入家庭儿童	为低收入家庭儿童参加城乡居民医保提供补助
		医疗救助	经济困难家庭患儿	为符合条件的家庭经济困难患儿提供医疗救助
		农村儿童营养改善	农村儿童	推进农村义务教育学生营养改善计划
		孤儿和事实无人抚养儿童保障	孤儿和事实无人抚养儿童	发放孤儿和事实无人抚养儿童生活补贴
		收养儿童服务	被收养儿童及其家庭	开展收养评估，建立收养状况回访监督制度，加强收养登记信息化建设；为国内家庭收养病残儿童提供补助
		残疾儿童康复救助	残疾儿童	为残疾儿童发放生活补助、护理补贴；支持儿童福利机构面向社会残疾儿童开展替代照料、养育教育辅导、康复训练等服务
		农村儿童特殊关爱保护	乡村儿童	加强农村儿童心理、情感、行为和安全自护的指导服务；常态化开展寒暑假特别关爱行动
		流动儿童服务	流动儿童	推进城镇常住人口基本公共服务均等化，保证流动儿童平等享有教育、医疗卫生等基本公共服务
		儿童福利机构建设	儿童福利机构养育的儿童	推进儿童福利机构养育、康复、教育、医疗、社会工作一体化发展
		未成年人救助保护机构建设	未成年人救助保护机构照料的儿童	加强未成年人救助保护中心建设，制定完善未成年人救助保护机构工作标准

续表

<table>
<tr><th>类别</th><th>层级</th><th>服务项目</th><th>服务对象</th><th>服务内容</th></tr>
<tr><td rowspan="3">儿童与福利</td><td rowspan="3">干预性</td><td>流浪儿童救助保护</td><td>流浪儿童</td><td>落实流浪儿童街面巡查和转介处置职责，为流浪儿童提供生活照料、身份查询、接送返回等服务；落实流浪儿童相关社会保障和义务教育等政策，教育督促流浪儿童父母或其他监护人履行抚养义务</td></tr>
<tr><td>临时监护</td><td>符合临时监护情形的儿童</td><td>整合县级儿童福利机构和未成年人救助保护相关机构职能，为符合临时监护情形的儿童等提供服务</td></tr>
<tr><td>长期监护</td><td>符合长期监护情形的儿童</td><td>整合县级儿童福利机构和未成年人救助保护相关机构职能，为符合长期监护情形的儿童等提供服务</td></tr>
<tr><td rowspan="7">儿童与家庭</td><td rowspan="4">基础性</td><td>良好家风培养</td><td>全体儿童及家长</td><td>广泛开展内容丰富、形式新颖、富有教育意义的好家风宣传弘扬活动，推出一系列家风文化服务产品</td></tr>
<tr><td>家庭教育指导服务</td><td>全体儿童及家长</td><td>设立家庭教育指导服务中心；依托家长学校、城乡社区公共服务设施、妇女之家、儿童之家等设立家庭教育指导服务站点；搭建家庭教育信息化共享平台，开设网上家长学校和家庭教育指导课程</td></tr>
<tr><td rowspan="2">家庭生育福利</td><td>生育儿童家庭</td><td>落实产假制度和生育津贴，实施父母育儿假制度</td></tr>
<tr><td>0－3 岁儿童</td><td>将 3 岁以下婴幼儿照护服务费用纳入个人所得税专项附加扣除</td></tr>
<tr><td>支持性</td><td>监护支持</td><td>家庭监护风险儿童</td><td>村（居）切实做好儿童面临监护风险的发现、核实、报告工作；开展监护风险评估；根据不同需求为家庭提供分类指导和福利保障</td></tr>
<tr><td rowspan="2">干预性</td><td rowspan="2">家庭监护侵害儿童服务</td><td>家庭监护侵害儿童</td><td>村（居）切实做好儿童受到监护侵害情况发现、核实、报告工作；开展监护风险及异常状况评估；依法处理监护人侵害儿童权益事件；符合法定情形的儿童由县级以上民政部门代表国家进行监护；确保无人照料儿童及时获得临时监护</td></tr>
<tr><td>未成年被害人</td><td>建立未成年被害人“一站式”取证机制，保护未成年被害人免受“二次伤害”</td></tr>
</table>

续表

类别	层级	服务项目	服务对象	服务内容
儿童与环境	基础性	儿童活动场所建设	全体儿童	提供适合儿童的公共设施和活动场所；对儿童活动场所进行无障碍建设和改造；各类公益性教育、科技、文化、体育、娱乐场所对儿童免费或优惠开放
		儿童公共文化产品提供	全体儿童	制作和传播体现社会主义核心价值观、适合儿童的图书、电影、歌曲、游戏、广播电视节目等精神文化产品；公共图书馆单设儿童阅览区；清理校园周边非法销售出版物和涉及低俗内容的儿童文化用品、玩具
	支持性	农村儿童活动场所建设	农村儿童	加大对农村地区儿童活动场所建设和运行的扶持力度
		农村儿童生活环境	农村儿童	实施农村供水保障工程，开展爱国卫生运动，持续改善村容村貌和人居环境
		突发事件中的儿童保护	突发事件中的儿童	突发事件应急处置期间，优先保证儿童食品、药品、用品供给；在灾后恢复与重建阶段，针对儿童特点采取优先救助和康复措施
儿童与法律保护	基础性	保障儿童户籍权	全体儿童	为每名儿童落实户口，办理相关证件
		儿童保护法治宣传教育	全体儿童	推进青少年法治教育实践基地、法治资源教室和网络平台建设，运用法治副校长、以案释法、模拟法庭等多样化方式深入开展法治教育和法治实践活动
		预防侵害儿童违法犯罪行为	全体儿童	建立全国统一的性侵害、虐待、拐卖、暴力伤害等违法犯罪人员信息查询系统，完善落实入职查询、从业禁止制度；建立性侵害儿童犯罪人员信息公开制度，严格落实外籍教师无犯罪证明备案制度
		防止儿童拐卖	全体儿童	对孕产妇就医生产进行身份核实，完善亲子鉴定意见书和出生医学证明开具制度，落实儿童出生登记制度
	干预性	特殊司法保护	涉案儿童	公安机关、人民检察院、人民法院和司法行政部门应确定专门机构或者指定专门人员负责办理涉及未成年人案件；坚持专业化办案与社会化保护配合衔接，做好未成年人心理干预、社会观护、教育矫治、社区矫正等工作；对涉案未成年人与成年人分别关押、分别管理、分别教育

续表

类别	层级	服务项目	服务对象	服务内容
儿童与法律保护	干预性	法律援助、司法救助	需要法律援助、司法救助儿童	为符合条件的儿童提供法律咨询等法律援助服务，保证符合司法救助条件的儿童获得有针对性的经济救助、身心康复、生活安置、复学就业等多元综合救助
		遭受性侵害或者暴力伤害的儿童干预服务	遭受性侵害或者暴力伤害的儿童	对遭受性侵害或者暴力伤害的未成年被害人及其家庭实施必要的心理干预、经济救助、法律援助、转学安置等保护措施
			遭受家庭暴力的儿童或目睹家庭暴力的儿童	为遭受家庭暴力的儿童或目睹家庭暴力的儿童提供心理疏导、医疗救治和临时庇护